Arnold Retzer

Lob der Vernunftehe

Eine Streitschrift für mehr
Realismus in der Liebe

S. Fischer

Satz: Pinkuin Satz und Datentechnik, Berlin
Druck und Bindung: CPI – Clausen & Bosse, Leck
Printed in Germany
ISBN 978-3-10-062944-9

Ein Wunderbares ist es um die Ehe. Sie ist möglich, sobald man nichts Unmögliches von ihr fordert, sobald man über den Wahn hinauswächst, man könne sich verstehen, müsse sich verstehen; sobald man aufhört, die Ehe anzusehen als ein Mittel wider die Einsamkeit.

Max Frisch

Inhalt

Einführung
Lob der Vernunftehe oder: Weniger ist mehr!

Sicher haben auch Sie Erwartungen, Vorstellungen und Träume von der idealen Paarbeziehung und Ehe. Wahrscheinlich haben Sie aber auch schon Enttäuschungen erlebt und die Erfahrung gemacht, wie diese Enttäuschungen, aber auch Ihre eigenen Erwartungen, im Alltag schwer auf Ihren Schultern lasten.

Für was sollen Paarbeziehungen nicht alles herhalten: Dauerhafte, ewig währende Liebe, nie erlöschende sexuelle Leidenschaft, guten Sex mit Ihrem Partner bis ins hohe Alter, Gleichberechtigung, gerechte Verteilung aller Aufgaben, aller Rechte und Pflichten, ein harmonisch und konfliktfreies Zusammenleben, Selbstverwirklichung und auch noch das ganz individuelle Glück gleichzeitig mit dem großen gemeinsamen ehelichen Glück.

Wenn man den Medien glauben darf, steckt die Ehe allerdings in einer Dauerkrise, und schon Tucholsky stellte fest: »Seine Ehe war zum größten Teile: verbrühte Milch und Langeweile. Und darum wird beim Happy End im Film gewöhnlich abgeblend'.«[1]

Liebesromane enden, wo das Leben zu zweit beginnt. Dann ist die Luft raus, und nun kommt der langweilige Teil, wenn denn überhaupt noch etwas kommt.

Auf der anderen Seite besitzt die Ehe nach wie vor

eine große Anziehungskraft. Schon bei Jugendlichen, erst recht bei sogenannten Singles, aber auch bei älteren erfahrenen Beziehungsveteranen wird in jeder neuen Studie eine noch größere Sehnsucht nach einer festen Paarbeziehung festgestellt, als sie bisher schon ermittelt worden war. Ein erheblicher Teil der erwachsenen Bevölkerung geht sie sogar mehrfach ein. Der Wunsch, mit einem Partner auf Dauer, bis zum Tod zusammenzubleiben, ist ungebrochen. Und das, obwohl man überall nachlesen kann, dass jedes Jahr allein in Deutschland ungefähr 200 000 Ehen wieder geschieden werden, Trennungen nicht-ehelicher Partnerschaften nicht mitgerechnet.

Wer hat nun recht? Die hoffnungsvoll unverdrossenen Heiratswilligen oder doch Tucholsky und die Medien? Jeder hat da wohl seine eigene Antwort, entsprechend seinen eigenen Erfahrungen, Hoffnungen und Sehnsüchten.

Zweifellos ist es nicht einfach, über lange Zeit mit einem Menschen so nahe zusammenzuleben wie in einer Ehe. Unauflösbare Gegensätze und Konflikte tauchen auf: Der Konflikt zwischen dem Wunsch nach Gemeinschaft und Bindung auf der einen Seite und dem Wunsch nach Freiheit und Selbstbestimmung auf der anderen, der Konflikt zwischen Gefühl und Verstand, zwischen Chaos und Ordnung und der Konflikt zwischen Liebe und Vernunft.

Trotzdem ist die Ehe besser als ihr Ruf. Man kann die Zahlen nämlich auch positiv lesen: 60 % aller Erwachsenen leben in einer Ehe und davon wiederum 60 % schon seit 45 Jahren. Und Untersuchungen zeigen, dass ein Großteil davon, nämlich ca. 60–70 % der Paare, mit ihrer Ehe sogar zufrieden sind.[2]

Was machen diese Paare richtig?

Offenbar leben sie ihre Liebe mit Vernunft.

In diesem Buch soll daher eine Lanze gebrochen werden für den vernünftigen Umgang mit unseren Träumen von der ewigen Liebe.

Zwar sind uns in den letzten Jahrzehnten eine Unzahl vermeintlicher Erfolgsrezepte wohlmeinender Ehe-Experten und Eheberater mit auf den Weg gegeben worden und werden uns sicher weiterhin mit auf den Weg gegeben. Der Weg zum Erfolg ist dadurch nicht leichter geworden. Das Reisegepäck der Ratschläge wird immer schwerer, der Weg immer beschwerlicher. Dabei wird uns doch versprochen – und wir glauben es ja oft genug auch gerne selbst –, dass wir all unsere Vorstellungen, Erwartungen, Wünsche und Träume tatsächlich verwirklichen können, wenn wir es nur richtig machen.

Aber: Ist das nicht ein bisschen zu viel verlangt? Sind wir alle mit diesen Erwartungen nicht überfordert? Ist die Ehe damit nicht schlicht und einfach überfordert? Je mehr wir versuchen, unseren selbst auferlegten Pflichten gerecht zu werden, umso wahrscheinlicher wird das Scheitern. Es ist daher vernünftiger, uns und unsere Ehen von unrealistischen Erwartungen und Träumen zu entlasten. Dann hat die Ehe auch weiterhin nicht nur als gesellschaftliches Modell zur Organisation intimer Beziehung eine Zukunft, sondern auch im Einzelfall Bestand. Glück kann sich durchaus einstellen, und die Liebe, die am Anfang stand, muss dabei nicht verlorengehen, im Gegenteil. Auch, wenn die Liebesehe eine Unmöglichkeit ist und dieses Buch die These vertritt, dass die Liebe auf Dauer mit dem Leben nicht vereinbar ist.

Deshalb werden in diesem Buch in erster Linie keine Ratschläge gegeben, was man noch tun könnte, um in der Ehe doch noch glücklich zu werden. Stattdessen wird untersucht und beschrieben, was wir besser aufgeben, nicht mehr fordern müssen und sein lassen können. Dadurch können wir uns und unsere Ehen von fast untragbar gewordenen Belastungen entlasten und wieder zu realistischen, d. h. menschlichen Maßstäben angemessenen Erwartungen und Vorstellungen zurückkommen. Es geht also um vernünftige Vorstellungen, Erwartungen und Verhaltensweisen, die zu einer guten ehelichen Lebensqualität führen. Kurz: Es geht um die Vernunftehe, die deshalb eine Vernunftehe ist, weil sie realistisch, lebbar und erfolgreich ist. Die Ehe ist dann nicht mehr wie ein Wunder, das man sehnlichst erwartet und doch kaum je erblickt, sondern ein durchführbares und lebbares Projekt.

Ein Wunder ist bekanntlich etwas extrem Unwahrscheinliches: sechs Richtige im Lotto. Ein Volltreffer. Wenn zwei sich treffen, verlieben, beschließen, sich zusammenzutun, so ist daran nichts ganz und gar Außergewöhnliches, Unwahrscheinliches. Ob daraus allerdings ein Volltreffer wird, ist eine andere Frage. Ob daraus eine für beide angenehme, vielleicht sogar glückliche Partnerschaft erwächst, noch unklar. Man kann darüber nur spekulieren.

Apropos Volltreffer. Liebe und Liebesgeschichten werden seit Amor, der ja mit seinen Pfeilen unterwegs ist, gerne als Jagdgeschichten erzählt. Ich möchte eine Geschichte hinzufügen, die anders funktioniert, aber auch zu erfreulichen Resultaten führt:

Ein Jäger findet bei seinem Streifzug durch den Wald mehrere Zielscheiben, die auf Bäumen aufgemalt sind, und in jeder dieser Zielscheiben einen Pfeil, mitten im Schwarzen. Jeder Schuss ein Volltreffer! Er wird neugierig, wer wohl dieser Meisterschütze sein könnte. Vielleicht ließe sich ja etwas von seiner Technik lernen. Nach längerem Suchen findet er ihn und kann ihn darüber befragen, wie er zu dieser beeindruckenden Serie von Volltreffern gekommen ist. Was ist das Geheimnis dieser außergewöhnlichen Treffsicherheit, die wie ein Wunder erscheint? Ganz einfach, erklärt bereitwillig der Meisterschütze, zuerst schieße ich den Pfeil ab, dann male ich die Zielscheibe!

Diese Art von Vernunft ist natürlich für jemanden lächerlich, der sich bereits eine klare Zielscheibe gemalt hat. Lächerlich für den, der weiß, auf welche Ziele es ankommt, wie diese aussehen und was ein Volltreffer ist, und der auch weiß, wann es danebengegangen ist. Allerdings belastet die Aufgabe, Volltreffer zu erzielen, denn so einfach ist es ja nicht, ins Schwarze zu treffen. Wir können alle ein Lied davon singen. Mancher durchschnittliche Schütze, und das sind wohl die meisten von uns, fühlt sich zu Recht überfordert.

Tritt das Wunder ein, dass der Pfeil direkt ins Schwarze trifft, ist das natürlich spektakulär. Unwahrscheinliches wie Wunder oder Volltreffer sind nun einmal spektakulär. Und nicht ohne Grund werden die, die darauf setzen, auch Spekulanten genannt.

Auf die Vernunft zu setzen ist dagegen alles andere als spektakulär. Es ist so unspektakulär, wie Zielscheiben um abgeschossene Pfeile zu malen. Für uns Durchschnittsschützen, die wir an unserem Glauben, ob sich unsere Erfolgsvorstellungen bezüglich unserer Ehen realisieren lassen, oftmals verzweifeln, ist es allemal ein vernünftiges Vorgehen, das außerordentlich entspannt.

Mit diesem Perspektivenwechsel vom erhofften Ehewunder zur realistischen Vernunftehe beschäftigt sich dieses Buch. Es will anregen, sowohl über die Grenzen wie über die Möglichkeiten der Ehe nachzudenken. Es möchte zur Entlastung der Ehe beitragen, damit sie wieder atmen, sich dehnen, sich strecken und wieder lebendig werden kann. Vernünftiger und realistisch meint daher auch lebbar: menschlichen Möglichkeiten angemessen.

Oftmals ist es nützlich, manchmal sogar notwendig, bevor man etwas Neues leben kann, das Bisherige, das Gewohnte zu unterlassen. Dazu muss man allerdings wissen, was unterlassen werden sollte – und auch: warum. Ich werde versuchen Einblicke zu geben in das, was das Gelingen der Ehe ermöglicht, aber auch aufzuzeigen, was geeignet ist, Beziehungs*unglück* zu erzeugen und den Erfolg der Ehe zu verhindern.

Nicht zuletzt wird aber auch zu belegen sein, warum es vernünftig ist, auch in der Vernunftehe auf die Liebe zu setzen, denn dadurch kann sich sowohl die Ehe wie auch die Liebe erhalten.

Es wäre natürlich absolut unrealistisch, das mögliche Scheitern einer Ehe auszuklammern und unerwähnt zu lassen. Deshalb beschäftigt sich das letzte Kapitel damit, wie man auf vernünftige Weise Schluss machen und wie eine Trennung menschenwürdig vonstatten gehen kann.

Wenn in diesem Buch von Ehen die Rede ist, dann schließt dies selbstverständlich auch sogenannte nichteheliche sowie hetero- oder homosexuelle Gemeinschaften ein. Die Ehe verliert ja auch zunehmend ihre gesetzliche Exklusivität. Seit Jahren schrumpfen die juristischen Unterschiede zwischen Paaren mit und ohne Trauschein, so beim gemeinsamen Sorgerecht, beim Unterhalt für die gemeinsamen Kinder und inzwischen auch beim Güterrecht. In Ehen und eheähnlichen Gemeinschaften werden zudem weitgehend die gleichen Werte, Vorstellungen und Erwartungen entwickelt und gepflegt.

Wie komme ich dazu, über die Ehe und auf diese Weise darüber zu schreiben? Da ist zum einen meine Erfahrung als Ehemann. Es ließ sich gar nicht vermeiden, im Rahmen von zweiundzwanzig Ehejahren – sozusagen im Selbstversuch – einschlägige Erfahrungen zu sammeln. Es sind persönliche Erfahrungen sowohl von Erwartungsenttäuschungen als auch Erfahrungen erfolgreicher Vernunft. Ein Ende von beidem, von Enttäuschung und Irrtümern wie von Erfolg, scheint nicht in Sicht.

Dazu kommt die einzigartige Gelegenheit, die mir unzählige Paare geboten haben, mittelbar an ihren Erfahrungen teilzuhaben. Über mehr als drei Jahrzehnte durfte ich als Psychotherapeut, Paartherapeut, Berater und Lehrer für Psychotherapeuten Einsicht in die Praxis der Ehe nehmen. Mir wurden Einblicke in die Misserfolge, Krisen und Katastrophen gewährt, aber auch in die Erfolgsgeschichte so mancher Ehe. Solche Erfolgsgeschichten gibt es tatsächlich und häufiger, als man denkt.

Darüber hinaus habe ich mich seit vielen Jahren wissenschaftlich mit der Frage beschäftigt, wie eigentlich Paarbeziehungen funktionieren und was die Gesetzmäßigkeiten und Regeln von Liebesbeziehungen und Ehen sind. Meine Frau meint allerdings, dies sei die unwesentlichste Quelle meiner Ideen und typisch männlich. Sie glaubt hingegen, übrigens ein hervorragender Anlass für Streit, dass die Erfahrung, die sie mir in unserer Ehe ermöglicht habe, viel mehr zählt. Immerhin hat sie es mit mir ausgehalten, aber, darauf muss ich bestehen, auch ich mit ihr. Ich selbstverständlich aus vernünftigen Gründen, sie aus emotionalen.

Meine Frau legt auch Wert darauf, die Leserin zu erhöhter Sensibilität für typisch männliche Beschreibungen und Bewertungen in diesem Buch aufzurufen. Wie ich finde: Absolut unberechtigt!

Lassen Sie mich aber, bevor wir gemeinsam die Niederungen und Höhen des Ehelebens durchstreifen, doch auch darauf hinweisen, dass auch ein Buch und sein Autor Grenzen haben. Diese zu sehen ist für Leserin und Leser einfacher als für den Autor, und kann den realistischen Blick schärfen.

I
Die Unvereinbarkeit von Liebe und Leben

»Was Prügel sind, das weiß man schon; was aber die Liebe ist, das hat noch keiner herausgebracht. Einige Naturphilosophen haben behauptet, es sei eine Art Elektrizität. Das ist möglich; denn im Momente des Verliebens ist uns zumute, als habe ein elektrischer Strahl aus dem Auge der Geliebten plötzlich in unser Herz eingeschlagen. Ach! diese Blitze sind die verderblichsten, und wer gegen diese einen Ableiter erfindet, den will ich höher achten als Franklin. Gäbe es doch kleine Blitzableiter, die man auf dem Herzen tragen könnte, und woran eine Wetterstange wäre, die das schreckliche Feuer anderswohin zu leiten vermöchte. Ich fürchte aber, dem kleinen Amor kann man seine Pfeile nicht so leicht rauben wie dem Jupiter seinen Blitz und den Tyrannen ihr Zepter. (…) – Was ist die Liebe? Hat keiner ihr Wesen ergründet? hat keiner das Rätsel gelöst? (…) Wenn ich dir aber, lieber Leser, nicht zu sagen vermag, was die Liebe eigentlich ist, so könnte ich dir doch ganz ausführlich erzählen, wie man sich gebärdet und wie einem zu Mute ist (…) Man gebärdet sich nämlich wie ein Narr, und tanzt über Hügel und Felsen und glaubt, die ganze Welt tanze mit. Zumute ist einem dabei, als sei die Welt erst heute erschaffen worden, und man sei der erste Mensch.« (Heinrich Heine)[3]

Die Probleme mit der Liebe fangen schon an, wenn man sie definieren will – auch wenn man weiß, wie man sich fühlt und verhält, wenn man vom Blitzschlag der Liebe getroffen ist: göttlich oder närrisch, auf jeden Fall als sei man unter Strom. Vernünftig daher die Idee Heinrich Heines, an einen Blitzableiter auf dem Herzen zu denken, der den Gewitterschaden verhindern könnte.

Wie also – vernünftig – über die Liebe reden oder schreiben und wie und wo anfangen? In der Tat bewähren sich dabei die Dichter, die es ohne die Liebe wahrscheinlich gar nicht gäbe. Wie es umgekehrt die Liebe vielleicht nicht ohne die Dichter gäbe. Hören wir, was etwa Bodo Kirchhoff zu sagen hat:[4] »Wo das Meer beginnt« – so der Titel seines Romans – meint einen Ort an der portugiesischen Küste, wo das Land endet und das Meer beginnt, wo sich Europa mit dem Atlantik vermählt. Das ist sein Bild von der Liebe. Der Ort, an dem wir den Boden unter den Füßen verlieren können, von Wellen leicht getragen sind und uns selbst dabei leichter ertragen. Dieselben Wellen sind es aber auch, die uns im nächsten Moment zu verschlingen drohen.

Damit ist schon Wesentliches angesprochen: Die Liebe kann uns entlasten. Wir ertragen uns selbst, das Leben, den Partner so leichter. Wir verlieren etwas. Wir verlieren Gewicht oder Last. Aber: wir verlieren nicht nur Last, sondern vielleicht auch den Boden unter den Füßen und könnten von der Gewalt des Meeres auch verschlungen werden.

Was ist das eigentlich: die Liebe?

Zunächst nur ein Wort, ein Substantiv, ein Dingwort. Aber: Gibt es überhaupt ein solches »Ding«, wie es das Wort »Liebe« bezeichnet? Die der Liebe zugeschriebenen Eigenschaften legen ja oft beinahe physikalisch messbare Qualitäten nahe: Liebe kann tief und schwer, bitter und süß sein, sie kann entdeckt werden, verlorengehen und manchmal sogar wiedergefunden werden. Sie lässt sich gar in quasi-mathematischen Gesetzmäßigkeiten fassen, wo sich dann etwa ihre Größe oder Intensität direkt proportional zum Quadrat der Entfernung zwischen den Liebenden verhalten soll. Oder es wird behauptet, dass es bestimmte Halbwertzeiten der Liebe gebe. Die Liebe wäre dann eine Art von strahlendem Material, Beziehungsplutonium, auf jeden Fall Objekt eines Zerfallsprozesses, das periodisch die Hälfte seiner Strahlkraft verlöre.

Es stellt sich dann die Frage, wie dieser Verlust zu werten ist: positiv, als Abnahme der die Gesundheit schädigenden Radioaktivität, oder negativ, als Abnahme der radioaktiven Energie. In beiden Fällen können sich Fragen nach den Möglichkeiten der Wiederaufbereitung bzw. des Endlagers für den radioaktiven Liebesmüll stellen. Verständlich daher, dass manche oder mancher an einen endgültigen Ausstieg aus dieser gefährlichen, weil letztlich nicht beherrschbaren Liebes-Technologie denkt. Nicht selten wird ein Umstieg auf erneuerbare Energien ins Auge gefasst. – Und es werden energische Energiesparmaßnahmen erwogen. Aber auch beim Ausstieg ist mit Restlaufzeiten zu rechnen.

So anschaulich konkret die meisten Liebesmetaphern

sind, man wird trotz angestrengter Suche das Ding selbst nicht finden. Selbst neueste medizinische Methoden bieten nur leere Befunde: Vielfältigste Analysen von Mittelstrahl-Urin, serologische Antikörperbestimmungen, kleine und selbst große Blutbilder, einfache Röntgenreihenuntersuchungen bis hin zu modernsten bildgebenden Verfahren wie Kernspin- oder Positronenemissionstomographie bleiben ergebnislos. Weder wird die Liebe selbst gefunden, noch gelingt es, sie anhand von spezifischen biologischen Markern zu diagnostizieren und dingfest zu machen.

Obwohl ich einräumen muss: Angesichts der gegenwärtigen Renaissance der Neuroanatomie und des medizinisch-biologischen Bilderwahns kann man gar nicht anders, als auch Befunde aus der bunten Bilderwelt der Hirnforschung zur Kenntnis zu nehmen. Etwa den, dass sich akut Liebende unter dem Kernspintomographen wie Kokainkonsumenten verhalten.[5] Areale, die bei schlechter Stimmung aktiv sind (rechtes Stirnhirn), sind sowohl bei akut Liebenden als auch bei Kokainkonsumenten abgeschaltet. Und auch ein Teil des Mandelkerns, der Amygdala, wird inaktiv. Der Mandelkern gilt unter den Liebhabern biologisch-anatomischer Erklärungsmodelle als Angst- und Aggressionszentrum. Nicht gar so überraschende Einsichten, die uns die moderne Hirnforschung hier bietet. So viel sei jedoch festgehalten: Liebe wird bei dieser Zugangsweise als ein bestimmter Molekularzustand auf der Basis chemischer Verbindungen angesehen.

Ich hingegen behaupte weiterhin: Die Liebe ist kein biologisches Phänomen, obwohl wir oft genug die Liebe als etwas zu unserer Natur Gehöriges empfinden. Ich meine, der Gegenstand der Liebe sind unsere Vorstellungen, die als Liebesgeschichten oder Mythen erzählt werden.

Liebesgeschichten

Liebesgeschichten haben eine lange Tradition und sind gleichzeitig hochaktuell. Woher wissen wir denn, was die Liebe ist und welches Erleben und welche Erfahrungen damit verbunden sind? Es ist uns erzählt worden in Geschichten, Büchern, Schlagern und natürlich im Kino!

Auch wenn Platon nicht der erste uns bekannte Liebesgeschichtenerzähler ist, schließlich fing ja alles spätestens schon bei Adam und Eva an, erzählt er die nachhaltigsten Liebesmythen, allerdings unter dem Aspekt des Pathologischen und der Verrücktheit der Liebesbeziehung. Wahrscheinlich trifft er aber damit einen wesentlichen Aspekt von Liebesgeschichten. Die Psychiatrie wurde erst in der zweiten Hälfte des 19. Jahrhunderts eine Disziplin innerhalb der medizinischen Fakultät und war über viele Jahrhunderte ein fester Bestandteil der philosophischen Fakultät bzw. der Philosophie. Ganz selbstverständlich ist daher auch die Pathologie der Liebesbeziehung ein Aspekt der psychiatrischen Systematik Platons:

Ursprünglich – so Platon – hatte der Mensch eine andere Gestalt als die heute üblicherweise anzutreffende. Er war eine Kugel mit vier Händen, vier Füßen, zwei Gesichtern, vier Ohren und zwei Geschlechtsteilen. Diese Kugelmenschen besaßen ungeheure Kräfte. Und sie hatten hochfliegende Pläne. Sie gingen so weit, den Göttern ihren göttlichen Rang streitig zu machen. Zeus selbst fühlte sich schließlich aufgerufen, etwas zu unternehmen. Er überlegte einige Zeit – Götter sind schließlich auch nur Menschen – und ergriff eine ihm geeignet erscheinende Maßnahme: Alle Kugeln wurden in zwei Hälften zerschnitten. Sie verloren dadurch nicht nur an Stärke und Kraft, sondern mussten auch ihre ehrgeizigen Ziele aufgeben. Nun waren sie für die Götter nicht mehr gefährlich. Es gab keine Kugelmenschen mehr. Es gab nun nur noch Kugelhälften.

Die Götter waren's zufrieden. Gleichzeitig aber entwickelten die nun getrennten Kugelhälften ein sehnsüchtiges Verlangen. Ein Verlangen danach, die andere – die verlorene – Hälfte zu finden und wieder den ursprünglichen Zustand herzustellen, d. h. ganz oder heil zu werden.

Seitdem ist jeder einzelne Mensch ein Mängelwesen, das beständig seine andere, passende, vielleicht sogar bessere Hälfte sucht, um in einer Art von beglückender Wiedervereinigung den ursprünglichen Zustand herzustellen. Das Wiederherstellungsmodell ist aber kein Passepartout-Modell. Es passt nicht jede beliebige Hälfte auf jede beliebige andere Hälfte. Jeder Hälfte entspricht nur genau eine bestimmte andere Hälfte. Man kann sich leicht vorstellen, wie angesichts der Bevölkerungsexplosion das Ziel der Wiederherstellung des ursprünglichen Kugelzustandes zu einem schwierigen, ja unwahrscheinlichen Unternehmen geworden ist. Volltreffer sind dabei extrem selten.

Neben dieser Geschichte, eine der ältesten Liebesgeschichten zumindest des Abendlandes, dem Aristophanes-Mythos[6], beschäftigt sich Platon noch in einer anderen Geschichte sehr differenziert mit dem Wahnsinn der Liebesbeziehung.[7] Im psychiatrischen Lehrgebäude Platons ist jede Seele zunächst göttlich. Sie besitzt ein Gefieder und durchfliegt in Begleitung eines anderen Gottes, d. h. einer ebenfalls gefiederten göttlichen Seele, das All. Um auch hier möglichen Ambitionen, also der Bedrohung der olympischen Götter, entgegenzuwirken, werden sie ihres Gefieders beraubt und finden sich auf der Erde in einem menschlichen Körper wieder. Ein bedauernswerter Zustand für göttliche Seelen, im Gefängnis des Körpers eingekerkert zu sein. Trifft nun eine dieser leibgebundenen Seelen auf einen anderen Menschen, in dessen Körper eben die Seele eingeschlossen ist, in deren Begleitung sie einst durchs All streifte, steht dem göttlichen Wahnsinn nichts mehr im Wege. Es ergreift die Seele eine gewaltige Aufregung, in der sie ihrer selbst nicht mehr mächtig ist. Es überkommt sie ein Schauer, eine Veränderung der Stimmung, Schweiß bricht aus, und es entsteht eine ungewohnte Hitze, die das Gefieder der Seele erneut zum Keimen bringt, so dass es zu den bekannten »beflügelnden« Erlebnissen kommen kann. Es wird dann glaubwürdig von Himmelfahrten und einem Schweben über den Wolken berichtet, selbst von Menschen, deren Körpergewicht beides eher auszuschließen scheint.[8]

Diese zweieinhalbtausend Jahre alten Geschichten sind nach wie vor von höchster Aktualität. Schaut man in die Illustrierten und Wochenendausgaben der Zeitungen oder hört man sich die Schlager-Hitparaden an, könnte man zu dem Schluss kommen: Es gibt absolut nichts Neues unter der Sonne, und es scheint tatsächlich so, dass die abendländische Kultur nur eine Fußnote zu Plato ist.

Im Deutschen Ärzteblatt inseriert ein 34-jähriger Mediziner: »… groß, schlank, ein halber Mensch, braucht Dich, wie Du mich, um in Liebe eins zu werden.« In der ZEIT behauptet ein Herr: »Mein Himmel wird immer heiterer. Nun fehlt nur noch ein leibhaftiger Engel: Sanft, vielleicht künstlerisch, per Du mit Gott«, während gleichzeitig eine Dame in der Frankfurter Rundschau folgendes Inserat aufgegeben hat: »Engel vorhanden, Himmel gesucht … möchte mit liebevollem, interessantem, gut aussehendem und charakterstarkem Partner dem Alltag entfliehen.« Hoffentlich – so denkt man anteilnehmend – liest der ZEIT-Inserent die Frankfurter Rundschau bzw. die Frankfurter Rundschau-Inserentin die ZEIT, weil dann der Wiederherstellung eines Kugelmenschen aus zwei besseren Hälften und anschließenden Elevationserlebnissen nichts mehr im Wege stünde.

Und vielleicht singt dann noch Peter Maffay im Radio seine von Platon inspirierten »Wahnsinns-Liebes-Lieder« dazu, die jedes Psychiater-Herz höher schlagen lassen: Etwa sein berühmtes »Wenn ich geh', dann geht nur ein Teil von mir«[9], ein Text, der Körperhalluzinationen mit deutlichen Zeichen eines Verarmungs-, Nichtigkeits- und Kleinheitswahns verbindet, wenn er bekennt: »Du bist alles, was ich habe auf der Welt. Du bist alles, was ich bin.« Nach dem Anhören Maffay'scher Suizidideen »Ohne dich leben, das kann ich nicht mehr«, sind Sie selbst vielleicht so traurig geworden, dass Sie den Radio-Sender wechseln müssen, wo Sie schon von Herbert Grönemeyer erwartet werden, der gerade wieder mal

»Flugzeuge in seinem Bauch hat«.[10] Sie wechseln verwirrt und desorientiert wieder den Sender und kommen noch rechtzeitig zu einem Wunschkonzert, wo Sie gerade Heidi Brühl mit der Drohung erschreckt: »Wir werden niemals auseinandergehen.«[11]

Es ist kein Zufall, dass man bei den Versuchen, die Frage zu beantworten, was denn die Liebe sei, überall auf mehr oder weniger verbreitete Gebrauchskultur stößt. Sie ist der Vorratsspeicher, aus dem wir unsere Vorstellungen von der Liebe beziehen.

Die Liebesgeschichten beschreiben häufig eine Situation, in der etwas verlorengeht, man verliert etwa den Kopf oder den Verstand. Gleichzeitig entsteht in den Liebesgeschichten etwas Neues, etwas, was es vorher nicht gab. Wo Liebe entsteht, kommt ein Wirbel auf wie vor dem ersten Schöpfungstag.[12]

Die Liebe ist ein persönlich erwartetes und erlebtes Kulturphänomen, das Paarbeziehungen möglich macht. In einer kulturvergleichenden Studie[13,14] wurden 166 Gesellschaften bezüglich der Fragestellung untersucht, wie weit verbreitet das Phänomen der romantischen Liebe tatsächlich ist. In 148 Fällen ließ sich das Vorkommen romantischer Liebesgefühle und entsprechender Verhaltensweisen belegen, von denen man lange Zeit geglaubt hatte, sie seien lediglich Errungenschaften der feinen westlichen Zivilisation. In den verbleibenden 18 Fällen konnte allerdings nicht das Fehlen der romantischen Liebe festgestellt werden, sondern es wurde lediglich nicht gezielt nach Indikatoren für das Konzept der romantischen Liebe gesucht. Offensichtlich haben wir es hier also mit einem universalen Phänomen zu tun. Kulturelle Unterschiede lassen sich dann nicht mehr an der Frage der An- oder Abwesenheit der romantischen Liebe festmachen, sondern allenfalls an der Frage, welche organisatorischen und kommunikativen Folgen die überall erzeugte Vorstellung der romantischen Liebe hat.

Liebesbeziehungen

Von Anfang an sind Liebesmythen mit dem Begriff des Paares verbunden. Wenn wir an Liebe denken, denken wir an Liebesgeschichten und an Liebespaare, meist an sehr konkrete Paare: Tristan und Isolde, Romeo und Julia, Humphrey Bogart und Ingrid Bergman (bzw. Richard Blaine und Ilsa Lund) in »Casablanca«.

Was erzählen diese Liebesgeschichten? Sie erzählen davon, dass da etwas begonnen hat, ein Anfang gemacht wurde. Die Liebesgeschichten stellen einen Bezug zur Vergangenheit einer Paarbeziehung oder Ehe her und geben aus dieser Vergangenheit der Gegenwart und der möglichen Zukunft Bedeutung. Die Gegenwart einer Ehe wird dann vielleicht bedeutsam oder gar sinnvoll. Liebesgeschichten können zu Bedeutungslieferanten für Ehe-Tatsachen werden. Liebesgeschichten können aber auch auf etwas Fehlendes in der Ehe, etwas Verschwundenes, Verlorenes, etwas an den Rand Gedrängtes verweisen. Liebesgeschichten können dadurch handlungsanleitend werden und für den Einzelnen oder das Paar Orientierung geben. Wenn die Gegenwart und der Ursprung des Paares nichts mehr miteinander zu tun haben, stellen Liebesgeschichten das Gegebene in Frage. Veränderung steht an: Wiederbelebungsversuche einer Liebesbeziehung oder die Auflösung der Ehe und vielleicht ein neuer Versuch einer Liebesbeziehung mit einem neuen Partner oder einer neuen Partnerin.

Wenn wir an Liebesbeziehungen denken und an das, was uns darüber erzählt wird, dann tauchen weitere Merkmale auf. Liebe ermöglicht die Ausgrenzung von Dritten aus der Liebesbeziehung. Eine Liebesbeziehung kann sich nun einmal nicht im Kollektiv entwickeln. Dort, wo das Kollektiv beginnt, endet das Liebespaar. Die Liebe ermöglicht Exklusivverhältnisse. Sie erleichtert beispielsweise die Aus- und Abgrenzung von Familie. Sowohl gegenüber den Herkunftsfamilien der Liebenden wie gegenüber eigenen Kindern. Kinder können das exklusive Liebesverhältnis eines Paares gefährden. Sie mischen sich ein und attackieren damit die Liebesbeziehung.

Liebesbeziehungen grenzen sich über Geheimnisse von anderen und von anderem ab. Liebende teilen Geheimnisse und gehorchen einem Verratsverbot. Der Verrat gegenüber Dritten ist der Verrat an der exklusiven Liebesbeziehung, weil er die Liebesbeziehung für andere öffnet. Das Geheimnis verbindet, der Verrat trennt das Liebespaar. Das Geheimnis schließt Dritte aus, der Verrat schließt Dritte ein.

Der Verrat als Auflösung einer exklusiven Liebesgeschichte wird uns in »Wer hat Angst vor Virginia Woolf?« auf der Bühne oder im Film vor Augen geführt: George und Martha haben für sich ein Phantasiegeheimnis entwickelt. Die Erfindung eines gemeinsamen Sohnes, obwohl Martha keine Kinder bekommen kann. So weit das Geheimnis eines Liebespaares. Der Verrat geschieht an dem Abend, an dem George in Anwesenheit eines anderen Paares den »gemeinsamen Sohn« sterben lässt.

Schmerzliche Erfahrungen von Untreue und Affären stellen ja offensichtlich die Auflösung der exklusiven Liebesbeziehung und auch oftmals das Ende einer Liebesbeziehung dar. Die meisten Partner, die sich als die Betrogenen verstehen, empfinden den Verrat als das Zentrum ihres Schmerzes. Es ist die Intimität, die bis dahin als geheim und exklusiv galt, die verraten wurde und einem oder einer anderen zugänglich gemacht wurde.

Das exklusive Geheimnis des Liebespaares kann außenstehenden Dritten wie eine Art von Verschwörung vorkommen. Eine Verschwörung, die sich auch von herrschender Moral, politischer Korrektheit, ja von Gesetz und Gebot abgrenzt. Die Liebesbeziehung, eine kriminelle Vereinigung, organisiertes Verbrechen. Man muss nicht bis Adam und Eva zurückgehen, die ihre Liebesbeziehung ja auf Ungehorsam und Verbotsverletzung aufbauen. »Bonnie und Clyde« machen es ebenso. Kürzlich nahm ich an einer Fernsehdiskussion über gefährliche Liebschaften teil und lernte eine Frau kennen, die zusammen mit ihrem Partner sogar Geiseln genommen hatte. Obwohl inzwischen viele Jahre vergangen waren und sie bereits mehrere Jahre mit ihrem jetzigen Ehemann verheiratet ist, beschreibt sie ihre Beziehung zu dem Geiselnehmer so: Liebe war mit im Spiel.

Die Liebe kann aber nicht nur eine Abgrenzung gegenüber Personen, Normen, Gesetzen und der Welt ermöglichen, sie kann auch eine neue und andere Art der Bezugnahme zur Welt sein. Die Liebe kann Gegengewicht zu einer Weltsicht werden, die alles nur unter Nützlichkeitsgesichtspunkten sieht und wertet. Die Liebe entbehrt der Nützlichkeit. Nützlichkeit bindet an diese Welt; die unökonomische Liebe ist dagegen dazu da, verschwendet, aufgeopfert, verspielt und verausgabt zu werden. Die Liebe kann zur Wiederverzauberung der Liebenden, aber auch der Welt der Liebenden führen. »Noch stundenlang miteinander geredet, als würde alles Erlebte erst wirklich, wenn wir es einander erzählen.«[15] Die Liebe verspricht, die entzauberte Welt[16] wiederzuverzaubern.

Der Liebe wird diese Art der Selbst- und Weltverzauberung zugetraut – oder zugemutet. Der Geliebte soll zum Universum werden, indem man sich selbst – als Liebendem und Geliebtem – und damit der Welt Sinn zuschreibt. Dem Geliebten glaubt man zu verdanken, dass man durch ihn und durch die Liebe zu ihm das eigene Ich entfalten kann, Identität gewinnt und damit auch die Welt wiederherstellen kann.

Die Liebe wird zu einer Methode, um sich selbst und die verlorene Welt hervorzubringen, so hofft man zumindest: »Der Gedanke an den Mann, der sie liebte, tauchte wieder auf. Wenn er hier wäre, würde er sie beim Namen rufen. Wenn es ihr gelänge, sich an sein Gesicht zu erinnern, könnte sie sich vielleicht den Mund vorstellen, der ihren Namen spricht. Das scheint ihr ein guter Weg: auf dem Umweg über diesen Mann zu ihrem Namen zu gelangen.«[17] Diese Vorstellung, gesehen und benannt zu werden, findet sich schon im alten Ägypten. Dort galt das Sprichwort: Einer lebt, wenn sein Name genannt wird. Die Ägypter waren an der Überwindung des Todes interessiert. Und dafür setzten sie alle ihre Hoffnung auf die symbolischen Formen, die Sprache, die Nennung des Namens. Liebe, Gedächtnis und Sprache stiften für den Ägypter eine Verbundenheit, die das einzelne Leben auch über die Todesschwelle, den Stillstand des Herzens und den Zerfall des Körpers hinweg zu tragen vermag. Aus diesen Motiven wird eine Gedankenfigur, die auch in unserer Kultur bis heute ihre Gültigkeit bewahrt hat. Man möchte angesprochen und gesehen werden, um zu sein.[18]

Liebesbeziehungen stellen also Beziehungsformen dar, die sich mit bestimmten Vorstellungen, Erwartungen und Befürchtungen verbinden. Sie unterliegen dabei bestimmten Regeln, die sich beschreiben lassen:

Die Regeln der Liebe

Diese Regeln sind nicht zu verstehen als Vorschriften, nach denen gehandelt werden muss. Es sind Vorschriften, die in einem langen kulturellen Entwicklungsprozess entstanden sind und die sich in unserer Vorstellungswelt fest etabliert haben. Sie sind zu beachten, will man in einer Liebesbeziehung mitspielen. Sie geben Hinweise darauf, was innerhalb einer Liebesbeziehung getan werden muss bzw. unangebracht ist.

Im Unterschied zu den meisten anderen Beziehungsformen haben wir die Erwartung, dass in einer Liebesbeziehung alles zur Sprache gebracht werden kann, insbesondere natürlich all das, was die beiden Liebenden höchst persönlich betrifft. Prinzipiell ist alles, was eine Person angeht – auch selbst das, was nur vermutet werden kann –, der Kommunikation zugänglich bzw. kommunikationswürdig. Es findet keine Auswahl statt. Geheimhaltung voreinander ist nicht erlaubt. Was nicht heißt, dass sie nicht praktiziert werden kann und praktiziert wird.

»Du sagst immer, was du denkst« (Peter Maffay). »Was denkst du gerade?« Einer der häufigsten Sätze aus dem Film »Casablanca«. Es ist der Satz, die Frage, an der man wahrscheinlich akut Liebende am zuverlässigsten von anderen Personen unterscheiden kann. Es ist der Versuch, ein Herz und eine Seele zu werden, indem höchst persönlich miteinander gesprochen, gefragt und geantwortet wird, ohne dass man mit einer Auswahl oder Zensur rechnet – sagen, was man denkt! Andere Beziehungsformen sind dagegen diskret: Sie sind verschwiegen oder taktvoll, akzeptieren den Unterschied zwischen Denken und Sprechen, zwischen Erleben und Erzählen und vermeiden es, den Unterschied aufzulösen. Sie wählen aus, was sie bekanntgeben. Hier verbindet sich dann oftmals Taktvolles mit Taktischem. Die für Liebesbeziehungen charakteristische höchstpersönliche Offenheit macht in anderen Beziehungen einen bestenfalls merkwürdigen, oftmals aber auch verdächtigen Eindruck. Zwei Beispiele aus dem »Nahbereich« von Liebesbeziehungen, aus Familienbeziehungen:

Meinem Sohn ging vor ein paar Jahren die höchstpersönliche Offenheit in der familiären Gesprächskultur so auf die Nerven, dass er ärgerlich mehr Diskretion einforderte: Könnt ihr euch nicht wie normale Eltern verhalten und hinter meinem Rücken über mich reden!?

Ein zweites Beispiel: Ein Familienvater, der beim

Abendessen mit seiner Frau und seinen drei vor- und nachpubertären Kindern um Gehör bittet, um etwas Höchstpersönliches zu thematisieren, nämlich seine Unzufriedenheit über die sexuelle Beziehung zu seiner Frau. Oder noch merkwürdiger: Derselbe Familienvater ist Abteilungsleiter eines Automobilzulieferers und auch dort, beim wöchentlichen Abteilungsmeeting, berichtet er über seine angeblich in sexueller Hinsicht unbefriedigende Beziehung. Im besten Fall findet er kein Gehör und wird überhört. Wahrscheinlich wird man ihn aber für »nicht ganz dicht« halten. Ein gutes Bild dafür, dass er seine Kommunikation nicht abgedichtet hat. Im ungünstigsten Fall wird er zum Betriebsarzt geschickt.

All das, was im äußeren Umfeld merkwürdig bis verrückt erscheint, ist in einer Liebesbeziehung normal und erwartbar.

In Liebesbeziehungen kann man sich verpflichtet fühlen, alle Kommunikationsmöglichkeiten zu nutzen, was ja Liebesbeziehungen nicht nur auszeichnet, sondern auch so bedeutsam macht, zumindest vorübergehend. Man hofft, als Person in seiner Gesamtheit wahrgenommen zu werden. Man hat das Recht, auf alles Rede und Antwort zu bekommen, aber auch die Pflicht, auf alles Rede und Antwort zu stehen. Man kann mit allem Beachtung finden und sollte selbst alles beachten – zumindest prinzipiell. Dadurch soll das Erleben des einen das Handeln des anderen unmittelbar auslösen. Anders ausgedrückt: Das Liebespaar wird ein Herz und eine Seele. Die Trennung zwischen Innen (dem Erleben) und Außen (der Kommunikation) ist aufgehoben. Schizophrene Patienten beschreiben dies mit ihren charakteristischen

Symptomen als Gedankenlautwerden, Gedankenentzug oder auch Gedankeneingebung. Nicht umsonst werden daher in der Liebeslyrik oft schizophrene Symptome im Sinne des Verlustes der Ichgrenzen beschrieben: »Wenn ich geh', geht nur ein Teil von mir.«

Die auf Diskretion verzichtende unzensierte Liebeskommunikation zwischen den Liebenden ist allerdings auf Dauer kaum durchzuhalten. Später, wenn die Liebesbeziehung in eine alltagstaugliche Form der Partnerschaft oder Ehe überführt ist, wird die Frage: Was denkst du gerade, was fühlst du gerade ...?, wenn überhaupt noch, dann sehr selten zu hören sein. Wird sie dennoch gestellt, aktiviert sie oft taktisch/taktvolle Suchprozesse: Was sage ich jetzt am besten, damit nicht dies oder das Unangenehme wieder passiert?

Wenn ein Liebespaar alle Informationen miteinander teilt – sowohl über die Welt »da draußen« als auch über das, was die beiden im Miteinander betrifft –, schafft dies ein besonderes Beziehungserlebnis. Es entsteht eine eigene Wirklichkeit, eine eigene gemeinsame Weltsicht. Pathologisch ausgedrückt: Eine folie à deux.

Sosehr eine solche intime, ungehemmte und Ausschließlichkeit beanspruchende Kommunikation immer wieder ersehnt und angestrebt wird, sie ist auch immer gefährdet und gefährlich, vor allem durch ihre Radikalität. Sie lässt keine Lauheiten und Mittelmäßigkeiten zu. Sie erscheint daher bei genauerem Hinsehen auch unmenschlich und ist es oft genug auch. Ein Liebespaar findet zusammen ohne bewussten Entschluss. Die Liebe ist eine Himmelsmacht, Schicksal oder Vorsehung. So unsere Vorstellung. Sie entzieht uns der Verantwortung: etwas geschieht uns.

Die Liebesbeziehung ist kein Verein, in den man eintreten und aus dem man auch wieder austreten kann. Allenfalls kann die Liebe aufhören bzw. das, was die Liebesbeziehung gestiftet hat. Das Schicksal wendet sich gegen einen. Die Vorsehung hatte eine Sehschwäche. Die Folge: Die Vereinigung, die Liebesbeziehung, löst sich von selbst auf. Es bleibt – statt einer Austrittserklärung – lediglich ein bekümmertes Registrieren von etwas, was man nicht herbeigeführt hat und nicht willentlich beenden kann. Allenfalls erleidet man es.

Die Radikalität der Liebesbeziehung bezeugt sich auch in ihrer Bedingungslosigkeit und Absolutheit. Man liebt den anderen ganz oder gar nicht. Wenn man liebt, dann kann man keine Detailaspekte lieben (die Art wie du die Haare trägst ...). Liebe kann, ja muss großzügig auf Gerechtigkeit verzichten. In der Liebe gibt es auch keine Fairness. Fair kann man bekanntlich nur unter Gegnern sein. Liebe ist etwas ganz anderes als Demokratie oder gar Herrschaftsfreiheit. Sie ist Überwältigung und/oder freiwillige Unterwerfung. Von der Liebe lassen sich keine Ansprüche ableiten. Sie ist weder Verdienst, noch lassen sich in und mit ihr Verdienste erwerben. Sie entzieht sich jeglicher Vertragsfähigkeit. Sie kann weder erzwungen, noch jemandem geschuldet werden. Es kann also bei der Liebe nicht darum gehen, sich zu vertragen, sondern allenfalls darum, sich zu ertragen. Bei enttäuschter und verlorener Liebe besteht kein Recht auf Schadensersatz. Es lassen sich keine Liebes-Risiko-Versicherungen abschließen. Wer als Liebesopfer an- oder einklagt, argumentiert aus einer anderen Beziehungslogik, nicht mehr aus der Logik der Liebe. Es gibt kein Recht, keine Satzung, kein Verfahren und damit auch kein Unrecht. Liebende lieben jenseits von Lohn und Verachtung und von Gut und Böse.

Ebenso wie es in der Liebe kein Vertragsverhältnis geben kann, kann es auch keinen gerechten Austausch geben, also etwas, was mit unseren Vorstellungen von gerechtem Geben und Nehmen zu tun hat. Will man ein ökonomisches Bild gebrauchen, kann es in einer Liebesbeziehung keinen Tauschhandel geben. Liebe ist dagegen etwas, was sich schenkt, ohne auf Gegenliebe rechnen zu können. Ein Geschenk, die Liebe, kann nur freiwillig gegeben werden, sonst ist sie kein Geschenk, sondern eine Vereinbarung, eine Verpflichtung, ein Vertrag, eine Steuer, eine Schuld oder das Ergebnis einer Erpressung.

Die Liebe und die Ehe: Da soll zusammenkommen, was nicht zusammenpasst

Seit wenigen Jahrhunderten ist die Liebe zur Voraussetzung der Ehe geworden. Man sollte sich lieben, wenn man heiratet, und wer sich liebt, hat die Voraussetzungen für die Ehe. Die Liebesehe war entstanden. Wenn es aber nun so ist, dass man die Liebe nicht willkürlich herbeiführen und schon gar nicht willkürlich aufrechterhalten kann, hat man ein Problem: Man hat sich durch die Hochzeit – eine Vertragsunterzeichnung – zu etwas verpflichtet, was man nicht unbedingt halten kann.

Da hatten es die Paare einer arrangierten Ehe zumindest im Hinblick auf dieses Dilemma leichter. Aber das ist schon lange her, denn seit etwa 200 Jahren ist in unserem

Kulturkreis die arrangierte Ehe immer mehr in den Hintergrund getreten. In Zeiten der arrangierten Ehe konnte sich die Liebe einstellen, musste es aber nicht. Vor allem musste sie nicht nach Maßgabe eines Planes auf Dauer garantiert werden. In der arrangierten Ehe war man entlastet von der unmöglichen Aufgabe, etwas aufrechtzuerhalten, das sich weder »machen«, noch festhalten lässt. Aber diese Entlastung wurde wiederum durch eine andere mögliche Belastung erkauft. Da man verheiratet wurde, konnte es sein, dass man sich mit dem Gatten, der Gattin nicht verstand.

Aber offensichtlich ist die Liebesehe nicht die Lösung des Problems, sie scheint sogar mehr Probleme zu erzeugen als zu lösen. Mit der Liebesehe wird etwas vermischt und zusammengedacht, was einfach nicht zusammengeht und zu unauflösbaren Problemen führt, wenn man beides zusammen haben will.[19]

Aber:

Was ist das eigentlich: Die Ehe?

So viel ist von Anfang an klar: Die Ehe hat im Gegensatz zur Liebe ein rationales Fundament. Sie wird (meist) mit Bedacht, d.h. bewusst, willentlich und vorausschauend eingegangen. Sie ist ein Vertragsverhältnis zu gegenseitigem Nutzen. Aber natürlich kann diese Beziehungsform dennoch unvernünftig gestaltet werden. Das alles klingt schon ganz anders als das, was wir über die Liebe sagten: irgendwie nüchtern, ordentlich, wie aus einem Verwaltungshandbuch zitiert. Das ist auch der Grund, warum sich nun keine ans Herz gehenden Geschichten und Mythen finden lassen. Irgendwie hat die Ehe etwas von einer gebremsten ästhetischen und erotischen Qualität.

Heiratswillige gehen am Beginn ihrer Ehe einen unbefristeten Vertrag ein, dessen Beendigung (Scheidung) sie als einen eklatanten Misserfolg werten. Die Ehe ist eine Form der Gemeinschaft, die von ihren Regeln, ihrer Logik und ihren Konsequenzen her eine juristische Gestalt finden kann.

In eine Ehe tritt man bewusst ein. Man entschließt sich dazu und unterschreibt, mehr oder weniger explizit, einen Mitgliedschaftsvertrag und kann dann, unter bestimmten, wiederum vertraglich festgelegten Bedingungen, wenn man es will, auch wieder austreten: sich scheiden lassen. Voraussetzung ist die Geschäftsfähigkeit der Ehewilligen.

Ehen sind heutzutage gleichberechtigt organisiert, zumindest dem idealtypischen Anspruch nach. Die Ehe stellt eine Organisationsform dar, die auf dauerhafte Kooperation hin angelegt ist. Sie ist eine gemäßigte und organisierbare Form von Paarbeziehung. In einer Ehe kann man Ansprüche auf Gerechtigkeit, Gleichberechtigung und Herrschaftsfreiheit haben. Man ist berechtigt, zur Durchsetzung solcher Ansprüche auf die Verfahrensweisen des Verhandelns, der Kompromissfindung und, wenn nötig, auch des Einklagens auf der Grundlage von Gleichheit zurückzugreifen. Solche Ansprüche sind in einer Partnerschaft oder Ehe berechtigt und gerechtfertigt.

Die Ehe verlangt also nach Festlegung von Regeln, nach

verlässlicher Einhaltung dieser Regeln. Sie ist eine Art demokratisches System mit rechtlicher (Hintergrunds-) Absicherung und kann damit der moralischen Willkür (beispielsweise einer Liebesbeziehung) einen Riegel vorschieben.

Ökonomisch beschrieben ist die Ehe eine Organisation zweier autonomer geschäftsfähiger Individuen, die zwecks Maximierung ihrer individuellen Gewinne in einem geregelten Austauschverhältnis miteinander stehen. Leistungen werden erbracht und entsprechende Gegenleistungen können erwartet, eingefordert und vielleicht sogar eingeklagt werden. Der Tauschhandel ist die spezifische Verbindung zwischen den Ehepartnern. Kommt der Tauschhandel aus der Balance, d.h. fühlt sich ein Ehepartner übervorteilt, über den Tisch gezogen oder einfach nur ungerecht behandelt, steht die Frage der Wiederherstellung der Balance auf der Tagesordnung. Es gilt dann, einen Ausgleich zu schaffen. Unabhängig, welche Methode des Ausgleichs gewählt wird – von der Rückzahlung bis hin zur Rache –, sind alle Ausgleichs- und Verrechnungsmaßnahmen Teil der Logik der Ehe und des Tauschhandels. Ehen stehen unter dem Anspruch des Rechts oder, wenn man so will, unter dem Diktat der Gleichheit. Gerade die Gleichen müssen sich ständig vergleichen, um sich ihrer Gleichheit zu versichern. Um nicht übervorteilt zu werden, muss man sich auf gemeinsame Maßstäbe einigen, die Leistungen messen und kontrollieren und entsprechend honorieren.

Die Kommunikation innerhalb einer Ehe kann vernünftig gestaltet sein, d.h., es muss nicht alles, was gesagt werden kann, auch tatsächlich gesagt werden. Es muss nicht alles, was einen persönlich betrifft, tatsächlich mitgeteilt werden, Geheimhaltung gegenüber dem Ehepartner ist möglich und innerhalb des Regelwerks der Ehe erlaubt. Persönliche Geheimnisse können die Eigenständigkeit und Unabhängigkeit der Partner bewahren helfen. Man liefert sich durch Geheimhaltung dem anderen nicht aus und bewahrt den anderen davor, sich ausgeliefert zu fühlen. Über Geheimhaltung kann man die Fäden in der Hand halten, man kann Einfluss darauf nehmen oder es zumindest versuchen, wie man vom Partner wahrgenommen wird bzw. wie man vom Partner wahrgenommen werden will. All das erscheint durchaus vernünftig. Innerhalb der Organisationsform der Ehe braucht man seine kommunikativen Möglichkeiten nicht auszuschöpfen. Es kann ausgewählt und eingeschränkt werden. Man kann die kommunikativen Beiträge in einer Ehe vernünftig abdichten. Unter Verwendung vernünftiger Kriterien kann dann entschieden werden, welche Beiträge aus dem eigenen inneren Erleben geäußert werden.

Was sind die Konsequenzen einer solchen Organisationsform? Die Ehe ist eine gemäßigte Form intimer Organisation. Es gibt Platz für Abwägen, für Berechnung. Sie ist eine Lebensform, die für Überlegungen zugänglich ist, in der Platz für Reflexion ist. Dadurch wird sie emotional abgekühlt. Nicht die Emotionen stehen im Vordergrund und dominieren diese Organisationsform, die Emotionen sind vielmehr gezähmt. Es entwickelt sich ein pragmatischer Umgang miteinander, ein Umgang, der Konsequenzen hat, Wirkungen, Ziele und Strategien berücksichtigt. Es wird vorsichtig, strategisch, auf jeden

Fall aufgaben- und sachbezogen miteinander umgegangen. Der Zeithorizont ist weiter ausgedehnt, Beständigkeit und die Ausrichtung auf Dauer werden zu Werten.

Die Ehe und die Liebesbeziehung – zwei unmögliche Beziehungsformen

Die Unterschiede der beiden Organisationsformen der Liebesbeziehung und der Ehe sind unübersehbar. Sie sind so groß, dass sie nicht zusammengebracht werden können. Deshalb kann es eine »Liebesehe« nicht geben. Mehr noch: Beide Formen der Beziehung sind für sich genommen auf Dauer mit dem Leben bzw. einem zufriedenstellenden Zusammenleben und Alltag unvereinbar.

Für die Liebesbeziehung ist dies leicht zu sehen. Eine Liebesbeziehung ist mit dem Leben in all seinen Realitätsaspekten nicht vereinbar. Ein gemeinsames Leben erfordert eine lebensfähige Organisation, eine Institution. Aber aus der Liebe lässt sich keine Institution machen. Das wird geradezu klassisch im Spielfilm »Casablanca« dargestellt. Alle Liebestragödien inszenieren diese Tragik, dass sich nämlich aus der Liebe keine Institution machen lässt.

Rick (Humphrey Bogart) und Ilsa (Ingrid Bergman) lernen sich bekanntlich in den Wirren des Zweiten Weltkrieges in Paris kennen und verlieben sich ineinander. Bogart macht den Vorschlag zu heiraten. Es kommt dann nicht dazu, weil er im Regen auf dem Trittbrett eines abfahrenden Zuges steht, ohne seine Geliebte, aber »mit einem seltsamen Gesichtsausdruck, weil ihm die Seele aus dem Leib gerissen wurde« (»Wenn ich geh', dann geht nur ein Teil von mir!«).

Man stelle sich vor, die beiden hätten tatsächlich geheiratet. Wäre ein solcher Film auch zu einem Kultfilm für viele Generationen geworden? Wohl kaum, denn was wäre dann zu erwarten gewesen: Bogart als ein dem Suff erlegener Geschäftsführer von Ricks Café und Ingrid Bergman als in die Wechseljahre kommende Ehefrau, die sich um die Küche und das Personal kümmert und immer öfter seufzt, dass sie sich ihr Leben so nicht vorgestellt habe. In einen solchen Film wäre wohl niemand gegangen, denn das hat man ja alles, lebensecht und in Farbe zu Hause. Nein, der Film geht anders weiter. Die Geliebten treffen sich wieder in Ricks Café in Casablanca, und es eröffnet sich erneut die Möglichkeit des Zusammenlebens, der Partnerschaft oder gar des Heiratens. Diesmal verhindert Bogart diese Entwicklung, und der Film kann als Kultfilm enden. Statt mit Ingrid Bergman eine Ehe zu beginnen, beginnt Bogart lieber eine Freundschaft mit dem Polizeipräsidenten von Casablanca. Der Kultfilm kann deshalb ein Kultfilm bleiben, weil er zeigt, dass die wahre Liebe, will sie sich erhalten, alles vermeiden muss, sich dauerhaft zu machen. Das unlösbare Problem: Die wahre Liebe muss, um sich zu erhalten, ihre institutionelle Verankerung – und damit im Grunde sich selbst – vermeiden.

Auf der anderen Seite ist die Ehe natürlich mit dem Leben vereinbar. Sie ist eine Institution, die das Leben organisieren kann, die aber auch in ihrer perfekten Ausführung ihre Grenzen hat. Diese Grenzen sind die Zumutungen, Überlastungen und Überforderungen der Ehe durch ihre Regeln. Sie droht zu einem unrealistischen Projekt zu werden. Die Ehe hat also alle organisatorischen Voraussetzungen, um gut zu funktionieren. Aber: reicht das den Beteiligten?

Die Grenzen der Ehe

Auch wenn die beschriebenen Regeln der Ehe eingehalten werden, also etwa Gerechtigkeit und Vertragstreue, und solche Ehen gut zu funktionieren scheinen, machen sie oft einen seltsamen Eindruck von geregelter Langeweile. Inzwischen gibt es auch dafür schon treffende Beschreibungen der Dichter: »Seine Neigung zu skandinavischen Abholmöbeln hat sich bei der Einrichtung ihrer Dreieinhalbzimmer-Wohnung durchgesetzt. Gute moderne Zweierbeziehung. Sie gehen lässig und freundlich miteinander um, ohne Übertreibung, ohne Flamme. Das sogenannte Irrationale wird mit eben dieser Floskel angepackt und unter Kontrolle gehalten. Ihre Einstellung zu Beruf und Pflichten ist, soweit eben möglich, lustbetont. Vieles macht Spaß. Beim Liebemachen machten sie ein Kind.«[20]

Reibungslos ablaufende Ehe-Geschäfte haben gelegentlich nicht nur den zweifelhaften Charme einer unangenehm empfundenen Langeweile, sondern dazu sind sie oft auch noch sehr anstrengend. Man verbirgt Vorhandenes oder spielt Nichtvorhandenes vor. Auch wenn dann alles gut funktioniert, irgendwie köchelt halt doch vieles auf Sparflamme.

»Wir arbeiten sehr gut und effizient als Team zusammen!«, so wird diese Situation anderen, etwa dem Paartherapeuten beschrieben, und gleichzeitig ist das Unglück, manchmal auch die Verzweiflung unüberhörbar und unübersehbar. Als Team gut zusammenzuarbeiten ist sicher ein wichtiges und oft ausreichendes Qualitätsmerkmal für Arbeits-, Fußball- oder Fernsehteams. Ob gute Teamarbeit allerdings ein ausreichendes Qualitätsmerkmal für eine befriedigende intime und auf Dauer angelegte Paarbeziehung ist, ist eine andere Frage.

Eine skandinavische Studie[21] kommt zu ähnlichen Befunden: Eine Ehe – nach den beschriebenen Kriterien der partnerschaftlichen Logik: eine gerechte und vertragstreue Aufteilung von Rechten und Pflichten – ist für die Beteiligten wenig attraktiv, wenn – so das Ergebnis dieser Studie – die Liebe als defizitär empfunden wird. Umgekehrt, wenn die Liebe als stark empfunden wird, dann ist auch Ungleichheit in der Ehe kein großes Problem mehr. Partnerschaft reicht also offensichtlich weder aus, eine Paarbeziehung in Gang zu bringen, noch sie aufrechtzuerhalten und ihr Dauer zu verleihen.

Deshalb stellt sich nun die Frage, ob es nicht sehr vernünftig sein kann, auch in einer Ehe auf die Liebe zu setzen. Gibt es vernünftige Gründe für die Liebe, ohne auf die problematische Liebesehe setzen zu müssen?

Die Liebesbeziehung ist überfordert, weil sie ständig dafür zu sorgen hat, dass sie sich nicht im alltäglichen Leben realisiert, und die Ehe ist überfordert, weil sie etwas zu leisten hat, was nicht im Regelwerk der Organisation Ehe vorgesehen und daher nicht zu haben ist.

Die Lösung besteht nun nicht in der Vermischung beider Organisationsformen. Die Herausforderung besteht in der Handhabung einer kunstvollen Balance, einer Realisierung und Akzeptanz von Widersprüchlichkeit. Sie kann es erforderlich machen, diese Balance an Entwicklungsphasen und Bewältigungsaufgaben anzupassen, d. h. in unterschiedlichen Entwicklungsphasen unterschiedlich zu balancieren und zu gewichten.

Die unterschiedlichen Logiken und Regeln der Liebe auf der einen Seite und der Ehe auf der anderen sind nicht nur unterschiedlich, sondern sie widersprechen sich und sind daher nicht ohne Schaden in eins zu setzen. Es kann sie lediglich als unterschiedliche Formen eines balancierten Nebeneinanders geben. Wegen ihrer Unterschiedlichkeit können sie die jeweils andere Organisationsform erträglich, d. h. lebbar machen und sich dabei sogar noch erhalten.

Die Vernunftehe

Daher ist es vernünftig, wenn die Ehe auf die Liebe setzt. Sie ist dann das, was ich unter einer Vernunftehe verstehe. Die Ehe ist vielfach überfordert, mit den Widerfahrnissen eines intimen Zweierlebens auf Dauer zurechtzukommen. Und selbst wenn es ihr gelingen sollte, ist sie von einer reduzierten Lebensqualität für das Paar. Deshalb dient das Umschalten auf die Liebesbeziehung zur Entlastung. Sie kann sich der besonderen, da unterschiedenen, Art der Kommunikation und der Organisation einer Liebesgeschichte bedienen, ohne sich dem Problem der Liebesbeziehung, nämlich ihrer Unvereinbarkeit mit dem

Leben, auszusetzen. Sie muss sich auch nicht nach einer Entweder-oder-Entscheidung für das eine oder für das andere, für das andere und gegen das eine entscheiden. Sie kann nach Bedarf, d. h. nach vernünftigen Erwägungen, sich des einen oder anderen bedienen. Es gibt also kaum etwas Vernünftigeres als die Liebe für eine Vernunftehe.

Beispielhaft wird uns das in dem amerikanischen Spielfilm *Don Juan de Marco* vor Augen geführt. Der Film erzählt die Geschichte des Psychiaters Jan Mickler, der zehn Tage vor seiner Pensionierung den Fall eines jungen Mannes übertragen bekommt, der eine Zorromaske und ein schwarzes Cape trägt und in Latinodialekt behauptet, Don Juan de Marco und der größte Liebhaber der Welt zu sein.

Mickler ist fasziniert von Don Juans Überzeugungskraft und dessen wahnhafter Leidenschaft für die Liebe und die Frauen. Er lässt sich von seinem letzten Patienten anstecken, und es entstehen neue, fast schon vergessene, für verloren gehaltene Möglichkeiten. Etwa die Möglichkeit, die Liebe wieder in die Ehe einzuführen und an den Beginn der Paarbeziehung, an den Liebesmythos zu erinnern. Nicht zufällig erscheint der Zeitpunkt dafür vernünftig gewählt. Der unmittelbar bevorstehende Eintritt in den Ruhestand stellt für viele Ehen eine verschärfte Krise dar, die aber auch für viele eine neue Chance sein kann.

Eine Schlüsselszene ist der folgende Dialog zwischen Jan Mickler und seiner Frau. Jan Mickler wird von Marlon Brando dargestellt. Seine Frau wird von Faye Dunaway gespielt, die gerade ihre Gartenarbeit unterbrochen hat und mit der Gartenschere in der Hand gegenüber ihrem Mann auf einem der Gartenstühle Platz genommen hat, um kurz zu verschnaufen.

FAYE DUNAWAY: Du gehst Montag in den Ruhestand. Was sollen wir dann machen?

MARLON BRANDO: Wir werden richtig abheben, das kann ich dir flüstern.

FAYE DUNAWAY: Ich muss dir jetzt mal was sagen: Mir gefällt es hier, mir gefällt mein Garten.

MARLON BRANDO: Wir sollten die Luft erobern wie zwei Adler!

FAYE DUNAWAY: (entsetzt und ungläubig, aber auch mit einer Spur von Mitleid) Dass ich in dieses Bild passe, glaube ich nicht.

MARLON BRANDO: Oh, was ist auf einmal nur los mit dir? Was redest du da?

FAYE DUNAWAY: Ich weiß es auch nicht.

MARLON BRANDO: Ich will endlich herausfinden, wer du bist.

FAYE DUNAWAY: Du weißt doch genau, wer ich bin. Wer macht dir schon seit 32 Jahren den Kaffee?

MARLON BRANDO: Pass auf! Das mit den schmutzigen Kaffeetassen brauchst du mir nicht zu erzählen. Ich kenne die Fakten alle. Aber ich will jetzt endlich alles von dir wissen.

FAYE DUNAWAY: (wird ernst) Was möchtest du wissen?

MARLON BRANDO: Ich möchte gerne wissen, was für Hoffnungen und was für Träume du hattest, ehe sie uns unterwegs verlorengingen, weil ich mit den Gedanken nur noch bei mir selbst war.

FAYE DUNAWAY: (lacht sich ihre Tränen weg)
MARLON BRANDO: Was ist so witzig?
FAYE DUNAWAY: (weint) Ich dachte schon, du fragst es nie.

Hier fragt einer nach dem Anfang, nach dem Verlorenen, dem nicht mehr Erinnerten – vielleicht noch rechtzeitig vor dem Ende. Und das ist einer, der hat Glück, denn er fragt jemanden, der nur darauf gewartet hat, gefragt zu werden, um sich gemeinsam erzählend zu erinnern.

So ist die Vernunftehe!

Realismus: Vernunft setzt auf Liebe, und Liebe setzt auf Vernunft

Am Anfang einer Paarbeziehung ist es leicht, (noch) eine Liebesbeziehung zu haben. Erst mit der Organisation des gemeinsamen Lebens stellen sich immer mehr die Grenzen einer Liebesbeziehung dar. Spätestens mit der Geburt des ersten Kindes wird die Liebesbeziehung massiv bedroht. In dieser Situation kann die Organisationsform Ehe in ihrer Unterschiedenheit von einer Liebesbeziehung eine Ressource darstellen. Man kann es sich dann erlauben, und es erscheint höchst vernünftig, die Liebesbeziehung »auf Eis zu legen«, einzufrieren und stattdessen auf die Organisationsform Ehe zu setzen. Es muss ja nun vieles vernünftig organisiert werden. Es gibt vieles auszuhandeln, neu zu verhandeln, Vereinbarungen zu treffen, neue Entscheidungen zu treffen. Es gilt, Unterstützungspersonen wie Großeltern und Freunde einzubeziehen. An die exklusive Liebesbeziehung zweier Liebender ist vernünftigerweise nicht mehr zu denken. Man kann es sich auch gar nicht leisten, zu viel Zeit in höchstpersönliche unzensierte Liebesgespräche zu investieren. Es fehlt einem schlicht die Zeit dazu, und die noch verbleibende könnte besser in Schlaf investiert werden, denn inzwischen ist ein 24-Stunden-Job zu organisieren. Die Exklusivität der Liebesbeziehung ist hierbei absolut hinderlich. Sie kann, wenn sie unvernünftigerweise dennoch so weitergeführt wird wie in den Anfangszeiten der Paarbeziehung, dazu führen, dass man den neuen Aufgaben als Eltern nicht gewachsen ist. Sie kann dazu führen, dass schwerwiegende Paarprobleme auftauchen. Ein Partner, häufig der Vater, glaubt weiter an die Realisierbarkeit und Fortsetzung der Liebesbeziehung und ist enttäuscht darüber, dass seine Liebespartnerin ihm nicht mehr exklusiv und höchstpersönlich zur Verfügung steht. Er ist enttäuscht, weil sie beim höchstpersönlichen unzensierten Liebeszwiegespräch einschläft. Es entwickelt sich eine seltsame Form von Eifersucht auf das Baby, die im harmloseren Fall zu unnötigen, unvernünftigen Szenen zwischen den Eltern führen kann, in weniger harmlosen Fällen zu bedrohlichen oder lebensbedrohlichen Situationen für das Baby, das ja nach den Regeln einer Liebesbeziehung aus der Paarbeziehung herausgehalten oder herausgeschmissen werden muss.

Wenn man die Liebesbeziehung vernünftigerweise auf Eis gelegt hat, sollte man aber daran denken, dass man etwas auf Eis legt, um es frisch zu halten. Man sollte daher nicht vergessen, dass es auch wieder vom Eis geholt werden kann oder muss, bevor das Verfallsdatum abläuft.

Im weiteren Verlauf einer Paarbeziehung kann die Organisation des Lebens so reibungslos verlaufen (Kinder laufen, Kapital akkumuliert, Beruf funktioniert), dass sich trotz oder wegen der reibungslosen Organisation die Frage stellt, warum man eigentlich noch zusammenleben oder eine Paarbeziehung haben soll. Die Beteiligten haben den Eindruck, man sei eigentlich nicht mehr wirklich bedeutsam füreinander und die Paarbeziehung sei austauschbar mit vielen anderen Geschäftsbeziehungen. Das sind dann die Zeiten, wo Paare bekanntgeben, dass sie als Team gut zusammenarbeiten, aber sonst ist nichts mehr oder nicht mehr viel, vor allem macht sich ein immer deutlicher werdendes Gefühl der Einsamkeit trotz funktionierender Zweisamkeit breit. Hier kann sich nun die Liebesbeziehung als Ressource anbieten. Man erinnere sich an die auf Eis gelegte Liebesbeziehung, die dann hoffentlich noch nicht ihr Verfallsdatum erreicht hat, und kann sie auftauen.

Etwa dadurch, dass man sich die Frage stellt, was einen eigentlich zusammengebracht hat, was damals die Liebesgeschichte war, wie damals die Liebesbeziehung in Gang kam und in Gang gehalten wurde. Schon allein diese Fragen können in vielen Fällen die Liebesgeschichte wieder reaktivieren oder zumindest den Unterschied zwischen damals und heute erkennbar machen, und es können sich daraus Konsequenzen entwickeln. Dadurch kann die zwar funktionierende, aber irgendwo auch überflüssig gewordene Ehe zu einer Vernunftehe werden, die sich der Möglichkeit der Liebe nicht verschließt und die auf das, was die Liebesbeziehung bietet, nicht verzichtet: eine höchstpersönliche, exklusive, existentiell bedeutsame und dadurch auch sinnstiftende Beziehung. Die erfolgreiche Vernunftehe setzt vernünftigerweise auch auf die Liebe, alles andere wäre unvernünftig.

Das Gehirn, die Vernunftehe und die Liebe oder: Wie die Vernunftehe das Gehirn verändert

Aktuelle Ergebnisse der Neurowissenschaften bestätigen genau dies. Die Anthropologin Helen Fisher von der Rutgers University in New Jersey stellte am 16. November 2008 auf der Jahrestagung der Society for Neuroscience in Washington ihre Studienergebnisse[22] vor.

Paare, die auch nach Jahrzehnten noch in einer erfolgreichen Ehe leben, haben teilweise ähnliche Aktivitätsmuster im Gehirn, wie wir sie schon bei akut Verliebten beschrieben haben. In einer Studie wurden mit Hilfe der funktionellen Magnetresonanztomographie (fMRI) die Aktivitätsmuster des Gehirns von Ehepaaren untersucht, die im Durchschnitt 21 Jahre verheiratet waren und ihre Ehe als erfolgreich beschreiben. Sie wurden verglichen mit einer Gruppe von Paaren, die sich erst vor sieben Monaten ineinander verliebt hatten. Beiden Gruppen wurden während der Untersuchung Bilder ihrer Partner und von unbekannten Personen gezeigt. Nur beim Anblick ihrer Partner zeigten sich verstärkte Aktivitäten in den bekannten Gehirnarealen, die eine Belohnung signalisieren, und auch in den Arealen, die durch Suchtstoffe wie Kokain angeschaltet werden.

Nur bei den seit Jahrzehnten verheirateten Paaren zeigten jedoch auch Hirnregionen Aktivität, die – wie man aus Tierversuchen weiß – bei langfristigen Bindungen eine Rolle spielen. Außerdem zeigten sich bei den »alten« Ehepaaren Signale aus dem Hirnstamm von Nervenzellen, die sich bis ins Stirnhirn erstrecken und von denen man annimmt, dass sie Gelassenheit steuern. Bei den akut Verliebten zeigten sich dagegen vermehrt Aktivitäten, die man mit zwanghaften Gedanken und Besessenheit in Verbindung bringt.

Helen Fisher sieht ihre Studienergebnisse als Beleg dafür an, dass sich die Liebe in langfristigen und erfolgreichen Ehen erhalten kann, und dass das gängige Vorurteil vieler Menschen und auch der Literatur, dass die Liebe nicht bestehen bleibt, falsch ist.

Allerdings unterscheidet sich die langfristige Liebe von der kurzfristigen. In lang andauernden Paarbeziehungen steht nicht die zwanghafte, an pathologische Zustände erinnernde, suchtähnliche Besessenheit im Vordergrund, sondern eine gelassene Bezogenheit aufeinander. Jeder sieht seinen Partner als zentral für das eigene Leben, und man ist einander auf eine selbstverständliche Art verbunden und füreinander engagiert.

Soweit die neuesten Ergebnisse aus den neurobiologischen Labors. Aufmerksame Beobachter erfolgreicher Ehen können diese Ergebnisse allerdings nicht wirklich überraschen. Sie bestätigen nur, dass die erfolgreiche Vernunftehe gut daran tut, auch auf die Liebe zu setzen. Dass es vernünftig ist, die Liebe als Ressource zur Entlastung der Ehe zu nutzen und dabei ohne allzu viele Anstrengungen aus der aufregenden und pathologieverdächtigen akuten Anfangsliebe eine gelassene Vernunftliebe entstehen zu lassen.

Um noch einmal auf den Anfang dieses Kapitels zurückzukommen: Die Liebe ermöglicht der Vernunftehe, dass wir – wie der Dichter schreibt – von Wellen leicht getragen sind und uns selbst, unsere Ehe und den Partner in Gelassenheit ertragen. Was kann also vernünftiger sein, als auch auf die Liebe zu setzen?

2
Sieben Vorschläge, wie man seine Ehe zum Scheitern bringt

Unsere Vorstellungen von Liebe und Ehe nehmen in der Zeit zwischen dem 14. und 20. Lebensjahr immer klarere Formen und Gestalt an. Sie sind gesellschaftlich geprägt und werden von markanten Kulturprodukten dieser Zeit flankiert. Fragen Sie sich einmal, welche Geschichten, Märchen, Schlager, Bücher, Theaterstücke oder Filme über die Liebe Sie damals besonders beeindruckt haben. Die Antworten können helfen, sich selbst auf die Schliche, d. h. hinter die eigenen Vorstellungen zu kommen.

Schnell hat man das Material beisammen, aus dem die Träume oder besser: unsere Phantasien von Paarbeziehungen gewoben sind. Einige davon haben gutes Potential, die erhoffte Beziehung zum Scheitern zu bringen. Hier eine Auswahl möglicher Liebes- und Ehewünsche, die das Unterfangen mit ziemlicher Wahrscheinlichkeit zum Fehlschlag werden lassen.

I: »Sei mir die verlorene Heimat und das Paradies!«

Die folgenden beiden Beispiele prägten die Generation, die in den 60er und 70er Jahren des letzten Jahrhunderts erwachsen wurde. Die existentiellen Fragen, die alle jungen Menschen sich stellen, waren und sind aber auch heute noch die gleichen:

Wer bin ich? Wo komme ich her? Wohin gehe ich? Was erwartet mich? Was erwarte ich?

Genau diese Fragen stellt der marxistisch gesinnte Philosoph Ernst Bloch im Vorwort seines 1959 veröffentlichten Opus magnum mit dem Titel »Prinzip Hoffnung«. Er beantwortet sie am Ende des dritten Bandes folgendermaßen:

»Der Mensch lebt noch überall in der Vorgeschichte, ja alles und jeder steht noch vor Erschaffung der Welt als einer rechten. Die wirkliche Genesis ist nicht am Anfang, sondern am Ende, und sie beginnt erst anzufangen, wenn Gesellschaft und Dasein radikal werden, das heißt sich an der Wurzel fassen. Die Wurzel der Geschichte aber ist der arbeitende, schaffende, die Gegebenheiten umbildende und überholende Mensch. Hat er sich erfaßt und das Seine ohne Entäußerung und Entfremdung in realer Demokratie begründet, so entsteht in der Welt etwas, das allen in die Kindheit scheint und worin noch niemand war: Heimat.«[23]

Mein zweites Beispiel stammt von dem amerikanischen Poeten Robert Allen Zimmerman, der sich selbst unterwegs einen neuen Namen gegeben hat und als Bob Dylan 2005 in einem Film-Interview dieselben Fragen beantwortet. Der Film hat übrigens den Titel »No direction home«, ein Zitat aus Bob Dylans berühmtestem Song: »Like a Rolling Stone«:

»Ich wollte aufbrechen, wie bei einer Odyssee zurück nach Hause. Ich machte mich auf, die Heimat zu finden, die ich zurückgelassen hatte, und ich wusste nicht mehr, wo das war, aber ich war unterwegs dorthin. Das, was ich fand auf meinem Weg war so, wie ich es mir vorgestellt hatte. Ich hatte keinen Ehrgeiz und kein Ziel. Der Ort meiner Geburt war weit entfernt von dort, wo ich bin, und ich bin auf dem Weg nach Hause.«[24]

Was unterscheidet das Denken Blochs von dem Dylans?

Bob Dylan spricht für sich, Ernst Bloch für alle. Bob Dylan ist auf der Odyssee nach Hause, ohne zu wissen, wo das sein wird. Ernst Bloch scheint da mehr zu wissen, nämlich dass die Gegenwart nur die Vorgeschichte der wirklichen Geschichte ist, dass die Erschaffung der eigentlichen rechten und richtigen Welt als Ziel noch vor uns liegt. Entsprechende Handlungsanweisungen gehören daher zum Blochschen Konzept: Arbeiten, Erschaffen, Umformen, die Verhältnisse umbilden und überholen. Dagegen zeigt sich Bob Dylan nicht nur ohne Konzept, sondern auch ohne Ehrgeiz und ohne Ziel.

Die begleitenden Affekte dieser beiden Vorstellungen könnten unterschiedlicher nicht sein: Die ironische Melancholie bei Bob Dylan und das optimistische Pathos auf der Seite Ernst Blochs.

Eine erste unvernünftige Erwartung an die Ehe können wir aus der Position Ernst Blochs ableiten. Es sind die klaren Vorstellungen darüber, wohin die Reise gehen soll und wie es vor allem dorthin zu schaffen ist. Es herrscht in diesem Fall Gewissheit darüber, was das Ziel und was die Mittel zur Zielerreichung sind. Bei Bloch werden die vor einem liegenden Anstrengungen benannt: Arbeiten, Schaffen, Erzeugen, Umformen. Nach einem besonders anregenden und entspannten Vorhaben klingt das nicht, und vom Genießen ist auch nicht die Rede. Genuss gibt es allenfalls – wenn überhaupt – nur, wenn das in der Ferne liegende Ziel erreicht ist. Erst kommt die Arbeit, dann das Vergnügen. Die Ausgangslage ist hier die Unzufriedenheit. Die Handlungsmotivation besteht darin, sich nicht mit den Gegebenheiten zufriedenzugeben. Dieses Prinzip Hoffnung, auf den Beginn einer Ehe angewandt oder gar als Basis einer Ehe verstanden, macht die Ehe zu einer anstrengenden Aufgabe mit ungewisser Zukunft, denn bekanntlich stirbt ja die Hoffnung zuletzt. Leider, möchte man einfühlend hinzufügen. Ob das Ganze aber vernünftig ist, erscheint indes höchst zweifelhaft.

Dagegen hat die Position Dylans etwas Entspannteres und Vernünftigeres an sich. Dylan hat kein Ziel, das er erreichen muss, deshalb kann er es auch nicht verfehlen. Und deshalb hat er auch keinen Ehrgeiz, der ihn zu harter Arbeit verpflichtet. Da er kein Ziel hat, kann er leicht alles, was ihm unterwegs widerfährt, so beschreiben, als habe es seinen Vorstellungen entsprochen. Man erinnert sich an den Meisterschützen, der durch Aufmalen der Zielscheiben um die abgeschossenen Pfeile nur Volltreffer erzielt.

Beide, Bloch und Dylan, haben zwar etwas verloren, die Heimat oder das Paradies, aber der eine will es wiederherstellen, der andere ist schlicht unterwegs. Für Bob Dylan kann es kein Ankommen, sondern nur das Unterwegssein geben, also kein Ende dieser Reise. Es ist nur konsequent, dass er auch als inzwischen 67-jähriger Passagier – »No direction home« – immer noch auf seiner

»never ending tour« unterwegs ist. So wie viele erfolgreiche Ehepaare auch.

Wir haben es also, wenn wir die Bloch'sche Vorstellung übernehmen, mit einer unvernünftigen Erwartung zu tun, die sich aus einem Ziel ableitet, das noch nicht realisiert ist, aber erreicht werden soll. Das Scheitern wird umso wahrscheinlicher – auch in der Ehe –, je unbescheidener das Ziel gewählt ist. Das Paradies ist sicher ein guter Kandidat für ein solches Ziel. Vielleicht hat allerdings das Paradies inzwischen nicht mehr die Anziehungskraft wie in der zweiten Hälfte des letzten Jahrhunderts. Inzwischen hat sich für manchen herausgestellt, dass Hoffnungen auf das Paradies – zumindest das auf Erden – eher enttäuscht als erfüllt wurden. Nachdem mancher daraufhin auf das materielle Paradies gesetzt hat und inzwischen auch davon enttäuscht wurde, scheint eine andere Zielgröße weiterhin zu gelten: das große Glück.

Mit welchen herben Enttäuschungen dabei zu rechnen ist, darüber berichten viele Ehepaare, die sich mit dieser Zielsetzung an die Arbeit gemacht haben. Auf die immense Belastung und Überforderung der Ehe durch das Hoffen auf das Glück kann nicht ausgiebig genug verwiesen werden. Das Kapitel 7 ist daher ganz diesem Eheziel gewidmet.

2: Alles soll so bleiben, wie es ist, oder: »Sei wie ich!«

Herr und Frau Küchler haben sich vor sechs Jahren in einer psychiatrischen Klinik kennengelernt, in der beide stationär behandelt wurden. Die Beziehung wurde auch nach der Entlassung aus der Klinik weitergeführt. Frau Küchler nahm an der Patientenstudie einer Universitätsklinik über Essstörungen teil, Herr Küchler ebenso. Danach sind beide sowohl getrennt als auch gemeinsam in mehreren psychotherapeutischen Behandlungen gewesen. Die Paarbeziehung kreist fast ausschließlich um psychiatrisch-psychotherapeutische Inhalte. Streit entsteht regelmäßig bei der Frage, wem es zur Zeit schlechter geht und wer dem Gesundheitszustand des anderen mehr schadet. Eine wirkliche Paarbeziehung kommt nicht zustande, da beide sich als Teil einer Patientenselbsthilfegruppe verstehen und sich auch entsprechend darstellen – und nicht als Paar.

»Nur nichts Neues« ist hier das Motto. Und nur nichts anderes! Alles soll so bleiben, wie es ist; daran soll auch die Ehe nichts ändern, und schließlich soll der Partner uns möglichst ähnlich sein.

Denke wie ich! Fühle wie ich! Handle wie ich! Sei wie ich! Und tue dies alles nicht nur jetzt, sondern auch in der Zukunft. Die Kontinuität der bisherigen Lebenserfahrungen soll sichergestellt und festgeschrieben werden: Koche wie meine Mutter, liebe mich wie mein Vater, lass uns unsere Ehe so organisieren wie meine Herkunftsfamilie, wie meine Arbeit – oder eben auch wie in der Klinik ...!

Schon ein kurzer Blick in die Heirats- und Bekanntschaftsanzeigen der Zeitungen liefert genügend solcher Leitideen zur Vermeidung von Unterschieden:

Krankenschwester, 25 J., 165, intelligent, liebevoll und von attraktivem Äußeren, wünscht sich, einem warmherzigen und natürlichen Mediziner das passende Pendant zu sein.

Behindert und doch geliebt? Welche niveauvolle, warmherzige und verständnisvolle Frau, die auch selbst krank, leicht behindert oder Ausländerin (Südeuropäerin) sein darf, hat den Mut, mit mir (Dr. rer. nat., 32 J., 1.64 schlank, Nichtraucher, Dialysepatient), beruflich engagiert, eine Lebensgemeinschaft aufzubauen.

Geschäftstochter, 32. 1. 79. kath. led. Sportl. Bankkauff., nicht unvermögend, sehnt sich nicht nach Abenteuer, sondern nach charaktervollem Ehemann in ähnlichen Verhältnissen. Handwerker, Selbständige, Landwirte, Angestellte, Beamte (auch Witwer) angenehm. Parität kein Hindernis. Geschieden zwecklos.

Diese Vorstellungen führen, wenn sie umgesetzt werden, dazu, dass die Paarbeziehung lediglich eine Fortsetzung vom zuvor gelebten Leben oder zuvor gehegten Vorstellungen ist. Sie kann daher keine Eigenberechtigung und Substanz erlangen und damit auch keine Entwicklungsdynamik entfalten. Radikalisiert man die Vorstellung »nur nichts Neues«, dann kann man nur mit sich selbst eine Paarbeziehung eingehen. Aber wer will das schon?

Erfolgreiche Organisationen, Teams, aber auch Ehen leben dagegen von den Unterschieden ihrer Mitglieder. Das gilt umso mehr, je komplexer, vielfältiger, unberechenbarer, kurz: je ungewisser Art und Umfang der Herausforderungen und Aufgaben einer Organisation sind oder voraussichtlich sein werden. All dies trifft sicher auf Ehen zu: Komplexe Aufgaben, Unberechenbarkeit der Aufgaben, Ungewissheit in Bezug auf das, was einer Ehe widerfährt, die unbekannten, guten und schlechten Tage. Unterschiede zwischen den Partnern sind eine Ressource zur Bewältigung dieser Aufgaben!

3: Alles soll anders werden oder: »Mache aus mir einen neuen Menschen!«

Herr Steiner stammt aus einer alteingesessenen Bauernfamilie. Er ist der älteste Sohn und sollte, so wie es seit Generationen selbstverständlich ist, den Hof übernehmen. Stattdessen beginnt er ein Studium und wird Apotheker. Schon während der Studienzeit zog es ihn, wie er sagt, »ans Ende der Welt«, in exotische Breiten. Auf einer dieser »Expeditionen« lernte er auf Kuba eine schwarze Schönheit kennen, die ebenfalls das ganz andere zu suchen schien: die Exotik eines mitteleuropäischen Lebensstils. Schnell war man sich einig, die beiden heirateten und leben nun schon einige Zeit in einer süddeutschen Kleinstadt konsequent aneinander vorbei: Sie möchte Kinder, er auf keinen Fall, weil das, so seine Vorstellung, nur sein verhasstes Herkunftsfamilienmodell aufleben ließe. Ihn zieht es zu nächtlichen Ausschweifungen in das exotische Nachtleben der nahen Großstadt, sie versucht ihn, meist vergeblich, zur allabendlichen Heimidylle zu verpflichten. Mit seinen Freunden kann sie nichts anfangen, und er ist maßlos genervt durch die immer häufiger stattfindenden »Heimsuchungen« ihrer anreisenden kubanischen Verwandtschaft – und sie hat einen umfangreichen Familienclan.

Hier gilt das Motto: »Alles soll neu werden.« Die Ehe wird als Mittel verstanden, all das zu erreichen und zu verwirklichen, was bisher nicht zum eigenen Leben und Erleben gehört hat. Es geht um die Hoffnung auf Befreiung, und sie soll vom Partner eingelöst werden. »Du bist, was ich vermisse, brauche, suche. Durch dich werde ich, was ich in Wirklichkeit sein möchte.« Es geht hier also um die (erwünschten) Unterschiede zwischen den Partnern.

Der Unterschied kann zu klein und er kann zu groß sein. In beiden Fällen kann die Ehe scheitern oder erst gar nicht entstehen.

Auch hier lohnt sich wieder der Blick auf die Heiratsannoncen:

Schattengewächs, weiblich 35/175/64, möchte die Sonne kennenlernen.

Bin im Moment total am Ende! Welche Sie hat Erfahrung in Sachen »Behandlung« von psych. »Kranken« und den Nerv, mich wieder aufzubauen und will danach ihre »Früchte« ernten? Bin 22/181/71.

Die Tür von innen schließen möchte mit Dir eine junge (33), schlanke Eva. Draußen bleiben sollen Einsamkeit, Lieblosigkeit, Kälte, Flüchtigkeit, das Normale. Drinnen sollen sein Zärtlichkeit, Güte, Geborgenheit, Verständnis, Spontaneität, Romantik, ein Hauch von Erotik, Eva und Du, ein Adam mit Sehnsucht nach einer harmonischen, bleibenden Partnerschaft.

Das grandiose Ziel, das mit dem bescheidenen Mittel einer Paarbeziehung erreicht werden soll, ist so hoch gesetzt, dass es kaum zu erreichen ist. Gleicht dagegen die Wirklichkeit der Ehe auch nur annähernd dem bisherigen Zustand, ist dies für diese Menschen ein untrügliches Zeichen dafür, dass die Ehe gescheitert sein muss. In einer solch radikalen Weise das voreheliche Leben zu verneinen kann aber den Erfolg einer Ehe gefährden beziehungsweise macht einen Fehlschlag wahrscheinlich.

Oftmals soll die Ehe etwas anderes zu Ende bringen: Krankheiten beenden, Unglück beseitigen, Bedeutungslosigkeit aufheben oder auch die Ablösung von der eigenen Herkunftsfamilie ermöglichen. Dies ist aber nicht möglich, weil sie nur dort vollzogen werden kann, wo die Abhängigkeit besteht. Gleichzeitig kann die Ehe so nicht zur eigenständigen Beziehung werden, weil sie ja lediglich ein Mittel für etwas anderes ist, nämlich die Ablösung. Diese unvernünftige Strategie findet auch dort Anwendung, wo eine Ehe eine andere frühere Ehe zu Ende bringen soll.

4: »Sei mir alles! Jetzt und sofort!«

Hier sollen mit dem Mittel der Ehe gleich mehrere Ziele auf einmal erreicht werden, die sich gegenseitig ausschließen. Hintereinander geschaltet würden sich unterschiedliche, ja sogar widersprechende Ziele durchaus mit Erfolg ansteuern lassen. In der Forderung nach sofortiger Verwirklichung aller Wünsche liegt aber ein großes Potential des Scheiterns. Wir sprechen hier von Vorstellungen der Art, wo zum Beispiel ein Partner gesucht wird, der die totale Verschmelzung gewährleistet, ohne die Autonomie des anderen zu beeinträchtigen, oder es könnte um die Suche nach der sexuell erfahrenen Jungfrau oder dem absolut treuen Casanova gehen.

Meine Söhne brauchen eine starke Hand. Ich (Akad., 36 J., 1,74, 65, blond) nicht. Ich habe mit Hilfe von Th. Detlefsen gelernt, mich selbst zu führen. Suche esoterisch/psychologisch interessierten Idealisten, Nichtraucher, auch mit Kind(ern), voll innerer Ruhe und äußerer Dynamik, der meine Selbständigkeit achtet, französischen Chansons und Kitaro zugetan ist, meine Interessen für andere Kulturkreise und meine Liebe zum Theater teilt, auf unseren langen Spaziergängen mit mir philosophiert und mit Kindern (4, 6) und Hund auf Bäume klettert.

Gesucht wird natürliche, noch lernwillige junge Dame (23–33 Jahre) mit Berufsausbildung, die beides hat: Warmherzigkeit und Verstand, Anlehnungsbedürfnis und Selbstständigkeit, Realitätssinn und Träume. Sie sollte ihre weibliche Gedankenwelt zur gegenseitigen

Bereicherung in eine herrschaftsfreie, von Vertrauen und Offenheit geprägte Partnerschaft einbringen. Zum Suchenden: Lehrer, 33 Jahre, 1.75, ev., ledig, Nichtraucher, ruhiger, nachdenklicher Typ (ohne Bart und Ideologie) mit romantischer Ader, nach nicht problemloser Reifezeit nun des Alleinseins überdrüssig. Ich mag: Echte Gespräche (am liebsten zu zweit), Bücher (K. Tucholsky, M. Frisch, E. Fromm, H. E. Richter), Natur, England, Understatement, Kinder, Selbstkritik, Humor, Tennis, Ski. Ich hasse: Größere Menschenansammlungen, Lärm, Hektik, Materialismus als Lebensinhalt, karierte Hosen, forsches Auftreten, Statusdenken.

Natürlich kann man damit rechnen, dass man es in einer Paarbeziehung, wie auch sonst im Leben, mit Menschen zu tun hat, die mehr oder weniger widersprüchliche Seiten, Merkmale und Fähigkeiten haben. Es macht aber einen gewaltigen Unterschied, ob man mit solchen widersprüchlichen Facetten rechnet oder sofort und Knall auf Fall damit konfrontiert wird. Damit wird eine Aufforderung formuliert und eine Aufgabe für den Partner, die nicht zu erfüllen ist. Und jeder Versuch, die Aufgabe zu lösen, wäre eine Demonstration des Scheiterns. Es ist nun mal nicht möglich, Sich-Ausschließendes *gleichzeitig* zu erzeugen.

5: Gehen wir's pragmatisch an! Heiraten? Warum nicht?

Sieht man eine Ehe hingegen als reines Mittel zum Zweck, könnte man eigentlich auf eine Ehe verzichten, denn die ist im Ganzen und auf Dauer gesehen doch ziemlich aufwendig! Wer finanzielle Sicherheit für das Alter sucht oder eine Krankenschwester für alle Eventualitäten, braucht keine Anstrengungen zu unternehmen, den idealen Partner zu finden. Regelmäßige Einzahlungen bei der Rentenversicherung oder eine Lebensversicherung tun es dann auch. Hier einige Beispiele äußerst konkreter Partnerwünsche:

Billige Flüge:

Wo ist die hübsche Stewardess, die einen süddeutschen Luftfahrt-Fan glücklich macht?

Kostengünstige Asthmabehandlung:

Sie 57/167/50, schlank, gutaussehend, viels., sucht Partner, um ihr seelisch bedingtes Asthma abzubauen und eine Zweierbeziehung aufzubauen.

Essen auf Rädern:

Raum Ffm. Rentner, 71, gut aussehend, noch sehr beweglich, Nichtraucher, kein Trinker, mittlere Rente, mit Wagen, sucht Frau, die noch kochen kann. Wenn möglich mit Häuschen und Führerschein, kein Anhang.

Prestigegründe:

Vorzeigefrau sucht Vorzeigemann aus gesellschaftlichen Gründen, aber auch für pers. Gemeinsamkeiten, aus denen sich eine plat. Beziehung (evtl. Heirat) entwickeln lässt.

Heizkosteneinsparung:

Suche Frau mit Zentralheizung. Bin 23/180/77 und habe Hautprobleme (im Gesicht). Bitte keine Petras, Alter (fast) egal.

6: Den falschen Partner heiraten

Dieser Regel wird gerecht, wer eine Familie gründen möchte und sich zum Beispiel einen sterilisierten Mann aussucht. Aber meist liegt der Fall komplizierter.

Mich sucht das Ehepaar Denker auf Empfehlung einer Paartherapeutin auf, bei der das Paar schon eine Paartherapie gemacht hat. Gleich zu Beginn des Gesprächs mit mir betonen beide, dass 80 % der Paarbeziehung in Ordnung seien. Beide möchten aber eine hundertprozentige Beziehung haben, weil »wir nur mit dem Besten zufrieden sind und hohe Ansprüche haben«. Das sei auch der Grund dafür, dass ihre Paartherapeutin mich empfohlen habe. Nachdem ich mich von dem zwiespältigen Kompliment erholt habe, stellt sich mir die Frage, was das Ganze eigentlich soll. Aber: Das Paar stellt seine Ehe tatsächlich ernsthaft in Frage und betrachtet Scheidung als eine realistische Alternative. Denn: alles, was nicht 100 % richtig ist, ist falsch. Und es tauchen viele Aspekte auf, die nicht übereinstimmen!

Er: *Mir genügt zur Erholung eine Almhütte!*

Sie: *Ich finde, ein Vier-Sterne-Hotel ist das Mindeste! Wie sollen wir da zusammenkommen?*

Dass es unvernünftig ist, den falschen Partner zu heiraten, erscheint auf den ersten Blick plausibel und selbstverständlich. Aber was ist ein falscher Partner? Woran erkenne ich einen falschen Partner? Welche Bedingungen zeigen, dass eine falsche Partnerwahl stattgefunden hat?

Um hier keine falschen Hoffnungen zu wecken: Den falschen Partner als solchen gibt es nicht. Der falsche Partner ist nur dann der falsche Partner, wenn man klare Vorstellungen davon hat, was man mit dem Partner erreichen will, was also das Ziel der Ehe sein soll. Hat man die Absicht, mit dem Partner reich zu werden, Schönheitskonkurrenzen zu gewinnen und den Titel »das intelligenteste Paar des Jahres« verliehen zu bekommen, dann ist ein Partner, der hässlich ist, einen Offenbarungseid geleistet hat und seit Jahren von der Schuldnerberatung betreut wird und darüber hinaus eine durch amtliches Attest zuerkannte Minderbegabung hat, sicher der falsche Partner.

Nicht die »Diagnose« des Partners macht den Partner zum falschen Partner, sondern der Maßstab der eigenen Erwartungen, das heißt die Antworten auf die »diagnostischen« Fragen: Was will ich mit meinem Partner und dank der Ehe erreichen? Zusätzlich ist dann noch die Frage zu stellen, welche Situationen man erzeugen muss, um die Entscheidung für einen falschen Partner offensichtlich werden zu lassen. Der falsche Partner kann also nur im Rahmen der eigenen Vorstellungen zum falschen Partner werden.

Je genauer unsere Vorstellungen sind, was wir mit dem Partner erreichen wollen, umso größer ist die Wahrscheinlichkeit, den falschen Partner zu haben. Wenn die Ziele ganz präzise und punktgenau definiert sind, kann man eigentlich nur falsche Partner haben, bis auf den einen einzig richtigen. Denn wer nur einen Schraubenschlüssel hat, für den besteht die ganze Welt aus Muttern oder umgekehrt, wer nur Muttern in der Welt sieht, kann nur einen Schraubenschlüssel gebrauchen.

Daraus ließe sich dann der Schluss ziehen, dass es doch viel vernünftiger ist, statt den Falschen zu meiden direkt den Richtigen zu suchen. Aber auch das ist keine vernünftige Idee.

7: Den richtigen Partner finden!

Voraussetzung der Vorstellung, man könne den richtigen Partner finden, ist die Überzeugung, es gibt ihn, den richtigen Partner. Gäbe es ihn, könnte man ein Screening oder Auswahlverfahren vorschalten. So wie bei den Unternehmen, die durch aufwändige Auswahlverfahren, in sogenannten Assessment-Centers[25], nicht passende Bewerber aussondern und den geeigneten Kandidaten für eine bestimmte Aufgabe herauszufiltern versuchen. Ganz abgesehen davon, dass solche Auswahlverfahren in ihrer Effizienz höchst umstritten sind, setzt auch ein solches Verfahren voraus, dass man vorher definiert hat, was ein ungeeigneter Kandidat ist und woran man ihn erkennt.

Nicht nur Arbeitskräfte werden auf diese Weise auf Herz und Nieren geprüft. Internetportale für die Partnersuche sind ein expandierender Markt moderner Partnervermittlung. Die gleichermaßen attraktive wie unvernünftige Idee ist die Vorstellung, man könne sich den richtigen Partner zuführen lassen. Mit modernsten Mitteln wird so ein uraltes Beziehungsmodell wiederbelebt: die arrangierte Ehe. Waren es früher Eltern und äußere Faktoren (Besitz, Stand, Geschwisterposition ...), die über das »richtige« Arrangement entschieden, sind es nun »wissenschaftliche« Verfahren (das sogenannte Partner-Matching), die dem Beziehungswilligen den richtigen Partner zuführen. Eines von unzähligen Matchingverfahren, die oft durch Geheimhaltung (Firmengeheimnis!) noch wichtiger erscheinen sollen, ist beispielsweise das Partner-Matching der Partnerbörsenfirma »Gleichklang Limited«[26]: »Möglich wird das neue Matching durch ein komplexes mathematisches Verfahren, das der Diplom-Mathematiker des Dating-Portals, Helmut Steinke, unter Anwendung der Theorie unscharfer Mengen (Fuzzy-Sets) entwickelt hat. Dieser Mengenbegriff, der bereits 1965 von L. A. Zadeh entwickelt wurde, erlaubt eine bessere Berücksichtigung der Unschärfen menschlicher Präferenzen. Starke Präferenzen werden scharf, schwache Präferenzen werden als weiche Grenzen gewertet ... Auch für das neue Gleichklang-Matching gilt, dass die Ähnlichkeit der Charaktere die Grundvoraussetzung einer erfolgreichen Partnerwahl ist. Nach Berücksichtigung aller

Präferenzen erfolgt daher in einem zweiten Schritt ein Matching der Persönlichkeiten. So wird sichergestellt, dass zusätzlich zu der Passung der Präferenzen auch eine Passung der Gesamtpersönlichkeit besteht.«

Ich bezweifle, ob »Wissenschaft«[27] in Ehedingen ein vernünftiger Ratgeber sein kann, etwa die Statistik. Im Unterschied zu Verliebten, die meist gar nicht angeben können, warum es gerade *der* oder *die* ist, geschweige denn, *was* der Wahl zugrunde gelegen hat, wird von berufener Seite viel Anstrengung aufgewendet, um festzustellen, was denn nun eine gute bzw. schlechte Partnerwahl ist.[28,29] Kriterium dieser Unterscheidung ist meist eine später vollzogene Trennung oder Scheidung, die als Folge (auch) der Partnerwahl gewertet wird. Die pragmatische Frage lautet: Welche Kriterien weisen eine erhöhte Wahrscheinlichkeit auf, dass sie später zur Trennung führen?

- ❐ Personen, die vor der Paarbeziehung lange Zeit alleine gelebt haben, gelten als trennungsgefährdet.[30]
- ❐ Zweitehen haben ein um bis zu 25 % höheres Risiko, geschieden zu werden, als Erstehen.[31]
- ❐ Die Scheidungswahrscheinlichkeit ist erhöht bei Partnern, deren Eltern bereits geschieden wurden.[32, 33]
- ❐ Je jünger die Partner bei der Heirat sind, desto geringer ist ihre Zufriedenheit mit ihrer Paarbeziehung und desto höher ist die Wahrscheinlichkeit einer Scheidung.[34, 35] Allerdings geht auch ein sehr hohes Heiratsalter mit erhöhtem Scheidungsrisiko einher.

❒ Das Einkommen selbst stellt kein Trennungsrisiko dar, wohl aber Einkommensschwankungen, d.h. ein stabil niedriges Einkommen ist günstiger als ein instabiles Einkommen.[36]

Das nun würde besagen, dass man sich für einen Partner entscheiden sollte, der erst kurze Zeit wieder allein lebt, zuvor noch nicht verheiratet war, Eltern hat, die sich nicht haben scheiden lassen und der weder zu jung noch zu alt ist und über ein stabiles Einkommen verfügt. Aber wer hält sich schon an solche Empfehlungen? Niemand, und das ist auch gut so!

Auch wenn man vielleicht von Platons Gleichnis von den zwei Kugelhälften und seiner Vorstellung der schicksalhaften Vorbestimmung beeindruckt ist, ist es unvernünftig, diesen einzig Richtigen ermitteln zu wollen. Die meisten Paare sind so vernünftig und versuchen das auch gar nicht erst. Sie lassen die Zielbestimmung der Partnerschaft und Ehe unbestimmt. Sie sind ergebnisoffen. Und das ist sehr viel vielversprechender!

3
»Wie Problem? – Du bist das Problem!«
Lösbare Probleme und problematische Lösungen in der Ehe

Wenn von Eheproblemen die Rede ist, glaubt jeder sofort zu wissen, was damit gemeint ist. Gemeint ist, dass etwas nicht so ist, wie es sein soll: die Ehe oder der Partner, meist der Partner und deshalb auch die Ehe. Doch ist es gar nicht so einfach, sich in einer Krise auf die Definition des Problems zu einigen. Oft genug ist die Uneinigkeit über das Problem das Problem.

Du bist hier das Problem! – Nein du!

»Das soll ein Problem sein?! Du bist hier das Problem!« – »Nein du! Wenn ich einen anderen Mann hätte, hätte ich kein Problem!«, heißt es häufig im typischen Ehestreit.

Probleme entstehen aufgrund von Bedeutungen, Wertungen, die man Dingen, Handlungen und Vorgängen gibt. Neben positiven Bewertungen, die wir dem Verhalten unseres Partners beimessen (Du bringst mich zum Lachen!), gibt es natürlich auch negative Zuschreibungen (Du machst mich lächerlich!), die dann als Probleme bezeichnet werden können.

Erst durch die Bewertung werden Tatsachen und Verhaltensweisen und damit auch Ehemänner oder Ehefrauen zum Problem. Jede Bewertung folgt bestimmten Vorstellungen und Erwartungen, die eine Beurteilung erst erlauben. Diese Vorstellungen entstehen aus der Unterscheidung eines Ist-Wertes und eines Soll-Wertes. Der Ist-Wert ist das, was der (anklagende) Partner als den aktuellen Zustand beschreibt. Der Soll-Wert ist das, was erwartet, gewünscht oder ersehnt wird, aber gegenwärtig nicht vorhanden ist, auch wenn es vielleicht schon einmal da war. Dieser Soll-Wert kann sich beziehen auf etwas, was nicht mehr da sein soll (der Partner sollte nicht mehr rauchen) oder künftig sein soll (der Partner sollte Sport treiben). Oder man möchte weniger bzw. mehr von etwas Vorhandenem (der Partner sollte weniger arbeiten – der Partner sollte öfter Lust auf Sex haben).

Diese Differenz zwischen Ist- und Soll-Wert wird nun negativ beurteilt. Die Differenz der monatlich erwünschten Beischlaffrequenz von zehn (Soll-Wert) zur tatsächlichen monatlichen Beischlaffrequenz von eins (Ist-Wert) wird bedauert, kritisiert oder als Skandal bezeichnet. Jetzt kann die besagte Tatsache als ein Problem bezeichnet werden.

Probleme sind dazu da, dass man sie löst, sagt der Volksmund. Das heißt, Probleme rufen nach ihrer praktischen Bewältigung, sie rufen Akteure und Aktionen auf den Plan.

Von Ehen und Zentralheizungen

Ein Gedankenexperiment: Stellen wir uns vor, wir hätten es mit einem Heizungssystem zu tun, einer Zentralheizung. Dieses Heizungssystem verfügt über einen Thermostat, der die aktuelle Raumtemperatur misst. Diese liegt im Augenblick bei 15 Grad Celsius. Am Thermostat ist jedoch auch ein bestimmter Soll-Wert eingegeben worden: 20 Grad Celsius. Nun hat unsere Heizung ein Problem bzw. sie wertet die Soll-Ist-Differenz von 5 Grad Celsius als Problem. Also fängt die Heizung an, das Problem zu lösen. Sie fährt den Brenner höher, stellt mehr Heizenergie zur Verfügung und versucht dadurch, den Ist-Wert an den Soll-Wert anzugleichen. Gelingt ihr das, d. h., kann sie die Raumtemperatur von 15 Grad Celsius auf 20 Grad Celsius erhöhen, hat sie das Problem gelöst. So weit, so gut.

Man kann sich nun aber auch eine Situation vorstellen, in der es der Heizung nicht gelingt, das Problem zu lösen, was immer die Gründe dafür sein mögen: der Brenner des Heizungssystems ist überfordert, den Soll-Wert zu erreichen; die Außentemperatur ist so tief, die Hausisolierung so mangelhaft, dass sich die Raumtemperatur nicht steigern lässt. Nun hat die Heizung ein besonderes Problem. Ein Problem, das unter Umständen beim Versuch, es zu lösen, die Existenz der Heizung gefährdet. Die Heizung kann sich nämlich bei der Problemlösung überfordern – sie geht kaputt. Wir haben es dann mit dem Fall zu tun, dass die Lösung das Problem ist! Und wir können uns, um wieder auf unser Thema zurückzukommen, die Frage stellen, wie viele Ehen ihre Existenz aufs Spiel setzen bei den Versuchen, ihre Eheprobleme zu lösen, und wie viele Ehen daran scheitern.

Keine Lösung ist auch eine Lösung

Es gibt aber in der Ehe und in unserem Gedankenexperiment eine zweite Möglichkeit: Der Soll-Wert wird an den Ist-Wert angeglichen. Der Soll-Wert am Thermostat wird von 20 Grad Celsius auf 15 Grad Celsius umgestellt. Die Problemlösung wird in diesem Fall durch eine Einstellungsänderung erreicht. Das heißt, der Verzicht auf die Lösung des Problems ist die Lösung. Zumindest kann der Verzicht die Vermeidung einer möglicherweise existentiellen Gefährdung bedeuten.

Es gibt also zwei prinzipielle Möglichkeiten, Probleme zu lösen. Die übliche Lösungsstrategie: Ist-Zustände auf Soll-Zustandsniveau zu bringen, und die zweite, weniger verbreitete Lösungsstrategie: Den Soll-Zustand auf Ist-Zustandsniveau herunterzuschrauben.

Beide Strategien setzen voraus, dass zuvor eine Sachlage in der beschriebenen Weise definiert wurde. Eine weitere Möglichkeit kann in der Definition des Begriffs Problem bestehen. Ein Problem ist nur ein Problem, wenn es auch lösbar ist. Ein unlösbares Problem ist dagegen eine Restriktion. Eine Restriktion ist eine Tatsache, die einem nicht gefallen mag, die also negativ bewertet werden kann, die aber nicht für veränderbar gehalten wird, also, wenn man will, ein unlösbares Problem darstellt.

Warum diese Unterscheidung? Dazu ein weiteres Gedankenexperiment: Mitteleuropäern mag das Wetter zu vielen Zeiten des Jahres nicht gefallen. Wenn wir nun das Wetter, etwa das Regenwetter, zum Problem erklären, dann müssen wir uns nach Lösungen umschauen. Wie können wir den gewünschten Soll-Wert – sonniges Hochdruckwetter – herstellen ? Nun, wir könnten Sonnentänze veranstalten, Stoßgebete an Sonnengötter richten, Tier- oder Menschenopfer zur Versöhnung der Regengötter darbringen oder Maßnahmen zur weiteren Steigerung des Treibhausklimas ergreifen … Man wird in den meisten Fällen feststellen, dass die erzielten Ergebnisse nicht überzeugen. Man kann sich aber auch entschließen, das Wetter als eine Restriktion zu begreifen. Das heißt nicht, dass wir uns nun als ein armes Wetteropfer sehen, das hilflos den unbeeinflussbaren Wetterlagen ausgeliefert ist. Im Gegenteil. Wir gewinnen Energie und Zeit, indem wir uns Tänze, Gebete, Opfer … ersparen, und wir gewinnen neue Möglichkeiten: Man kann sich angemessene Regenkleidung besorgen, vielleicht sogar einen Schirm, sich nach einem Flug in sonnigere Gefilde umtun …

Die Unterscheidung von Problemen und Restriktionen kann ein erster Schritt sein, um weiterzukommen. Im Falle von Restriktionen wird Veränderung manchmal möglich durch Verzicht auf Lösungen.

Wenn die Lösung das Problem ist

Was heißt das nun für Ehepaare ? Schauen wir uns ein paar Fakten an. Der amerikanische Paarforscher John Gottman hat in beeindruckenden experimentellen Untersuchungen viele scheinbare Selbstverständlichkeiten ins Wanken gebracht. So stellte er etwa in Studien mit insgesamt 3000 Paaren fest, dass die Mehrheit dieser Paare ihre Konflikte und Probleme nie löst. Und, man höre und staune, dass es gar nicht entscheidend ist – vor allem für das Zustandekommen einer erfolgreichen und dauerhaften Ehe –, ob man Konflikte oder Probleme löst, sondern wie man (vergeblich!) versucht sie zu lösen.[37]

Dauerhafte Beziehungen haben dauerhafte Probleme, Konflikte und Themen. Sich einen dauerhaften Partner aussuchen heißt, sich ein paar dauerhafte Probleme auszusuchen. Entscheidend für Erfolg oder Misserfolg der Beziehung ist die Art des Umgangs mit Konflikten. Gottman stellt, nicht überraschend, fest, dass einigermaßen glückliche Paare Spannungen nicht durch Verletzung und Verächtlichmachung, sondern durch Humor, Ablenkung, Zuneigung und Respekt lösen, wobei das Problem selbst allerdings nicht gelöst wird. Zur Ehe gehört also auch der Verzicht darauf, manche Probleme lösen zu wollen, weil sie besser als Restriktionen behandelt werden.

Diese Befunde lassen die Bedeutung der Lösung von Paarproblemen, die mühsamen Anstrengungen von Paaren zur Lösung von Problemen und damit auch die Bedeutung von Ratgebern zur Lösung von Problemen sowie die paartherapeutischen Methoden in einem neuen Licht erscheinen. Die Suche nach der Lösung von Problemen in Paarbeziehungen wird überschätzt bzw. sitzt einer Illusion auf.

Es kommt also letztlich nicht darauf an, sich zu vertragen, d. h., Probleme zu lösen, sondern darauf, sich zu ertragen und mit Restriktionen zu leben. Besonders die Probleme in einer Ehe, die mit dem persönlichen Lebensstil und den persönlichen Wertvorstellungen der Ehepartner zu tun haben, sind Kandidaten für Restriktionen, also unlösbar.

Die resignative Reife oder: Vom Vertragen zum Ertragen

Paare wissen um diese unlösbaren Probleme, sie bezeichnen sie treffend als die »Macken« ihres Partners oder ihrer Partnerin. Ich möchte die Fähigkeit, ein Leben, eine Beziehung mit ihren Restriktionen zu ertragen, als resignative Reife[38] bezeichnen. Ich verstehe darunter einen vielleicht von Liebe, vielleicht von Zuneigung unterstützten (Reife-)Prozess von der Illusion des Vertragens hin zur Reife des Ertragens, die in eine Haltung der Gelassenheit mündet. Dort, wo Probleme waren, sind nun Restriktionen. Dort, wo bisher nicht selten der »Terror des Solls« herrschte, finden Einstellungsänderungen statt. Die Soll-Werte unserer Erwartungen werden Ist-Zuständen angenähert. Auch wenn Illusionen, wie wir noch sehen werden, durchaus hilfreich für das Gelingen einer Ehe sind, gibt es auch Illusionen, die hinderlich oder schädlich sind. Sie beziehen sich auf die Zeit, die wir vor uns sehen, und ich nenne sie Zukunftsillusionen.

Zwei Zukunftsillusionen spielen auch in Ehen eine Rolle: die Illusion von der Ewigkeit und die Illusion von der Vollendung. Die eine verschließt die Augen davor, dass wir und unsere Lebenszeit endlich sind. Wie vernünftig ist es, angesichts begrenzter (Lebens)zeit, diese Zeit mit den vergeblichen Lösungsversuchen von unlösbaren Problemen zu vergeuden?

Die andere geht davon aus, dass unsere Zeit der Vollendung von etwas diene, ob das nun Werke, Beziehungen oder unser Leben ist. Sie leugnet die Tatsache, dass der Tod ohne Rücksicht auf Vollendung eintritt.

Unser individuelles Älterwerden, aber auch die zunehmende Dauer unserer Ehen, bietet hingegen die einzigartige Möglichkeit, auf immer weniger Zukunft Rücksicht nehmen zu müssen. Der Sieg des »So-ist-es« über das »So-hat-es-zu-sein« wird möglich. Im übrigen haben wir auch keine andere Wahl, wenn wir es realistisch betrachten. Auch diese Einsicht nenne ich resignative Reife.

Bis es dazu kommt, gibt es verständlicherweise oft lange Zeiten des Haderns, des Nörgelns, stehen Veränderungsversuche an und immer wieder auch Enttäuschung, Unglücksgefühle und Selbstmitleid. Und lange galt das Motto: Das bekomme/n ich/wir auch noch hin. Gemeint hat man wohl: Das gewöhne ich dir auch noch ab! Inzwischen sind, wenn man Glück hatte, einige Jahre, vielleicht sogar Jahrzehnte ins Land gegangen. Mann und Frau sind zwar älter geworden, aber an den schon vor langer Zeit diagnostizierten Problemen/Macken/Eigenarten/Unarten des Partners hat sich nichts geändert. Manche haben sich in der Zwischenzeit sogar noch kräftig verstärkt.

Vielleicht hat man auch die Erfahrung gemacht, dass sich gelegentlich Probleme – fast wie von Geisterhand gesteuert – von selbst lösen, wenn sie nicht mehr den anstrengenden Veränderungsgeboten unterworfen werden. Die Erklärung dafür ist einfach: Ein Ehepartner, der ständig aufgefordert wird, sich zu verändern, fühlt sich, seinen Lebensstil, seine Überzeugungen und seine Autonomie in Frage gestellt. Er reagiert daher vernünftigerweise mit Verteidigung. Die Folge: die Verteidigungsmaßnahmen stabilisieren genau das, was angegriffen wird. Lassen die »Angriffe« nach, werden auch die »Verteidigungsmaßnahmen« überflüssig: Veränderung kann möglich werden. Selbst »unlösbare« Probleme können sich manchmal in Luft auflösen, wenn man sie nicht zu ändern versucht.

Selbstverständlich gibt es aber auch Probleme in einer Ehe, die sich lösen lassen. Sie geraten gelegentlich aus dem Blick, weil die unlösbaren Probleme alle Aufmerksamkeit, Energie und negativen Gefühle auf sich gezogen haben. So wird manches Problem nicht gelöst, weil man sich auf die Lösung unlösbarer Probleme konzentriert hat!

Die nächsten Kapitel sollen sich auch damit beschäftigen.

4
Gleichheit in der Ehe gibt es nicht
Die Suche nach Gerechtigkeit und ihre Folgen

Die Erfahrung von Unrecht und Ungerechtigkeit gehört zum Leben und bleibt auch Ehepartnern in der Ehe nicht erspart. Wir können aber nicht etwas als ungerecht erfahren, wenn wir keine Vorstellung von Gerechtigkeit haben. Erstaunlicherweise ist es nun aber gerade die Gerechtigkeit als hoher, positiv besetzter Wert, der in einer Ehe Schaden anrichten kann. Unsere Vorstellungen davon, was gerecht wäre, bereiten gleichsam das Schlachtfeld für die zermürbenden ehelichen Kämpfe um Recht, Ansprüche und Ausgleich von Ungerechtigkeiten.

Das Verlangen nach Gerechtigkeit überfordert die Ehe. Darauf will ich im Folgenden genauer eingehen, indem ich Ungleichheit und Ungerechtigkeit unterscheide, denn Ungleichheit bedeutet nicht zwangsläufig Ungerechtigkeit. Dort, wo Gleichheit nicht erwartet oder eingefordert wird, wird Ungleichheit auch nicht automatisch mit Ungerechtigkeit gleichgesetzt.

Um Missverständnissen vorzubeugen: Gleichheit bzw. Gleichberechtigung in der Ehe, wie sie zum Beispiel von der Frauenbewegung gefordert und in beeindruckenden Veränderungen auch erkämpft wurde, hat selbstverständlich ihre Berechtigung, ebenso wie alle Versuche der Verwirklichung von Gerechtigkeit. Allerdings hat all dies auch eine problematische Seite, die allzu oft übersehen wird. Darauf wird hier Bezug genommen. Es soll also keineswegs das Rad der Geschichte angehalten oder gar zurückgedreht werden. Aber auch beim Fortschritt können nicht unerhebliche und problematische Nebenwirkungen auftreten. Diese zu sehen scheint mir vernünftig.

Wie das Verlangen nach Gleichheit Ungerechtigkeit erzeugt

In Gesellschaften, wo Ungleichheit durch die soziale Herkunft, den Stand, die Klasse, die Kaste, das Geschlecht geregelt ist oder war, verbot es sich von selbst, dass sich beispielsweise Sklaven mit Herren oder Frauen mit Männern verglichen und damit auf Unterschiede stießen, die als ungerecht empfunden werden konnten. Vergleiche waren nur innerhalb der eigenen Statusgruppe zulässig. Diese traditionellen und fest verankerten Strukturen sind gemeint, wenn vom Schuster die Rede ist, der bei seinen Leisten bleiben soll.

Andererseits kann dort, wo Gleichheit erwartet und eingefordert wird, die festgestellte Ungleichheit zur Ungerechtigkeit werden. Spätestens seit der Französischen Revolution und ihrer publizistisch ungeheuer wirksamen normativen Parole der Freiheit, Gleichheit und Brüderlichkeit steht das Programm der Gleichheit auf der Tagesordnung unseres Gemeinschaftslebens. Die Leitidee der Gleichheit oder die Proklamation des Naturrechts der Gleichheit[39] ist so zentral, dass sie in alle Bereiche unseres sozialen Lebens eingedrungen ist. Sie gilt nicht nur für Gesellschaften oder spezielle kulturelle, politische und ökonomische Lebensbereiche, sondern auch für intime Gemeinschaften wie Paarbeziehung und Ehe.

Die Hoffnung, die sich in dem Programm der Brüderlichkeit und Gleichheit ausdrückte, war wohl, dass sich im Rahmen einer Kultur der Gleichheit die negativen Gefühle wie Neid, Missgunst und Hass im Zaum halten lassen bzw. gar nicht erst entstehen oder vielleicht sogar aus der Welt geschafft würden. Paradoxerweise ist das Gegenteil eingetreten. In einer Kultur der Ungleichheit können Neid und Hass nur schwer wachsen, weil das Empfinden von Ungerechtigkeit unterdrückt ist oder kaum besteht. In einer Kultur der Gleichheit hingegen werden, da das Versprechen nie jederzeit und überall und nie in ausreichendem Maße oder gar für alle eingelöst wird, die Möglichkeiten der Entdeckung von Ungerechtigkeit ungeheuer erweitert. Damit wachsen Neid- und Hassgefühle. Kurz: Mehr Gleichheit schärft das Ungleichheitsbewusstsein. So entsteht und wächst die Empfänglichkeit für den Skandal der Ungleichheit.

Die neue Sensitivität bezieht sich dabei aber nicht auf absolute, sondern auf relative Unterschiede. Das heißt, nicht, ob ich etwas habe oder nicht habe, ob ich etwas bin oder nicht bin, ist von entscheidender Bedeutung und damit Anlass von Freude oder Leid, sondern, ob andere es haben oder nicht haben, ob andere etwas sind oder nicht sind.

Es hat also eine Entwicklung von der Natur- oder Gottgegebenheit sozialer Ungleichheit hin zum vermeintlich einklagbaren Recht auf soziale Gleichheit stattgefunden.

Mehr noch: Je näher man dem Ziel der Gleichheit gekommen ist, umso anstößiger scheint jede Restungleichheit. Sie wird zum Auslöser von Neid, Missgunst und Hass.

Die Idee der Gerechtigkeit ist in vielen Ehen und Partnerschaften ein zentraler Wert. Dies gilt natürlich auch für andere soziale Verbindungen mit geringerer Intimität, also: geschäftliche Verbindungen, politische und kulturelle Gemeinschaften. Partnerschaft ist – zumindest idealtypisch – gleichberechtigt organisiert und erhebt den Anspruch auf Gerechtigkeit, Gleichberechtigung und Herrschaftsfreiheit. Es besteht das Recht auf Durchsetzung dieser Ansprüche in Form von Appellen, Verhandeln, der Suche nach Kompromissen, und gegebenenfalls können sie sogar eingeklagt werden.

Für die Rechtsform der Ehe stellt das zweifellos einen historischen Fortschritt dar, der dank der Frauenbewegung des letzten Jahrhunderts politisch, juristisch und auch faktisch mit Erfolg in vielen Bereichen durchgesetzt wurde. Damit ist die Vorstellung der Gerechtigkeit in vielen Ehen so zentral geworden, dass am Maßstab der Gerechtigkeit auch die Zufriedenheit mit Ehe und Ehepartner abgelesen werden kann. Die Sensibilität für Ungleichheit hat massiv zugenommen und damit auch die Sensibilität für Ungerechtigkeit und Unrecht. Das Empfinden von Ungerechtigkeit und Unrecht wird ausgeweitet und intensiver. Mit wachsender Feinfühligkeit für Ungerechtigkeiten nimmt jedoch die Zufriedenheit mit den bestehenden Verhältnissen ab. Wir haben also eine Situation, in der die Ausweitung unserer Gerechtigkeitsansprüche nicht zu einer Abnahme des Empfindens von Ungerechtigkeit und Unrecht führen, sondern im Gegenteil zu einem Anstieg. Gerade dadurch, dass die Gleichberechtigung in Ehen zugenommen hat und wir auch in anderen Bereichen der Gesellschaft Ungerechtigkeit ausgeräumt sehen, sind wir immer weniger bereit, wahrgenommene Mängel, erkannte Ungerechtigkeiten und erlittenes Unrecht zu ertragen. Was früher als Pech oder Schicksal galt, wird nun als Benachteiligung und Ungerechtigkeit empfunden und als veränderbar betrachtet. Die Herstellung von Gerechtigkeit ist nun zur Pflicht geworden.

Wenn jedes Unglück und jede Ungerechtigkeit neue Ansprüche und Verpflichtungen begründen, dann wird das schmerzhafte Erleben des Unrechts nach und nach zum Maß aller Dinge.

Seit der Aufklärung, d. h. auch seitdem die bürgerliche Ehe sich langsam aber stetig als moderne Organisationsform von Paarbeziehungen verbreitet und durchgesetzt hat, hat sich parallel das Gefühl für die Unerträglichkeit von Ungerechtigkeit immer weiter verschärft.

Das bedeutet aber auch, nicht nur anstrengende Aktionen zur Wiederherstellung von Gerechtigkeit unternehmen zu müssen, sondern auch mehr oder weniger in einem Zustand ständiger Enttäuschung zu leben: Man wird schließlich kaum je genug geliebt, gewürdigt, geachtet, belohnt, d. h. so gerecht behandelt, wie es einem nach eigenem Dafürhalten zusteht. Doch je höher der Ehrgeiz gesteckt wird, desto magerer erscheint das Ergebnis.

Ein Beispiel aus dem Ehealltag eines Ehepaares. Herr und Frau Rhein sind seit sechs Jahren verheiratet und haben zwei Kinder, einen Sohn von fünf und eine Tochter von zwei Jahren. Mit der Geburt des Sohnes haben beide vereinbart, dass Frau Rhein ihre Berufstätigkeit als Steuerberaterin unterbrechen würde, bis die Kinder zur Schule gehen. Herr Rhein ist in einem mittelständischen Unternehmen angestellt und für die elektronische Datenverarbeitung zuständig. Beide Ehepartner empfinden ihre aktuelle Lebenssituation als unangenehm. Frau Rhein bereut inzwischen ihre gemeinsam mit ihrem Mann getroffene Entscheidung. Sie vermisst ihre Berufstätigkeit und hat den Eindruck, sie lebe nur noch unter ihrem Niveau: »Hausarbeit und ständig nur mit den Kindern zusammen zu sein macht blöd!« Herr Rhein fühlt sich in seinem Job ebenfalls unterfordert, im Kontakt mit seinen Kollegen ausgenutzt und von einem Vorgesetzten gemobbt. Ein Freund und Kollege, den er seit vielen Jahren kennt, hat ihn gefragt, ob er sich zusammen mit einem dritten Kollegen an der Gründung einer Firma für EDV-Dienstleistungen beteiligen wolle. Obwohl ihn dieses Projekt sehr reizt, lehnt er ab, weil es bedeutet hätte, ein sicheres finanzielles Einkommen gegen eine unsichere finanzielle Zukunft einzutauschen. Diese Entscheidung sitzt ihm wie ein Stachel im Fleisch.

Inzwischen besteht ein wesentlicher Teil des Ehelebens in wechselseitigen Klagen über das eigene Unglück. Da jeder sich für das Unglück des anderen verantwortlich gemacht sieht, stehen beide in einem Wettstreit, wer der Unglücklichere ist, d.h., wer das größere Opfer bringt und damit zwar der Unglücklichere, aber auch der moralische Sieger ist. Ein Pyrrhussieg.

Mit der Erweiterung des Anspruchs auf Gerechtigkeit entwickelt sich nicht nur ein immer größeres Erlebnisfeld für das Unrecht, sondern eine regelrechte Konkurrenzrhetorik der Verzweiflung. Jeder hält stolz seine Leidenstrophäen hoch. In Ehen entsteht so ein Phänomen, das man als Opfereskalation beschreiben kann, ein Wettkampf darum, wer mehr Ungerechtigkeit erleidet oder auf sich nimmt. Sieger ist dann der Ehepartner, der als erster unter den Lasten des Unrechts zusammenbricht. Die Ehe als Doppelzimmer der Vorhölle.

Nur: Ist die Gerechtigkeit für die Ehe überhaupt ein geeignetes, vernünftiges und plausibles Regulationskonzept? Sollte der Anspruch auf Gerechtigkeit ein dominierendes Element der Vernunftehe sein – oder gerade nicht?

Von Ehen und Backwaren

Justitia, die unparteiisch Urteilende, die Garantin der Gerechtigkeit, wird mit einer Waage in der einen Hand dargestellt, dem Schwert in der anderen und mit einer Binde vor den Augen. Mit Hilfe dieser Symbolik lässt sich demonstrieren, wie geeignet die Vorstellung von Gerechtigkeit für den Erfolg bzw. Misserfolg von Ehen sein kann.

Beginnen wir mit der Waage. Sie steht dafür, dass die Gerechtigkeit etwas, was aus dem Gleichgewicht gekommen ist, wieder ins Gleichgewicht bringen soll. Es geht also bei dem Gedanken der Gerechtigkeit um ein Gleichgewicht, um Proportionalität und um Symmetrie. Das Abwägen nutzt die Erfindungen der Mathematik, also die Zahlen, das Zählen und die Gleichungen. Letztlich ist die Gerechtigkeit also so etwas wie eine stimmige Gleichung. Aber: Ist die Mathematik das Mittel, um dem Leben in einer Ehe gerecht zu werden, um ein vernünftiges und erfolgreiches Eheleben zu führen? Ausgleichende Gerechtigkeit ist dann eine Verfahrensweise, in der bezahlt wird, was zu bezahlen ist, in der zurückgezahlt wird, was noch geschuldet wird, in der Schulden beglichen und Verdienste entlohnt werden müssen. Wir haben es also mit einer Tauschgerechtigkeit zu tun, die sich in vielen Bereichen als geeignete Methode erwiesen hat, um die Beziehung zwischen Menschen zu regulieren. Wenn man am Morgen zum Bäcker geht, um ein paar Brötchen zu kaufen, macht man ein Tauschgeschäft, und die Tauschgerechtigkeit sichert den Erfolg der Transaktion zwischen uns und dem Bäcker. Wir tauschen Geld gegen Backwaren. Der Bäcker bekommt seine bunten Euros und wir unsere goldbraunen Frühstückssemmeln.

Voraussetzung für die Tauschgerechtigkeit ist allerdings, dass Einigkeit über den Preis der Brötchen besteht. Im Allgemeinen steht der Preis fest, wenn wir die Bäckerei betreten. Man könnte dann auch zu dem Schluss kommen, dass der Preis zu hoch ist, und auf den Kauf der Brötchen verzichten. Es kann aber auch sein, dass der Preis einer Ware – z. B. auf dem Basar – erst verhandelt werden muss.

Was kostet eine Affäre?

Aber gilt, was für den Brötchenkauf zählt, auch für die Ehe? Steht hier wirklich immer fest, was wofür gegeben werden muss, damit sich ausgleichende Gerechtigkeit herstellt? Sicher gibt es Bereiche in der Ehe, wo das beschriebene Prinzip zu reibungslosen Abläufen führt: Der eine holt die Kinder ab, während der andere das Essen zubereitet. Aber sind das die Situationen, die uns die wirkliche Erfahrung von Unrecht oder Leid verursachen? Kaum! In Situationen, die schmerzhaft als Unrecht erlebt werden, gibt es meist keinen festgelegten Maßstab, keine Währung, in der bezahlt werden kann. Selbst der zweite Weg, das gemeinsame Aushandeln eines möglichen Preises, der zu zahlen ist, bringt hier oft keine Lösung.

Frau Möller sucht mich in meiner psychotherapeutischen Praxis auf. Sie sei seit einiger Zeit sehr niedergeschlagen und dann wieder furchtbar aggressiv, auf jeden Fall unglücklich. Sie erzählt ihre eigene Geschichte, die Geschichte ihrer Ehe und auch eine Geschichte von Affären. Frau Möller ist 59 Jahre alt, ihr Mann ist 63. Beide Ehepartner, so berichtet Frau Möller, begreifen sich als aktive Teilnehmer der 68er- oder Nach-68er-Bewegung. Man habe immer einen liberalen und offenen Lebensstil gepflegt und die Kinder, die inzwischen alle ihre eigenen Familien gegründet haben, dazumal in selbst organisierten antiautoritären Kinderhorten untergebracht. Beide Ehepartner hatten wiederholt Affären mit verschiedenen anderen Partnern. Wobei Frau Möller anmerkt, dass sie selbst eigentlich in der Rückschau gar nicht so sehr an Affären interessiert gewesen sei, aber das habe einfach so dazugehört. Das sei aber bei ihrem Mann wohl anders gewesen. Auch habe sie im Nachhinein herausgefunden, dass es auf Seiten ihres Mannes wohl einige Affären mehr gab, als sie dachte. Inzwischen lägen ihr die Affären ihres Mannes nun mehr »auf der Seele«, als sie jemals vermutet hätte. Sie wisse eigentlich nicht mehr, ob sie ihrem Mann überhaupt noch vertrauen könne, und das werde immer schlimmer, je älter sie werde. Manchmal habe sie den Eindruck, ihr Mann betrüge sie immer noch, manchmal sei sie sich sogar sicher. Neulich war man bei einer Arbeitskollegin ihres Mannes eingeladen, und er habe – sie wird immer ärgerlicher, aufgeregter und lauter – »den ganzen Abend nur Augen für die Möpse der 35-jährigen Gastgeberin gehabt. Ich habe gar nicht mehr existiert!«

Bleiben wir bei dem alltäglichen Beispiel aus der Alltagswelt vieler Paare: Affären oder sexuelle Außenbeziehungen. Sie sind insofern alltäglich, als sie weit verbreitet sind, und sie nehmen mit deutlichem Abstand den ersten Platz ein bei den Gründen, die für eine Trennung angeführt werden – unabhängig von Alter, Geschlecht und Dauer der Ehe. Einerseits deutet vieles darauf hin, dass Untreue und Affären schon fast zur Normalität von Paarbeziehungen gehören, andererseits aber stellen länger andauernde offene Außenbeziehungen die schwerste Beeinträchtigung für die Fortexistenz von Paarbeziehungen dar.

Im Falle der Untreue ist der Schadensfall eingetreten und damit in der Logik der Gerechtigkeit die Frage nach Schadensersatz gestellt, beziehungsweise nach der Notwendigkeit des Kontenausgleichs, um wieder die ausgleichende Gerechtigkeit herzustellen. Voraussetzung dafür ist es, den Preis zu ermitteln, der den Vergleich ermöglicht. Was soll womit »verglichen« werden? Was soll womit »ausgeglichen« werden?

Ein relativ einfacher Ausgleich wäre der von Gleichem mit Gleichem: Affäre des einen gegen eine Affäre des anderen. Aber ist wirklich jede Affäre wie die andere? Und was sind die Kriterien der Vergleichbarkeit? Hier bieten sich vielfältigste Möglichkeiten der Unvergleichbarkeit an. Etwa die, dass Frauen ganz anders fremdgehen als Männer. Männer, so könnte man behaupten, gehen »nur« aus sexuellen Gründen fremd. Möglicherweise ist dies gar kein »wirkliches« Fremdgehen, weil die Männer nur von ihrem Testosteron dazu getrieben werden. Frauen, heißt es hingegen oft, sind im Gegensatz zu Männern ganz und gar, d.h. mit Leib und Seele bei ihren Affären. Was wiegt nun schwerer, das bloße sexuelle Fremdgehen des Mannes oder das nicht nur sexuelle Fremdgehen der Frau? In welchem Verhältnis soll dies verrechnet werden? Ein weibliches Fremdgehen gegen zwei oder drei männliche Affären? Aber wie ist dann mit den Affären der Männer zu verfahren, die inzwischen auch ihre weibliche Seite entdeckt haben und gar nicht mehr in erster Linie aus sexuellen Gründen fremdgehen? Und wie kann man zweifelsfrei feststellen, ob man es mit einem Mann zu tun hat, der (beim Fremdgehen!) seine weibliche Seite entfaltet, oder ob man es mit einer Frau zu tun hat, die (beim Fremdgehen!) ihre männliche Seite auslebt und nichts anderes sucht als puren Sex? Fragen über Fragen! Schwere Fragen!

Aber vielleicht muss man auch nicht Affären gegen Affären zu verrechnen suchen, um der ausgleichenden Gerechtigkeit Genüge zu tun. Vielleicht sollte man Affären anderen, berechenbareren Leistungen gegenüberstellen und dadurch zur Sühne gelangen. Hier bietet sich das weite Feld materieller Gegenleistungen an: Geld! Was kostet bzw. was lässt man sich eine Affäre kosten? Eine

Fernreise, erst mit der Geliebten, dann mit der Ehefrau, ein kleines, aber feines Pelzmäntelchen, einen schönheitschirurgischen Eingriff, einen Einkaufstrip nach New York, eine teure Weiterbildungsmaßnahme für die Gattin, das neue schicke Cabrio?

Bei allem ironischen Ernst: Die Erfahrung zeigt, dass es selten, wenn überhaupt je, zu einem solchen Ausgleich kommt. Häufig scheitert der verhandelte Ausgleichsversuch schon an der Sicherstellung seiner Prämissen: »*Das finde ich nun wieder ganz typisch, dass du glaubst, mit Geld alles wieder ungeschehen machen zu können … glaubst du denn im Ernst, ich lasse mich bezahlen, für wen oder was hältst du mich eigentlich?*«

Die gerechte Rache

Aber es gibt noch eine weitere Möglichkeit des Ausgleichs, die nicht unerwähnt bleiben darf: die Rache! Rache wird zwar nicht verhandelt, gilt aber schon seit je als Versuch zur Herstellung ausgleichender Gerechtigkeit. Aber auch hier stellt sich natürlich die Frage, was ist eine »gerechte« Rache? Es genügt natürlich nicht, dass der Rächer/die Rächerin ihre Rache für ausgleichend und gerecht hält. Auch der, an dem die Rache vollzogen wird, muss schlussendlich zum gleichen Ergebnis kommen. Das allerdings ist selten der Fall. Das gilt nicht nur in Paarbeziehungen und auch dort nicht nur im Rahmen von Affären und dem Versuch, sie zu verdauen. Meist setzt die Rache eine Spirale ausgleichender Gerechtigkeitsversuche in Gang, wobei jeder Ausgleichsversuch neue Ungerechtigkeiten und somit neue Ausgleichsnotwendigkeiten schafft. Gleichwohl bleibt die Rache ein beliebtes Mittel. Auch wenn sie häufig nur zu einem bleiernen Frieden führt, der oft einen erheblichen Preis hat und den ein chinesisches Sprichwort auf den Punkt bringt: Wenn du ausziehst, um dich zu rächen, nimm zwei Särge mit!

In der Paarbeziehung entscheidet immer noch jeder höchstpersönlich selbst über die Höhe der Schulden, die man ihm zurückzuzahlen hat. Sie oder er entscheidet auch höchstpersönlich über die Verdienste, die sie oder er erworben hat und die noch nicht »vergütet« wurden, also über die Ansprüche, die er oder sie noch geltend machen kann. Übrigens: Die Kontenführung bzw. die Höhe der Ansprüche kann sich täglich wandeln. Es sei denn, man lässt sich von jemandem außerhalb der Beziehung oder einer Instanz sagen, was wofür zu bezahlen ist oder wie gerade der Sühnekurs steht.

Nimm es nicht persönlich, Liebling!

Damit sind wir beim nächsten Attribut von Justitia angekommen. Die Binde über ihren Augen soll das Sehen verhindern. Die Vorstellung, die sich damit verbindet, ist natürlich die Vorstellung der Gerechtigkeit »ohne Ansehen der Person«. Genau das ist aber in Ehen meist unmöglich, denn hier sind beide Partner gleichzeitig Kläger, Richter, Angeklagte, Verteidiger und Ermittler. Die Devise »Nehmen Sie es nicht persönlich« oder »Sehen Sie von Ihrer eigenen Bewertung dessen, was Ihnen widerfahren ist, ab, seien Sie doch einmal objektiv!« ist absurd, weil

Unrecht und Ungerechtigkeit nun einmal persönlich erfahren werden. Wie sonst? Ob in einer Ehe Ungerechtigkeit herrscht oder nicht, lässt sich nach objektiven oder gar wissenschaftlichen Kriterien nicht entscheiden. Objektiv erfassbar ist ein kriminelles oder gewalttätiges Verhalten, dies aber auch nur deshalb, weil festgelegt ist, was als kriminelles und gewalttätiges Verhalten zu gelten hat. Ob dieses Verhalten dann auch als Unrecht erlebt wird, ist dagegen eine andere Frage.

Rache: Die Fortsetzung des Neids mit anderen Mitteln

Ehepartner, die sich die Verwirklichung von Gerechtigkeit zum Ziel gesetzt haben, stehen unter dem Diktat der Gleichheit. Gerade die Gleichen müssen sich aber ständig vergleichen, um sich ihrer Gleichheit zu versichern. Um nicht übervorteilt zu werden, muss man sich nicht nur auf gemeinsame Maßstäbe einigen, die Leistung messen und kontrollieren, sondern auch ständig beobachtend taxieren. Gleichheit zu sichern ist eine anstrengende Aufgabe.

Diese vergleichenden Beobachtungen gehen mit dem Anlegen von Schuld- und Verdienstkonten einher und mit der Anhäufung von Ansprüchen und Anrechten. Beides kann im Laufe der Zeit ein unüberschaubares, nicht mehr tragbares Maß annehmen. Die vergleichende Beobachtung kann dazu führen, dass sich ein weiteres Gefühl mit destruktiven Konsequenzen für die Ehe entwickelt: der Neid.

Das kleinste Privileg, das wir beim Partner registrieren,

wird automatisch zum eigenen Nachteil. Eine gute Methode, einander spinnefeind zu werden.

Neid in der Ehe ist ein negatives, meist sehr stabiles Gefühl, das dem Partner einen als positiv bewerteten Besitz, Erfolg oder Vorteil verübelt.[40] Der Neid spornt nicht an. Er ist passiv nach außen und verzehrend nach innen. Er gibt keine Kraft, sondern raubt sie. Ehepartner, die im Neid gefangen sind, machen eine Gleichung auf, in welcher der Gewinn des anderen der eigene Verlust ist. Es ist das Glück, das man dem anderen missgönnt und worüber man selbst Unglück empfindet. Es ist ein existentielles Gefühl eigener Minderwertigkeit und Wertlosigkeit. Deshalb ist der Neid zuallererst ein Leiden am eigenen Mangel, ein schmerzhaftes Bewusstsein eigener Unzulänglichkeit. Selbstverachtung verbindet sich mit dem Ohnmachtsgefühl, das, was der Partner hat, nie erreichen zu können.

Um uns mit jemandem vergleichen zu können, müssen wir allerdings Vergleichbarkeit voraussetzen. Deshalb gedeiht der Neid vor allem im Nahfeld, es ist der Nachbar, der Freund oder der erfolgreiche Kollege, und, im Endstadium einer misslungenen Ehe, der Ehepartner, der beneidet wird.

Der Neid verbündet sich leicht mit der Rache. Denn im Ziel sind sich beide einig: Das Ziel heißt Gleichheit. Der Neid will nicht unbedingt etwas gewinnen, sondern sehen, wie der Partner verliert, koste es, was es wolle. Er nimmt daher den eigenen Verlust billigend in Kauf. Die Rache ist die Fortsetzung des Neids mit anderen Mitteln. Eine Zwischenetappe kann die Verstärkung des Neids durch das Gefühl des Hasses sein. Auf diese Weise kann man sich seiner vielleicht noch vorhandenen Handlungshemmung entledigen und sich gleichzeitig ein gutes Gewissen verschaffen. Derjenige, der hasst, fühlt sich absolut berechtigt, so zu denken, wie er denkt, so zu fühlen, wie er fühlt, so zu handeln, wie er handelt.

Doch machen wir uns klar: Die Erfahrung von Ungerechtigkeit, Ungleichgewicht, Unrecht ist nicht nur im Leben, sondern auch und besonders in einer intimen Beziehungsform wie der Ehe, besonders wenn sie länger andauert, unvermeidlich. Der Wunsch nach Gerechtigkeit, so verständlich er ist, lässt uns aber immer wieder erstaunt, bisweilen ungläubig, vor dem Unvermeidlichen stehen und verleitet uns häufig, unvernünftige Schlussfolgerungen zu ziehen oder unvernünftige Maßnahmen zu ergreifen.

Die Frage nach Gerechtigkeit und Ungerechtigkeit in einer Ehe ist aufs Engste mit der Frage der Verantwortung verknüpft. Für jedes innerlich erlebte Drama wird ein Verantwortlicher gefunden. Seltener erklärt man sich selbst für sein eigenes Unglück verantwortlich. Dann wäre man selbst ja schuld. Häufiger wird dagegen die Verantwortung beim Partner gesucht. Offenbar grämen wir uns weniger, wenn wir einen Schuldigen finden, vor allem in einer Zeit, in der Sündenböcke versichert sind.

Als gerecht oder ungerecht kann nur gelten, was in der Verantwortung eines Menschen liegt. Die Idee der »natürlichen« Ungerechtigkeit gilt in unseren Tagen wenig. Doch selbst, wenn uns diese Vorstellung noch nicht fremd ist, hegen wir die Hoffnung, dass es in der Welt auf lange Sicht gerecht zugehen möge. Gleichgültig, ob nun ein gerechter Gott oder ein gerechtes Schicksal dafür sorgen wird. Immer treibt uns dann die Hoffnung an, dass moralisch wertvolle Anstrengungen im Laufe der Zeit belohnt und moralisch schlechte Taten oder Personen bestraft werden.

Die gerechten Ehekriege

Damit sind wir beim letzten noch ausstehenden Symbol von Justitia angekommen, dem Schwert. Es steht für die Macht, dank deren die Gerechtigkeit wiederhergestellt wird. Der Schuldige soll bestraft bzw. der Unschuldige beschützt werden. Im übertragenen Sinn steht das Schwert für die »gerechten Kriege« im Ehealltag, für die ehelichen Vergeltungsschläge, die aus dem Geiste der Gerechtigkeit geboren werden.

Die Vernunftehe tut gut daran, die Vorstellung der Gerechtigkeit und Gleichheit skeptisch zu betrachten und sich gleichzeitig nach vernünftigeren Strategien umzuschauen als nach solchen, die Neid, Hass und Rache zu ihren Sachwaltern machen.

Die Ressource der Liebe kann auch hier eine vernünftige Alternative sein, denn sie ist der Geist, der – man muss schon sagen großzügig – auf Gerechtigkeit verzichtet, sie überwältigt und ist freiwillige Unterwerfung. Nicht Gerechtigkeit und Gleichheit wird in einer Liebesbeziehung erwartet. Vielleicht wird in einer Liebesbeziehung Gnade gewährt, wenn man sich liebend bedingungslos in die Hand des Geliebten gibt.

Die vernünftige Alternative zur Illusion der Gleichheit und Gerechtigkeit, zu Ausgleichprozeduren wie Rückzahlung und Rache ist aber vor allem die Vergebung. Sie kann ihre Quelle in der Liebe haben, setzt aber diese nicht notwendig voraus. Die erfolgreiche Vernunftehe setzt angesichts der Unvermeidbarkeit von Unrecht, Ungerechtigkeit und Ungleichheit vernünftigerweise sowohl auf die Liebe als auch auf die Vergebung. Darüber mehr im nächsten Kapitel.

5
Warum vergeben vernünftig ist

Im Laufe einer Ehe werden so manche Erwartungen enttäuscht und Ansprüche nicht erfüllt. Das kann als eigene Schuld empfunden werden, weil Einsatz und Anstrengungen oder die eigenen Kompetenzen und Fähigkeiten nicht ausreichten oder weil getroffene Entscheidungen falsch waren. Oder es war der Partner, der uns enttäuscht hat. »Er hat verhindert, dass ich das, was ich wollte, erreicht habe! Mein Partner ist mir etwas schuldig geblieben.«

Die Tragik der offenen Rechnungen

Für diese Enttäuschungen und Kränkungen erwartet man Entschädigung, Ausgleich und Wiedergutmachung. Unabhängig davon, welche Methode des Ausgleichs gewählt wird, von der Vergeltung mit Gleichem *»Du hast mich betrogen, jetzt betrüge ich dich!«* – bis hin zur Rache *»Du hast mich enttäuscht, jetzt musst du büßen«* – keine funktioniert so recht. Aber auch die Selbstbestrafung oder Sühne, mit der die eigene Schuld ausgeglichen oder wiedergutgemacht werden soll, hilft nicht recht weiter. Denn es ist unklar, wie schwer das »Vergehen« wiegt, wie viel in der Münze der Sühne zu bezahlen ist. Wie viel und welche Art von Sühne ist ausreichend, um Schuld zu tilgen oder Unrecht und Leid wiedergutzumachen? Wer oder welche Instanz kann das beurteilen? Es gibt keine feste »Leitwährung«, an der man sich dabei orientieren könnte.

Die Ehe hat ihre eingebaute Tragik in der Tatsache, dass die Verheißung der Gleichheit nicht eingelöst wird. Die Vernunft einer Ehe liegt darin, dass sie diese Tragik aushält. Wie gelingt ihr das? Indem der Anspruch auf Gerechtigkeit und gerechten Ausgleich dort, wo er sich nicht erfüllt, aufgegeben und stattdessen versucht wird, mit der unvermeidlichen Ungerechtigkeit und der Ungleichheit zu leben. Das kann gelingen, indem auf ein etwas altmodisch erscheinendes Verfahren zurückgegriffen wird: auf die Vergebung. Man vergibt sich nichts, wenn man vergibt. Wer vergibt, verzichtet auf Ansprüche, die durch die Gerechtigkeitsillusion der Partnerschaft entstanden sind.

Die Freiheit des Verzichts

Die erfolgreiche Ehe entsteht nicht so sehr durch Versuche des Ausgleichs als vielmehr dank der Möglichkeiten der Vergebung. Die Erfahrung, dass die Möglichkeiten der Linderung oder gar der Ausmerzung von Leid im Leben und auch im Eheleben begrenzt sind, kann ein erster Schritt dazu sein. Hat das Versprechen der Gleichheit ein Leiden an der Ungleichheit geradezu heraufbeschworen und hat der Appell an die Brüderlichkeit nicht verhindern können, dass die Enttäuschung über die Ungleichheit gerade nicht zu brüderlichem, sondern zu mörderischem Umgang miteinander geführt hat, so ist nun an den dritten Programmpunkt der Französischen Revolution zu erinnern, die Freiheit.

Die Freiheit ist widersprüchlich.

Sie kann das Leiden an der Ungerechtigkeit und Ungleichheit vergrößern. Denn, weil man frei ist, kann man nun auch noch verantwortlich gemacht werden dafür, dass man nicht in der Lage war, ein Leben ohne Leid zu führen.

Andererseits eröffnet die Freiheit zur Selbstbestimmung und Selbstverantwortung aber auch die Möglichkeit des selbst bestimmten Umgangs mit der unvermeidlichen Ungleichheit und Ungerechtigkeit. Weil wir frei sind, sind wir nicht gefangen darin, auf diese Empfindungen mit Selbstbeschuldigungen oder Fremdanklagen, mit Hass und destruktiven Rachefeldzügen zu reagieren. Um solche freien Formen des Umgangs mit dem Unrecht und dem Unglück geht es beim Vergeben.

Die Vergebung erscheint wie ein Verfahren aus einer Zeit, als religiöse Vergebungsprozeduren noch attraktiv und im Gebrauch waren und die Anrufung einer höheren Macht – *Vergib uns unsere Schuld, wie auch wir vergeben unseren Schuldigern!* – noch selbstverständlich erschien. Aber das Vergeben ist alles andere als selbstverständlich. Spätestens bei den Fragen *Was ist Vergebung*? und *Wie macht man das*? wird das offensichtlich.

Das Vergeben ist eine vernünftige Verfahrensweise, um Ehen erfolgreich werden zu lassen. Es entlastet von den oft vergeblichen und destruktiven Ausgleichs- und Wiedergutmachungsprozeduren. Was aber ist Vergeben, und wie vergibt man?

Was Vergebung nicht ist

- Vergebung ist keine Begnadigung. Begnadigung ist der Verzicht auf die Bestrafung, die aus einer überlegenen Position der Ungleichheit erteilt wird und meist an eine Voraussetzung gebunden ist, an ein Begnadigungsgesuch und an ausreichende Reue und Zerknirschung. Begnadigung wird zu einem Tauschgeschäft und einer Ausgleichsprozedur: Reue gegen Gnade, statt Strafe gegen Schuld.

- Vergeben ist kein Vergessen. Um zu vergeben, muss man sich zunächst erinnern, nämlich an das, was zu vergeben ist, und dann kann man (vielleicht) vergessen.

- Vergeben ist nicht der Sprechakt *»Ich vergebe dir«*. Vergeben ist nicht das Aussprechen von Worten, sondern ein innerer Vorgang beim Vergebenden. Die Vergebung geht denjenigen, dem vergeben wird, nichts an. Er muss weder bestimmte Worte hören, noch von der Vergebung jemals erfahren.

- Vergebung ist nicht Versöhnung: Versöhnung hat seinen althochdeutschen Ursprung in dem Wort Sühne. Vergebung ist der Verzicht auf Sühne. Versöhnung – im Sinne der positiven Veränderung einer Beziehung – kann ein Ergebnis von Vergebung, muss es aber keinesfalls sein.

- Vergeben ist kein Verzeihen: Verzeihen bezieht sich in seiner alltäglich vollzogenen Form auf einen Akt der Höflichkeit und des zivilisierten Umgangs miteinander. Verziehen wird etwas, was für den, der verzeiht, tolerabel ist. Es kann daher ohne allzu viel Aufwand verziehen werden. Vergeben wird dagegen Unverzeihliches. Unverzeihliches ist Unrecht und Ungerechtigkeit, eine Verletzung zentraler Grundregeln und moralischer Überzeugungen. Vergeben bezieht sich auf existentielle Erschütterungen.

- Vergeben ist kein *»klein beigeben«*: Klein beigeben wird als Nachgeben empfunden und geht mit zwiespältigen Empfindungen einher. Es hat den Beigeschmack von vergessen, leugnen, beschönigen oder gar rechtfertigen. Es kann aber auch in der Siegerpose dessen daherkommen, der nachgibt, weil er der Klügere ist. Dadurch wird das Nachgeben des Klügeren zur Einladung für eine nächste Runde des Schlagabtausches um den gerechten Ausgleich. Wer will schon gern der Dümmere sein?

Glaubenskrisen

Die Ausgangssituation für das Vergeben ist die Vorstellung, sich auf dem Schlachtfeld der Ungerechtigkeit zu befinden, erlittenes Unrecht zu empfinden und sich gezwungen zu sehen, zu handeln. Man kann sich dann beleidigt zurückziehen, bis zum bitteren Ende weiterkämpfen oder die weiße Fahne der Kapitulation hissen. Das Vergeben ist Aufgeben, eine bedingungslose Kapitulation. Der Kampf um den Ausgleich wird nicht weitergeführt.

Unverzeihliches Unrecht erzeugt moralische Wunden insofern, als es die Grundlagen des persönlichen Konzepts von Moral, d.h. die Vorstellungen von Recht und Unrecht verletzt und dadurch eine Erschütterung des Selbstverständlichen und des Erwarteten ist. Unverzeihliches Unrecht in einer Ehe erschüttert die persönlichen Prämissen, die man der Beziehung zu seinem Partner zugrunde legt (Liebe, Vertrauen, Berechenbarkeit, Treue, Verlässlichkeit ...). Unverzeihliches Unrecht in einer Ehe ist daher höchstpersönlich und gleichzeitig relativ von Person zu Person. Es ist eine höchstpersönliche Erfahrung, die bei gleichen Erfahrungstatsachen für den einen unverzeihliches Unrecht, für den anderen aber kaum der Rede oder einer Empfindung wert sein kann. Ehen haben nicht nur eine Geschichte, die aus Ereignissen und ihrer Bewertung besteht, sondern sind auch Ausdruck einer Moralgeschichte. Die Ehe ist eine Anhäufung und Verknüpfung von Ereignissen, die mit der Zeit komplexer und gleichzeitig spezifischer werden. Moralgeschichten sind weder richtig noch falsch, sie bestehen aus orientierenden Leitlinien, die angeben, was die Grenzen des akzeptablen Verhaltens sind, was man vom anderen erwarten kann und was man von sich selbst erwartet. Das Moralverständnis, das sich in einer Ehe formt, ist die Voraussetzung für Vertrauen zwischen den Ehepartnern.

Unverzeihliches Unrecht beginnt mit einem Ereignis, das anzeigt, dass ein Partner nicht mehr bereit ist, das zu bestätigen, was bisher als gut oder schlecht galt. Stattdessen tut oder unterlässt er etwas, das die Regeln der Beziehungsmoral verletzt. Ein unverzeihliches Ereignis setzt die gemeinsame Moralgeschichte des Paares außer Kraft.

Wird dies offenbar, ist das Glaubenssystem des verletzten Partners erschüttert. Dies kann in verschiedener Hinsicht geschehen:

- Der Glaube an den Partner ist erschüttert, d.h. die Annahme der Berechenbarkeit und Vorhersagbarkeit des Partners. Besonders empfänglich für diese Art der Erschütterung ist derjenige, der sich seinem Partner anvertraut und einen wesentlichen Teil seiner eigenen Sicherheit daraus bezogen hat, sich beim Partner in Sicherheit zu fühlen – also der hingebungsvoll Vertrauende.
- Der Glaube an sich selbst kann erschüttert sein. Der Gaube daran, die Umstände des eigenen Lebens bestimmen und kontrollieren und dem eigenen Urteil und der eigenen Kompetenz vertrauen zu können. Besonders empfänglich für diese Art der Erschütterung sind Menschen, die sich nicht so sehr auf andere verlassen und stattdessen umso mehr auf sich selbst – also Personen mit großem Selbstvertrauen.
- Der existentielle Glauben ist erschüttert, d.h. der Glaube an Fairness, Gerechtigkeit, Logik und Ordnung, an Vorhersagbarkeit und an das Gute. Besonders empfänglich für diese Art der Erschütterung ist derjenige, der sich die Welt und seine Ehe wie eine mathematische Gleichung vorgestellt hat.

Unverzeihliches Unrecht geht unter die Haut oder direkt ins Herz. Etwas wird beendet: Eine Überzeugung ist zerstört, eine als unendlich begriffene Zukunft oder eine angenehme Vergangenheit. Der Verletzte ist nicht mehr derselbe wie zuvor.

Das unverzeihliche Unrecht erscheint dem Verletzten als Verrat. Doch wird im Grunde nicht eine Person verraten, sondern eine Vorstellung, ein Glaubenssystem, eine zuvor gemeinsam gelebte Moral. Häufig kommt noch etwas Drittes hinzu. Es wird etwas an jemanden anderen verraten. Das ist typischerweise bei einer Affäre der Fall.

Herr und Frau Kilian sind seit acht Jahren verheiratet und kinderlos, obwohl beide gerne Kinder gehabt hätten, sie vielleicht noch etwas mehr als er. Beide haben sich aber damit abgefunden, keine Kinder zu haben, er etwas besser als sie.

Frau Kilian bemerkt seit einigen Monaten Veränderungen an ihrem Mann. Während eines verlängerten Wochenendes, das sie bei ihrer verwitweten, allein lebenden und gesundheitlich angeschlagenen Mutter verbracht hat, ist ihr Mann telefonisch nicht erreichbar. Ihr Misstrauen verstärkt sich, und eines Tages nutzt sie eine Gelegenheit und kontrolliert das Handy ihres Mannes. Sie findet eine ganze Anzahl von SMS mit Verabredungen und zärtlich intimen Dialogen mit einer gewissen Erika. Es vergehen zwei Tage, in denen sie nicht weiß, was sie machen soll, schließlich stellt sie ihren Mann zur Rede. Nach seiner ersten Empörung über die Verletzung seiner Intimsphäre, über völlig verrückte, misstrauische und unangemessene Kontrollen seiner Person und einem ersten Ableugnen, gesteht er eine seit Monaten bestehende Affäre mit Erika. Frau Kilian ist tief verletzt und wütend, hatte sie doch irgendwie noch gehofft, dass sich ihre Befürchtungen als Irrtum oder Missverständnis herausstellen würden. Sie sucht Unterstützung bei Freunden, einem befreundeten Paar, mit dem sie seit vielen Jahren eine enge und vertrauensvolle Freundschaft verbindet. Beim Telefongespräch mit der Freundin erfährt sie zu ihrem Entsetzen, dass auch die Freunde seit längerem von der Affäre ihres Mannes wissen. Die Freundin meint am Telefon, sie sei jetzt richtig erleichtert, dass sie nun nichts mehr verbergen und vorspielen müsse, was Frau Kilian keineswegs erleichtert. Bei diesem Telefongespräch erfährt sie auch, dass ihr Mann das besagte verlängerte Wochenende mit Erika in Rom verbracht hat und die Freunde sich bereit erklärt hatten, bei eventuellen Anfragen anzugeben, dass ihr Mann das Wochenende bei ihnen verbracht habe.

Für Frau Kilian bricht nicht nur eine Welt zusammen, sie hat das Gefühl, sich selbst aufzulösen, sich selbst zu verlieren. In der kommenden Nacht ruft sie den Notarzt, weil sie die Befürchtung hat, verrückt zu werden. Dieser verabreicht ihr eine Beruhigungsspritze, und sie kann zumindest ein paar Stunden schlafen. Wenn sie in den folgenden Nächten überhaupt schlafen kann, hat sie beängstigende Alpträume. Sie hat den Eindruck, alle Welt rede über sie und die Affäre ihres Mannes. Sie ist verzweifelt, weil sie ihre Fähigkeit verloren zu haben scheint, ihre Gedanken, Gefühle und ihr Verhalten kontrollieren zu können. Sie schwankt zwischen gewalttätigen Phantasien bis hin dazu, ihren Mann ermorden zu wollen auf der einen Seite, und klammert sich auf der anderen Seite an ihn, bittend und bettelnd, dass er doch bei ihr bleiben, bzw. Erika aufgeben möge. Kurz: Es ist nichts mehr so, wie es einmal war.

Qualvoll kommt hinzu, dass man von jemandem verletzt worden ist, den man selbst gewählt hat. Unverzeihliches Unrecht durch den Ehepartner ist daher noch zusätzlich von einer Demütigung begleitet. Man ist für sein erlittenes Unrecht selbst mitverantwortlich.

Die Praxis des Vergebens

Das Vergeben kann nicht unmittelbar nach dem Verrat, dem erlittenen Unrecht, der Verletzung des Glaubenssystems stattfinden. Es muss erst eine Zeit der Realisierung der Verletzung vergangen sein und der Versuch stattgefunden haben, sie zu bewältigen.

Das Vergeben ist ein aktiver Prozess, eine Handlung, die entscheidenden Einfluss auf das Erleben haben kann. Vergeben ist ein rationaler Prozess, eine Richtungsänderung in der Art und Weise, wie wir mit uns selbst und dem Partner umgehen. Durch die Vergebung verändert sich der Vergebende. Er hat sich selbst befreit davon, den Partner mit allen weiteren Konsequenzen hassen zu müssen. Er hat sein bisheriges Glaubenssystem verändert oder ein neues Bild darüber entwickelt, wie die Welt, das eigene Leben und die Ehe zu betrachten sind.

Um etwas zu vergeben, muss man um das wissen, was man vergibt. Und man muss um die Bedeutung des Unrechts wissen. Hilfreiche Leitfragen dafür können die folgenden Fragen sein:

- ❒ Welche moralischen Regeln, auf denen die Beziehung basierte, sind verletzt worden?
- ❒ Welche Handlungen des Partners führten zu der Verletzung?
- ❒ Welche Bedeutung hat dieses Unrecht für mich?
- ❒ Was sind die Konsequenzen des Unrechts für mich?

Die Antworten aufzuschreiben kann ein wichtiger und hilfreicher Teil des Vergebens sein. Ein diffuses und konfus machendes Unrechtsgefühl, das sich auf die Seele oder die Brust legt und einem den Atem nehmen kann, wird durch Aufschreiben konkreter und gleichzeitig nach außen – auf das Papier – befördert. Es findet in gewisser Weise ein »Abhusten«, eine »Austreibung« des einengenden Unrechts statt. Der Partner ist in diesen Prozess nicht einbezogen. Er würde ihn durch Verteidigung, Erklärungen, Richtigstellungen und Entschuldigungen stören und die Selbst-Klärung des Verletzten behindern.

Auch die Vergebung ist etwas Höchstpersönliches. Vergeben werden kann nur persönlich erfahrenes Unrecht. Das Unrecht, das anderen widerfährt oder widerfahren ist, kann man nicht vergeben. Es kann weder eine Kollektivschuld noch eine Kollektivvergebung geben.

In einem nächsten Schritt geht es darum, den Verletzer zu beschuldigen. Auch dies ist eine notwendige Bedingung für das Vergeben, denn ohne jemanden zu beschuldigen, kann man natürlich auch niemandem vergeben. In dieser Phase kann es zu einer entscheidenden Entzerrung von demütigender Selbstbeschuldigung und Verantwortungszuschreibung an den anderen kommen, zu einer Trennung und Unterscheidung von Opfer und Täter. Auch dies ist ein wesentlicher Teil des Vergebens.

Bei Geiselnahmen kann man das sogenannte »Stockholm-Syndrom« beobachten, ein psychologisches Phänomen, bei dem es zu einer emotionalen Verstrickung des Opfers mit dem Täter oder Entführer kommt. Geiseln entwickeln oft Sympathie und Verständnis für ihre Entführer und suchen die Schuld für die Geiselsituation bei sich selbst. Ein wesentlicher Teil der Bewältigung dieser traumatisierenden Erfahrung besteht daher in der Entzerrung, in der auch emotionalen Trennung von Opfer und Täter. Eindrücklich beschreibt Jan Philipp Reemtsma, der selbst 1996 als Geisel 33 Tage in einem Keller gefangen gehalten wurde, in seinem Buch »Im Keller« diesen für ihn elementaren Prozess: »Das Ziel dieses Buches (ist), eine mir aufgezwungene Intimität zu zerstören …«[41] Er kommt zu dem Schluss, »… dass dieses so ganz einsehbare und objektiv vernünftige Gefühl der Sympathie mit den Verbrechern nicht das Geringste ist, was sie mir angetan haben. Es ist wie eine Schändung, und der Verlust der Fähigkeit, in eigener Sache hassen zu können, läuft auf eine psychische Deformation hinaus.«[42] Und in einem Interview ergänzt Reemtsma: »In einem so starken Machtgefälle ist das Suchen nach Sympathie eine normale Überlebensstrategie. Nur ist es wichtig, später diese Regung wieder aus der Seele zu entfernen.«[43]

Objektiv betrachtet zeigen sich natürlich markante Unterschiede zwischen einer Geiselnahme und den leidvollen Geschehnissen und Erfahrungen in einer Ehe. Das

Gefühl, existentiell ausgeliefert und traumatisiert zu sein, kann jedoch sehr ähnlich sein. In beiden Fällen bricht eine bisher für sicher gehaltene Welt zusammen und etwas bisher kaum Vorstellbares in das Leben ein, weil bisher für selbstverständlich genommene Moralgesetze verletzt werden.

Mit der persönlichen Beschuldigung, unterstützt durch schriftliches Festhalten dieser Beschuldigungen, wie es auch Reemtsma als Methode der Selbstbefreiung in seinem Buch vorführt, löst aktives Handeln die meist selbstdestruktiven passiven Reflexionen und Grübeleien des Opfers ab. Das Beschuldigen des Täters kann dem Opfer das Gefühl zurückgeben, ein gewisses Maß an Kontrolle über sein eigenes Leben zu haben. Täter und Opfer werden getrennt.

Aber man hat in der Beschuldigungsphase auch mit einer Beschuldigungshemmung zu rechnen. Sie kann verschiedene Ursachen haben: Man möchte sich, in einer Art von Selbstschutz, durch Vermeidung von Beschuldigungen vorbeugend vor Beschuldigung der eigenen Person schützen. Man befürchtet einen Verstoß gegen die Etikette, weil es sich nicht gehört, jemanden zu beschuldigen und nicht nett ist, bis hin zu der Vorstellung, dass Beschuldigung selbst unmoralisch ist, weil niemand das Recht habe, einen anderen zu beschuldigen. Es kann auch die Befürchtung bestehen, durch Beschuldigungen arrogant zu erscheinen.

Herr Vogt erlebte vor längerer Zeit eine tiefe Erschütterung seines Glaubenssystems. Seine Frau hatte eine Affäre mit dem Lehrer eines seiner drei Kinder. Nicht nur die Tatsache dieser Affäre, d.h. die sexuelle Beziehung zwischen seiner Frau und dem Lehrer seines Sohnes hat ihn tief ins Mark getroffen, sondern mindestens ebenso die Feststellung, dass seine Frau einen intimen und intensiven Gesprächskontakt über ihr Familienleben und ihre Ehe mit jemandem hatte, den das alles gar nichts angeht.

Obwohl Herr Vogt selbst angibt, er leide immer noch »wie ein Hund«, hat er eine massive Beißhemmung. Statt seine Frau zu beschuldigen, findet er leichter Worte des Verständnisses für sie: »Ich habe sie ja über viele Jahre alleingelassen mit ihren Sorgen um die Familie und die Kinder. Ich war nur mit mir, dem Job beschäftigt und irgendwie hat sie, wahrscheinlich zu Recht, den Eindruck bekommen, dass ich kein Interesse an ihrem Leben habe.«

Will man all diese Hemmungen auf den Punkt bringen, ist es wohl so, dass sich darin eine Ungewissheit und Unsicherheit ausdrückt, ob man noch immer bedroht ist und sich deshalb nicht unnötig noch weiter in Gefahr bringen sollte, und dass man sich andererseits nicht sicher ist, ob die alten, ehemals gültigen, nun aber verletzten Moralgesetze vielleicht doch weiterhin ihre Gültigkeit haben und deshalb respektiert werden sollten.

In einem weiteren Schritt geht es um die Wiedergewinnung von Handlungsoffensiven und die Stärkung des Opfers, »in eigener Sache« tätig zu werden. Die wichtigste Maßnahme dabei ist es, die Beschuldigungen und die Schuldvorwürfe in Schulden umzuwandeln und zu Ansprüchen zu machen. Ansprüche, die man an den Beschuldigten hat. Es geht also darum, Beschuldigungen in Forderungen zu verwandeln. Die Leitfragen lauten jetzt:

- ❐ Was ist er/sie mir schuldig geblieben?
- ❐ Was sind meine offenen Rechnungen?
- ❐ Was muss mir zurückgezahlt werden?
- ❐ Was sind meine Ansprüche an meinen Partner/meine Partnerin?
- ❐ Was muss geschehen, um den Ausgleich herzustellen?
- ❐ Auf welche Wiedergutmachungsleistungen erhebe ich Anspruch?

Es wird nun ein Schuldenregister angefertigt, ein Katalog der Ansprüche auf ausgleichende Gerechtigkeit und Schuldenausgleich. In der Sprache des Geldes formuliert: die Schuldscheine eines Gläubigers werden ausgestellt.

Hier ein Beispiel für ein solches Schulden- oder Anspruchsregister:

Ich habe den Anspruch darauf,

- ❐ dass du dir etwas einfallen lässt, was mich wieder glücklich macht
- ❐ dass du mein verletztes Vertrauen wiederherstellst
- ❐ dass du dich in Therapie begibst
- ❐ dass du zugibst, dass du schuld bist
- ❐ dass du dich aufrichtig und glaubhaft entschuldigst
- ❐ dass du mir die Sicherheit gibst, dass so etwas nicht wieder vorkommt
- ❐ dass du mir die Sicherheit gibst, dass ich der wichtigste Mensch für dich bin

- ❐ dass du mindestens 2 Stunden am Tag mit mir verbringst
- ❐ dass du auch so Schlimmes durchmachst wie ich
- ❐ dass du mir deine Ehrlichkeit beweist
- ❐ dass du mich dein Handy, deine Post und deinen Terminkalender kontrollieren lässt

Bei der Erstellung dieses Schuldenregisters sollte man sich genügend Zeit nehmen. Es sollte nach Möglichkeit wieder schriftlich verfasst und ständig korrigiert, verbessert, erweitert und präzisiert werden. Dadurch gewinnt das Schuldenregister an Gültigkeit.

Nun sind die Voraussetzungen geschaffen für den nächsten Schritt, den Schritt des eigentlichen Vergebens. Dieser besteht darin, die vorher formulierten Ansprüche auf Schuldenausgleich aufzugeben. Dies kann ein Aufgeben sein, das von außen nicht zu bemerken ist. Es kann aber auch von einem Ritual begleitet sein, indem etwa das schriftlich angefertigte Schuldenregister vernichtet, z.B. verbrannt wird.

Vergeben hat also, es sei hier nochmals darauf hingewiesen, nichts mit der Person zu tun, der man vergibt. Es wird niemandem vergeben, sondern das Vergeben ist ein Aufgeben, eine Entlastung, die der Vergebende an sich selbst vollzieht. Der Vergebende gibt die Ansprüche auf und damit auch die möglicherweise anstrengenden und meistens ergebnislosen Kämpfe um die Einlösung dieser Ansprüche. Insofern muss der Ehepartner nichts davon wissen, dass Vergebung stattgefunden hat. Vergebung ist ein einsamer Prozess, der unter zwei Augen stattfindet.

Die möglichen Folgen des Vergebens

Die Entlastung kann darin bestehen, dass keine Schuld mehr vergolten werden muss. Es ist die Entlastung vom Anspruch auf Entschädigung. Es ist die Entlastung davon, den Verletzer für das Leben des Verletzten verantwortlich zu machen. Es ist aber auch der Verlust der Vorstellung, der Verletzer habe etwas, was der Verletzte will oder braucht. Der Vergebende macht sich durch das Vergeben selbst das Geschenk der Freiheit. Er ist unabhängig vom Täter. Es findet eine Selbstermächtigung statt.

Das Vergeben bewirkt eine Selbst-Veränderung des Vergebenden und seines Glaubenssystems.

Das Glaubenssystem kann bereichert werden um die Erkenntnis, dass Unrecht und Leiden eine immer gegenwärtige Möglichkeit sind und dass auch moralische Vereinbarungen zwischen Menschen und Ehepartnern Leid nicht verhindern können; Menschen lügen, verweigern Informationen, schränken die Freiheit von anderen ein und sind selbstsüchtig. Damit ist zu rechnen. Menschen fügen sich untereinander Leid zu und versauen sich gegenseitig das Leben. Die Herausforderung besteht darin, wie man auf das Leid und Unrecht reagiert, wenn es den eigenen Lebensweg kreuzt.

Durch das Vergeben wird der Blick in eine neue Richtung gelenkt. Nicht mehr zurück, wo die Schuld entstanden ist und wo die Gegenwart und Zukunft der Ausgleichskämpfe von dieser Vergangenheit diktiert ist, sondern nach vorne. Das aber kann Unterschiedliches bedeuten. Es kann bedeuten, dass dem Paar durch das Vergeben ein neuer Anfang und gleichzeitig eine Fortsetzung der Ehe möglich sind. Das Vergeben trägt also in diesem Falle zur Dauer einer Ehe bei.

Das muss aber nicht so sein. Besonders dann, wenn ein längerer Kampf mit vielen Verletzungen stattgefunden hat, ein Krieg um den Ausgleich, um Einlösung der Schuldscheine, dann kann es sein, dass der »gerechte Krieg«, die Rachefeldzüge, die Eskalation von Anklage, Verteidigung und Gegenanklage zu einer zwar intensiven, aber vielleicht auch einzigen und letzten Verbindung des Paares geworden sind. In diesem Falle löst sich durch das Vergeben auch dieses letzte Band auf. Das Vergeben bedeutet dann das endgültige Ende dieser Ehe. Eine mögliche Schlussfolgerung könnte daher lauten: Nicht zu lange mit dem Vergeben warten, zumindest dann, wenn man an der Fortsetzung einer Ehe interessiert ist.

Auf der anderen Seite kann das Vergeben aber auch nicht forciert werden. Als Akt der Freiheit kann es nur freiwillig, d. h. auch nur zu dem für den Vergebenden angemessenen Zeitpunkt geschehen, wenn überhaupt. Der Zeitpunkt kann natürlich nur vom Vergebenden selbst bestimmt werden. Und bei allen vernünftigen Gründen für das Vergeben gibt es auch Bedingungen, die das Vergeben erschweren.

Die Risiken des Vergebens

Frau Zöllner hat vor vielen Jahren eine für sie traumatische Zeit mit ihrem Mann erlebt. Nach mehreren Ehejahren und den Bemühungen, eine Familie zu gründen, war sie endlich schwanger geworden. Gleichzeitig verschlechterte sich die Beziehung zu ihrem Mann, der sich in dieser Zeit in ihren Augen stark veränderte. Obwohl sie sich sehr auf das Kind freute, konnte sie diese Freude nicht mit ihrem Mann teilen. Ihr Mann hatte zu dieser Zeit eine Freundin, die ebenfalls von ihm schwanger wurde, dann jedoch eine Abtreibung vornahm. Er war in dieser Zeit öfter betrunken, beleidigte seine Frau vor Dritten, und es kam wiederholt zu gewaltsamen Auseinandersetzungen. Im Rahmen einer solchen Auseinandersetzung wurde Frau Zöllner von ihrem Mann verletzt und verlor ihr Kind. Beide standen unter Schock. Er gab den Alkohol und seine Freundin auf und wechselte den Arbeitsplatz. Die Ehe wurde fortgeführt, allerdings unter anderen Vorzeichen als zuvor.

Frau Zöllner gibt an, diese Zeit nie verwunden zu haben. Sie hat das Gefühl, ihr Leben und sie selbst seien verkorkst, sie fühlt sich als Opfer und sieht ihren Mann als Täter. Sie hat viel Unterstützung erhalten, von einer Psychotherapeutin und einem verlässlichen Freundeskreis, der sie ebenfalls in ihrer Position bestätigt, dass ihr Mann ihr böse mitgespielt hat. Man versteht zwar nicht so recht, warum sie sich nicht von ihm getrennt habe, ist sich aber einig darin, dass er an ihr etwas wiedergutzumachen hat. Inzwischen hat Frau Zöllner es erreicht, dass ihr Mann zwar zögernd, aber schließlich doch zugestimmt hat, ein Kind zu adoptieren. Glücklich, so scheint es, ist niemand.

Das Vergeben wurde als ein Aspekt der Freiheit beschrieben. Vergeben heißt aber auch aufgeben und damit etwas zu verlieren. Es verursacht Angst, einen zentralen

Bestandteil der eigenen Identität zu verlieren. Besonders dann, wenn man sich lange Zeit als Opfer erlebt hat, kann das Opfersein zu einem festen Bestandteil der Identität geworden sein. Eine Position, die neben Leiderfahrungen auch Gratifikationen bereithält. Mit dem Selbstverständnis, Opfer zu sein, ist man moralisch meist auf der Siegerseite, zumindest auf der besseren Seite als der für das Unrecht verantwortliche Partner. Man verliert also mit dem Vergeben möglicherweise auch das Besondere und Spezifische der eigenen (Leidens)geschichte bzw. befürchtet, dass diese besondere Geschichte des Aufopferns durch das Vergeben entwertet werden könnte. Man fürchtet den Gesichtsverlust, weil man das Vergeben als schambesetzte Kapitulation empfindet. Man fürchtet den Verlust der Idee, über den verletzenden Partner vielleicht doch noch die Kontrolle gewinnen zu können oder ihn vielleicht doch noch dazu zwingen zu können, seine »Schulden« zu bezahlen. Man kann aber auch die neu gewonnene Verantwortlichkeit nach dem Vergeben fürchten – nämlich die gewonnene Freiheit verantwortlich, d.h. richtig zu nutzen und dabei in aller Freiheit selbst schuldig zu werden.

Neben diesen persönlich erlebten Ängsten und Befürchtungen kann es aber auch zu Behinderungen der Vergebung von außen kommen. Die immer weiter um sich greifende Justifizierung privaten Leids, die sehr schnell dazu führen kann, dass das Rechtssystem bemüht wird, ist ja nichts anderes als der Versuch, ausgleichende Gerechtigkeit herzustellen. Leicht kann man dann vom Vergeben, das ja keine Rechtsposition ist, abgelenkt werden.

Und auch die wohlmeinenden Verbündeten und Schlachtenbummler in den Ehekriegen, die zur Durchsetzung von Forderungen ermuntern, können vom Vergeben abhalten.

Verbündete und Schlachtenbummler finden sich sehr schnell ein, wenn der Ehekrieg erst einmal öffentlich geworden ist. Man hört dann vielleicht Sätze wie: »Jetzt kann ich es dir ja sagen. Ich habe von Anfang an meine Bedenken gehabt ... Lass jetzt nur nicht nach, wenn du jetzt nachgibst, hast du für immer verloren ... Es steht dir zu, dass, weil ...« Man will ja den Freunden und hilfreichen Weggefährten keine undankbare Abfuhr erteilen.

Nicht zuletzt ist aber auch einfach die Unkenntnis dessen, was Vergebung ist, ein Hindernis für das Vergeben. Verständlich daher, dass das Vergeben nicht immer gelingt. Es kann sogar nützlich sein, sich eine Alternative zum Vergeben offen zu behalten, so wie es etwa auch Heinrich Heine tut:

»Ich habe die friedlichste Gesinnung. Meine Wünsche sind: eine bescheidene Hütte, ein Strohdach, aber ein gutes Bett, gutes Essen, Milch und Butter, sehr frisch, vor dem Fenster Blumen, vor der Tür einige schöne Bäume, und wenn der liebe Gott mich ganz glücklich machen will, lässt er mich die Freude erleben, dass an diesen Bäumen etwa sechs bis sieben meiner Feinde aufgehängt werden. Mit gerührtem Herzen werde ich ihnen vor ihrem Tode alle Unbill verzeihen, die sie mir im Leben zugefügt – ja, man muss seinen Feinden verzeihen, aber nicht früher, als bis sie gehenkt worden.«[44]

Manche Ehepartner halten sich die Alternativen – Vergeben oder Ansprüche aufrechterhalten – durch eine Art von doppelter Buchführung offen. Es werden zwei oder mehr Schuldscheine angefertigt. Einer wird verbrannt. Ein anderer wird archiviert: Man weiß ja nie, wann man ihn noch einmal brauchen kann!

Sich selbst vergeben

Frau Neumann ist 61 Jahre alt, seit 25 Jahren verheiratet. Mit ihrem Mann, der 67 Jahre alt ist, hat sie zwei erwachsene Kinder. Ihr Sohn ist 24 Jahre alt und Musiker, ihre Tochter 21 Jahre, Studentin der Tiermedizin. Frau Neumann ist Rechtsanwältin, leitet eine Kanzlei und fühlt sich ausgelaugt und ausgebrannt. Die Kanzlei geht gut, sie ist von ihren Mandanten sehr geschätzt, kann, wie sie sagt, aber auch nicht »nein« sagen und übernimmt mehr Mandanten, als sie eigentlich bewältigen kann. Das Ergebnis: Sie hat praktisch keine Freizeit mehr, arbeitet auch am Wochenende, leidet inzwischen an Schlafstörungen, die ihren ausgelaugten Zustand weiter verschärfen. Sie zeigt typische Merkmale eines Burn-out-Syndroms.

Frau Neumann war schon einmal verheiratet, diese Ehe wurde geschieden. Aus ihrer ersten Ehe gibt es eine Tochter, die inzwischen 35 Jahre alt, selbst verheiratet und Mutter zweier Söhne ist. Frau Neumann ist also auch Großmutter. Sie hat aber weder zu dieser Tochter noch zu ihren Enkelkindern irgendeinen Kontakt.

Die Zeit der ersten Ehe ist für Frau Neumann ein dunkles Kapitel ihrer Biographie. Sie beschreibt diese Zeit als eine Zeit, in der sie »Scheiß gebaut und gesündigt habe«, in der sie nur Böses und Verderbliches vollbracht habe.

Sie sei damals dem Alkohol verfallen gewesen und habe unglaubliche Dinge angestellt, nicht nur Gesetzesverfehlungen, sondern moralische Verfehlungen, für die sie sich bis heute noch maßlos schäme. Sie habe ihre erste Ehe auf dem Gewissen, und noch schlimmer, sie habe damals ihre kleine Tochter im Stich gelassen, die in ein Heim und später in eine Pflegefamilie gekommen sei. In diese Scham mischt sich aber eine ganz erhebliche Wut auf ihre eigene Mutter, von der sie sich damals im Stich gelassen fühlte, weil diese sich nicht um ihre kleine Tochter gekümmert hatte.

Die wesentliche Erinnerung an ihren Vater, der Jura studiert hatte, sind die verächtlichen väterlichen Feststellungen, dass eh nichts Gescheites aus seiner einzigen Tochter würde.

Nachdem Frau Neumann vom Alkohol abgelassen, erneut geheiratet und eine neue Familie gegründet hatte, begann sie ein Jurastudium, das sie mit Bravour meisterte. In der Folge hat sie sich ständig weiterqualifiziert und spezialisiert. Sie ist inzwischen Fachanwältin für Familien- und Sozialrecht. Dem Vater, so sagt sie selbst trotzig, habe sie es gezeigt. Sie habe ihm gezeigt, dass sie es doch geschafft habe, dass nämlich doch noch etwas aus ihr geworden ist. Die Wut auf die Mutter ist ungebrochen, obwohl die Mutter inzwischen mehr auf ihre Hilfe angewiesen ist, als sie umgekehrt hoffen könne, Unterstützung von ihr zu bekommen. In Bezug auf ihre beiden Kinder ist ihr keine Anstrengung zu viel, ihnen alle notwendige Unterstützung zu geben. Sie finanziert großzügig das Tiermedizinstudium ihrer Tochter und unterstützt den Sohn, der nur ein geringes Einkommen als

Orchestermusiker an einem kleinen Theater bezieht. Das ist auch ihre Rechtfertigung für ihr immenses Arbeitspensum in der Kanzlei. Sie hat sich geschworen, es auf jeden Fall besser zu machen als ihre eigene Mutter. Sie werde die eigenen Fehler und die ihrer Mutter auf keinen Fall wiederholen. Ihre Kinder sollen nicht das Gleiche erleben wie ihre älteste Tochter. Ihr Mann spielt bei all dem wohl nur eine Nebenrolle, zumindest taucht er in dem Bericht von Frau Neumann nicht auf.

Hier zeigt sich ein zweifaches Schuld- bzw. Beschuldigungsszenario. Da ist zum einen die Beschuldigung der eigenen Mutter, die ihr etwas schuldig geblieben ist, und zum anderen die Selbstbeschuldigung, da Frau Neumann glaubt, sich selbst gegen ihr Glaubenssystem vergangen zu haben.

Die Versuche zur Wiedergutmachung der eigenen Schuld führen sie an die Grenze ihrer Belastungsfähigkeit oder darüber hinaus.

Vergebung kann hier in zweifacher Weise vernünftig sein. Der Mutter zu vergeben kann von der Anstrengung entlasten, Ansprüche einzuklagen sowie von der ständig enttäuschten Hoffnung befreien, die eigenen Ansprüche an die Mutter vielleicht doch noch befriedigt oder eingelöst zu bekommen.

Sich selbst gegenüber gnädig zu sein und sich zu vergeben ermöglicht es, den Kampf gegen das Böse in einem selbst, gegen die eigenen Verfehlungen und begangenen Sünden einzustellen und vor allem die Versuche der Wiedergutmachung.

Das Ergebnis: Frau Neumann hört auf, eine bessere Mutter für die eigenen Kinder sein zu müssen, als die eigene Mutter es in Bezug auf sie selbst war. Sie kann die wahrscheinlich nie ausreichenden Wiedergutmachungsbemühungen an den eigenen Kindern einstellen.

Sich selbst zu vergeben oder gnädig zu sich selbst zu sein heißt nicht, den Blick auf sich selbst zu vermeiden. Wenn man sich vergibt, dann gibt man sowohl die Ansprüche an sich selbst auf, als auch bestimmte Grundüberzeugungen oder zumindest verändert man sie. Grundüberzeugungen darüber wie wir sind: Realistischerweise keine Engel und keine Teufel, stattdessen widersprüchliche menschliche Wesen in einer widersprüchlichen Welt. Dadurch kann der Weg frei werden, sich selbst und dem Partner vernünftig zu begegnen. Denn auch der ist ein so unvollkommenes Wesen wie man selbst.

6
Jede Ehegeschichte ist eine erfundene Geschichte

»Jeder Mensch erfindet sich im Laufe seines Lebens eine Geschichte, die er meist unter Aufwendung von viel Mühe und Leid für seine Biografie hält.« So beschreibt Max Frisch[45] den Menschen als Geschichtenerzähler und Geschichtenerfinder. Menschen erfinden und erzählen aber nicht nur Geschichten, sondern müssen dann auch noch in diesen Geschichten leben. Erzählend wählt man seine Vergangenheit. Dann aber drängt sie sich einem auf und verschlingt einen manchmal sogar.

Ehepaare erfinden sich im Laufe ihres Ehelebens eine Geschichte, die sie für die Biographie ihrer Ehe halten. Das gilt für uns alle. Wir erleben weder in unserem eigenen Leben noch in der Ehe eine »objektive« Geschichte. Vielmehr setzen wir uns aus dem riesigen Erfahrungsstrom, dem wir ausgeliefert sind und den wir niemals auch nur annähernd vollständig erleben oder gar erzählen könnten, unsere erlebte Geschichte zusammen. Wir basteln uns unsere eigene Biographie, indem wir bestimmte Ereignisse ignorieren, andere herausheben und auf unterschiedlichste Weise verbinden. Am Anfang dieser biographischen Bastelarbeit stehen das Auswählen von Erfahrungstatsachen und das Übersehen anderer Erfahrungstatsachen. Dieses Auswählen und Nicht-zur-Kenntnis-Nehmen kann man sich wie das Hineinleuchten mit einem Scheinwerfer ins Dunkle vorstellen. Je nachdem, wohin man den Scheinwerfer lenkt, wird etwas wahrgenommen und bleibt anderes im Dunkel. Alles zu sehen ist nicht möglich. Dieser Scheinwerfer stellt unsere Aufmerksamkeit dar. Je nachdem, worauf wir sie lenken, werden wir anderes wahrnehmen und wird anderes unserer Aufmerksamkeit entgehen.

Diese Arbeit an der eigenen Biographie wird aber nicht ein für alle Mal und für alle Zeiten vollzogen und ist dann abgeschlossen. Die biographischen Bastelarbeiten finden tagtäglich immer wieder aufs Neue statt. Wir leben auf einer Dauerbaustelle des Hauses, das wir für unsere Biographie halten. Das, was wir uns zurechtzimmern, wird nie die unumstößliche Wahrheit, kann aber sinnvoll und nützlich für uns und für ein gelungenes Eheleben sein. Aufgabe unserer selbst verfertigten Ehegeschichten ist es, das Eheleben lebbar zu machen. Ehe-Biographien sind so etwas wie Leitlinien für gegenwärtiges und zukünftiges Handeln, eine Art Drehbuch, an dem sich die beiden Hauptdarsteller des Ehefilms orientieren und nach dem sie leben.

Erinnern und Vergessen

Das wichtigste Instrument für die Bastelarbeit an unseren Biographien ist unser Gedächtnis: Erinnern und Vergessen. Dabei schneidet das Vergessen bei uns meist schlechter ab als das Erinnern. Wer alles vergisst, ist ein Hohlkopf. Wer dagegen über ein hervorragendes Gedächtnis verfügt, sich an alles erinnern kann, der wird beneidet, weil er über einen kostbaren Schatz verfügt.

Es gibt aber auch Erfahrungen, die einen an solchen Bewertungen zweifeln lassen. Leidvolle Erfahrungen zeigen, wie außerordentlich schmerzlich das Sich-erinnern-Müssen und das Nicht-vergessen-Können sein können. Die Erinnerung kann uns dann lähmen und schwächen.

Von sogenannten traumatisierten Patienten weiß man, wie sich plötzlich beunruhigende Erinnerungen aufdrängen, die mit einem intensiven unangenehmen Erleben einhergehen. Demselben Erleben, wie es schon einmal in der ursprünglichen, in der Vergangenheit liegenden, traumatisierenden Situation erfahren wurde. Flashback ist der Fachausdruck für dieses Phänomen. Oft bleiben so noch nach Jahren negative Erinnerungen erhalten. Sie sind so tief ins Gedächtnis eingebrannt, dass man sie nicht mehr loswird, und sie lähmen und schwächen uns. Diese Traumareaktion hatte wahrscheinlich ursprünglich den Sinn, dass sich Gefahrensituationen ins Gedächtnis einbrennen, damit wir uns diesen Situationen nicht wieder aussetzen. Sie sollten also Lernen ermöglichen. Leider haben sie auch den Nachteil, Lernen und neue Erfahrungen zu verhindern.

Frau Salz hatte vor inzwischen mehr als acht Jahren eine länger bestehende heimliche Affäre ihres Mannes entdeckt und war dadurch, wie sie rückblickend beschreibt, in die bisher tiefste Krise ihres Lebens geraten. Sie hatte eine traumatisierende Erfahrung gemacht. Ihr Mann roch damals nach einem bestimmten Parfüm, das seine Freundin benutzte. Sie glaubte auch das Parfum identifiziert zu haben: Secret Obsession von Calvin

Klein. Noch nach all den Jahren hat sie manchmal den Eindruck, ihr Mann rieche wieder nach diesem Parfum. Dann steht die Zeit still: Sie glaubt wieder verrückt zu werden wie damals vor mehr als acht Jahren, ihr Herz rast, ihr wird schwindlig, sie verliert den Boden unter den Füßen und ist gleichzeitig wie gelähmt. Unerträglich ist aber nicht nur diese Erinnerung, die sie nicht loswird, sondern auch die Tatsache, dass sie mit niemandem darüber sprechen kann. Sie schämt sich und befürchtet, für verrückt gehalten zu werden.

Wir müssen aber handlungsfähig bleiben, um zu überleben. Dafür kann sich das Vergessen als ungleich nützlicher erweisen als das Erinnern, ja unverzichtbar sein. Wenn wir bei jedem Schritt, bei jeder Handlung, bei jeder Entscheidung daran denken müssten, was sich in der Zukunft wiederholen könnte, würden wir wohl zugrunde gehen. Wir brauchen also ein ausreichendes Maß an Gedächtnislosigkeit, an Vergesslichkeit, die uns einerseits »geschichtslos« macht und andererseits handlungsfähig hält.

Entlastendes Vergessen und belastendes Erinnern

Das Erinnern und seine verhängnisvollen Folgen sind auch Thema der Erzählung »Das unerbittliche Gedächtnis« von Jorge Luis Borges[46]. Borges beschreibt einen Mann namens Funes, der nach einem Reitunfall das absolute Gedächtnis besitzt und nichts vergessen kann: »Er erinnert sich nicht nur an jedes Blatt jeden Baumes in jedem Wald, sondern auch an jedes einzelne Mal, da er es gesehen oder sich vorgestellt hatte (...). Nicht nur machte es ihm Mühe zu verstehen, dass der Allgemeinbegriff ›Hund‹ so viele Geschöpfe verschiedener Größe und verschiedener Gestalt umfassen soll; es störte ihn auch, dass der Hund von 3 Uhr 14 (im Profil gesehen) denselben Namen führen sollte wie der Hund von 3 Uhr 15 (gesehen von vorn) (...). In der vollgestopften Welt von Funes gibt es nichts als Einzelheiten, fast unmittelbarer Art.«[47] Funes erinnert sich also an jede Einzelheit seines Lebens. Er beschließt daher, jeden seiner Tage auf 70 000 Erinnerungen zu beschränken, die er später mit Ziffern bezeichnen will, um ihnen eine Ordnung zu verleihen. Er gibt das Vorhaben jedoch auf, denn die Mühe wäre nicht nur endlos, sondern auch sinnlos. In der Stunde seines Todes hätte er noch nicht einmal die Einordnung seiner sämtlichen Kindheitserinnerungen zu Ende gebracht. Das Wunder seines Gedächtnisses taugt nicht zu vernünftigem Denken, denn Denken heißt vergleichen, verallgemeinern, abstrahieren und durch Vergessen aussondern. In der vollgestopften Welt des Ireneo Funes gibt es aber nichts als Einzelheiten, und so stirbt er schließlich, erdrückt von seinem unendlichen Gedächtnis.

Dass Vergessen eine Gnade und Erinnerung ein Fluch sein kann, war den Alten selbstverständlich: In der griechischen Mythologie gibt es zwei verschiedene Übergänge ins Jenseits, beide Male wird ein Fluss überschritten. Der Weg über den Fluss Acheron führt in den Hades. Dabei werden alle Erinnerungen an das Diesseits reaktiviert, so dass man in alle Ewigkeit von ihnen verfolgt wird – der Weg führt in die Hölle. Wer hingegen den Fluss Lethe überquert, der gelangt ins Elysium. Während dieser Überfahrt verliert der Mensch sein Gedächtnis und ist bis in alle Ewigkeit von Erinnerungen befreit. So stellten sich die Griechen den Himmel vor.

Das Trinken aus dem Fluss Lethe kann nicht nur ein Heilmittel für ein glückliches Jenseits, sondern auch für das Überleben im Diesseits sein, auch im Diesseits einer Ehe.

Im Laufe einer Ehe fallen so viele Erinnerungen an, dass die Frage der Entsorgung dieser Erinnerungen zu einer entlastenden Überlebensnotwendigkeit werden kann. Zwar ist man einige Zeit in einer Ehe damit beschäftigt, Erfahrungen zu sammeln, damit man etwas zum Erinnern hat, aber es kann dann auch die Zeit geben, wo man diese Erinnerungen wieder vergessen möchte und gar bedauert, dass das Vergessen nicht vollständig gelingt.

So kann die Erinnerung zur Hölle werden. Das Vergessen ist dann vielleicht die Befreiung aus der Hölle. Vielleicht ist das Vergessen sogar das Paradies, in dem wir (vielleicht) schon länger leben und aus dem wir (vielleicht) auch niemals vertrieben werden können. Wohin auch?

Frau Salz berichtet weiter, dass ihr Mann in einer Art von »umfassendem Geständnis« ihr alle Einzelheiten seiner Außenbeziehung geschildert habe. So auch die Orte, an denen er mit seiner Freundin war: Theater, Kinos, Restaurants und auch die Kurzurlaube, die er mit ihr an verschiedenen Orten verbracht hatte. Es ist nun kaum zu vermeiden, dass sie solche Orte auch mit ihrem Mann hin und wieder aufsucht. Es ist ihr aber unmöglich, an diesen »verseuchten Orten« neue oder gar angenehme Erfahrungen zu machen. Sie ist durch die Erinnerung an die Vergangenheit gefesselt. Kürzlich hat sie einen Kurzurlaub in Berlin verhindert, weil dies eine »Reise in eine alptraumähnliche Vergangenheit« gewesen wäre.

Das Schuldgedächtnis

Das Empfinden von Schuld bindet uns meist über die Erinnerung an die Vergangenheit. Verbreitet ist die Vorstellung, dass man sich nur von belastenden Erfahrungen frei machen kann, wenn man sie in der Erinnerung noch einmal durchlebt und durcharbeitet. Auch schreckliche historische Gegebenheiten sollen, so heißt es, durch Erinnern der Verdrängung entzogen werden und mahnend dafür sorgen, dass ähnliche Entwicklungen zukünftig vermieden werden. Genau dies ist aber auch der Sinn der Flashback, nämlich Gefahrensituationen so ins Gedächtnis einzubrennen, dass wir uns diesen Situationen nicht wieder aussetzen und Ähnliches in der Zukunft vermeiden. Sie sollten also Lernen ermöglichen.

Die Vorstellung, durch Erinnerung Zukünftiges vermeiden zu können, ist aber fragwürdig. Der Grundgedanke dabei ist ja der, dass man irgendetwas Nützliches aus der Geschichte, aus der Vergangenheit lernen könne. Das kann man aber natürlich nur, wenn sich bestimmte Dinge immer wieder wiederholen oder konstant bleiben, wenn also Vergangenheit und Zukunft gleich sind. Historisch lassen sich genügend Gegenbeispiele für diesen angeblichen Nutzen des Erinnerns finden, und es kann mit einer gewissen Berechtigung auch die These aufgestellt werden, dass es eine zivilisatorische Errungenschaft ist, das Erinnerungsgebot durch das Gebot, sich nicht zu erinnern, zu ersetzen.[48]

Das dauerhafte Wiedererinnern schuldhafter Erfahrung muss keine Folgeschuld verhindern, sondern ruft diese dadurch oft genug erst hervor. Wiedererinnern, besonders wenn man sich selbst als Opfer erinnert, erzeugt oftmals neben der sich wiederholenden Leiderfahrung auch ein gutes Gewissen. Doch kaum etwas bietet besseren Boden für erneute Ungerechtigkeit und Schuld als ein gutes Gewissen. Das Schlagwort »Niemals vergessen!« – entpuppt sich nämlich allzu oft als militanter Kampfruf, der zur Vergeltung und Rache aufruft. Auch in der Ehe ist das Erinnern an Schuld eine Art von permanentem Gedächtnistraining, durch das etwas ins Gedächtnis eingebrannt wird. Doch die Schuld kettet auch an die Vergangenheit und raubt uns die Handlungsfähigkeit, schränkt die Freiheit, Neues zu beginnen, ein.

Erinnern, vergeben, vergessen

Die Anerkennung von Schuld ist eine Voraussetzung für die Vergebung und für das Vergessen bei denjenigen, die unmittelbar betroffen waren. Die Zuschreibung von Schuld ist, wie im vorigen Kapitel ausgeführt, dann nicht das Ende, sondern eine Stufe in einem Prozess, der mit der Aufhebung der Schuld in der Vergebung endet. Die aufrichtige Anerkennung von Schuld und die Vergebung von Schuld lassen sich nicht fordern oder rechtlich gebieten. Das Vergessen der individuellen Schuld setzt die Erinnerung an das schuldhafte Tun voraus. Hier verbindet sich die Vergebung mit dem Vergessen.

Vergebung setzt Vergessen nicht voraus. Im Gegenteil: Vergebung setzt voraus, dass wir uns an die Tat erinnern, die wir vergeben. Deshalb manifestiert sich Vergebung nicht im Vergessen des Unrechts, sondern vielmehr darin, es bewusst außer Acht lassen zu können. Wir entlasten uns dadurch von Erinnerung, und das Vergessen kann sich einstellen.

Auch im Umgang mit den Erfahrungen in einer Ehe bedarf das Vergessen also des Erinnerns, und Erinnern bedarf des Vergessens. Wie in der alten Geschichte, in der ein Mann jeden Abend sich des Leids, der Mühe und Bitternis des Tages erinnert und all dies auf einem Bogen Papier aufschreibt. Nachdem er es aufgeschrieben hat, fängt er an zu weinen, die Tränen fallen auf das Papier und löschen das Geschriebene auf dem Papier aus, so dass das Papier wieder leer ist und er den neuen Tag beginnen kann, dessen Mühen er am nächsten Abend aufs Neue festhalten, beweinen und loswerden kann.

Erinnert wird, vergessen geschieht

Erinnern oder vergessen ist keine Alternative, beides verbindet sich vielmehr miteinander. Auch wenn das Vergessen nützlich und entlastend ist, kann das Vergessen nicht aktiv vollzogen werden. Wer sagt: *Vergesst! Ich werde das … vergessen!*, verstrickt sich in Paradoxien. Denn was man willentlich zu vergessen sucht, muss natürlich erinnert werden. Die Folge ist, dass das, was man zu vergessen sucht, umso stärker das Denken und Fühlen dominiert und sich noch tiefer in das Gedächtnis eingräbt.

Daher kann nur das Erinnern aktiv vollzogen werden, und über den Umgang mit dem Erinnern kann man versuchen, die Belastungen des Nicht-Vergessens zu erleichtern.

Wie kann das geschehen?

Für den Erfolg einer dauerhaften Ehe kann es nützlich und vernünftig sein, sich an positive Erfahrungen zu erinnern und negative Erfahrungen zu vergessen. Erfolglose Ehen zeichnen sich durch das Gegenteil aus: Negative Erfahrungen werden erinnert und damit festgehalten, die Zeit bleibt an die Vergangenheit gekettet, Rechnungen bleiben offen. Deshalb kann es nicht weitergehen, bis es eines Tages tatsächlich nicht mehr weitergeht. Negative Erfahrungen, die erinnert werden, werden konserviert[49] und vernichten Gegenwart und Zukunft. Diese negativen Erfahrungen sind meist die noch nicht eingelösten Ansprüche, also die Schuldscheine, die auf Einlösung warten – die Kandidaten für das Vergeben. Daher kann man dem Paradox des willentlichen Vergessens entgehen, wenn man den Umweg über das Vergeben wählt. Die Folge des Vergebens kann dann das Verblassen der Erinnerung an das Ausstehende sein, das Vergessen der negativen Erfahrungen. Das Vergeben und das durch Vergeben ermöglichte Vergessen ist meist ein einsamer Vorgang. Ganz anders als wenn man sich an Positives erinnert, das gemeinsam im Erzähltwerden erst seine Wirkung entfalten kann. Es sei noch einmal an Frau Salz erinnert. Sie empfindet nicht nur unerträgliche Erinnerungen, die sie nicht loswird, sondern die Erinnerungen werden noch unerträglicher dadurch, dass sie mit niemandem darüber sprechen kann, da sie sich wegen dieser Erinnerungen schämt und fürchtet, für verrückt gehalten zu werden.

Positive Erfahrung, die erinnert wird, kann dagegen Zukunft und damit Dauer erzeugen. Eine für die meisten Ehepaare positive Erfahrung ist der Moment des sich Kennenlernens, da der Liebesmythos gleichzeitig der Ursprungsmythos der Paarbeziehung und der Ehe ist. Die gemeinsame Erinnerung daran ist kein rückwärts gewandtes Festhalten an Vergangenem, sondern macht im Gegenteil Gegenwart und Zukunft bedeutsam. Dieses Erinnern an Positives entfaltet seine verbindende und Zukunft ermöglichende Funktion im Erzählen, wenn Paare sich erzählend die Erinnerung an den Ursprungsmythos ihrer Paarbeziehung in die Gegenwart hineinholen. Im erinnernden Erzählen nehmen sie Einfluss auf ihre Ehegeschichte.[50] Da Erzählen nur gemeinsam geschehen kann, wird das Erinnern zu einem sozialen Ereignis und damit unmittelbar Teil des Ehelebens.

Dieses Erinnern kann das Vergessen anderer Dinge bewirken. Dieses Phänomen wird als abrufinduziertes Vergessen bezeichnet. Wenn Menschen sich an etwas Bestimmtes erinnern, stärken sie dadurch nicht nur diese Erinnerung, sondern schwächen zugleich auch andere Informationen, die diese Erinnerung stören würden. Bei jedem Versuch, Informationen aus dem Langzeitgedächtnis abzurufen, d. h. sich zu erinnern, werden die abgerufenen Inhalte gestärkt, gleichzeitig aber auch verwandte, potentiell störende Gedächtnisinhalte geschwächt und dadurch Gegenstand verstärkten Vergessens. Das zeigen inzwischen auch neurobiologische Studien.[51] Diese Vergessenseffekte durch Erinnern treten vor allem in positiver Stimmung, nicht aber in negativer Stimmung auf.[52] Durch emotional positives Erinnern lässt sich effektiver vergessen als durch emotional negatives Erinnern. Abrufinduziertes Vergessen spielt in der Ehe eine große Rolle.[53,54]

Die differenzierte Bewertung von Erfahrungen lässt Zukunft und Dauer entstehen, wenn neben den inzwischen sattsam bekannten Schuldkonten auch Verdienstkonten eröffnet werden. Diese Verdienstkonten können positive Erfahrungen sein, die den Scheinwerfer der Aufmerksamkeit in eine andere Richtung des Erfahrungsraums lenken. Es lassen sich andere Ehe-Geschichten erfinden, mit denen man gut, besser und vielleicht auch dauerhafter zusammenleben kann.

Verdienstkonten kann man anlegen, indem man sich fragt: Was haben wir in unserer Ehe richtig gemacht? Wo haben wir uns Verdienste erworben? Verdienste uns selbst gegenüber, aber auch gegenüber dem anderen? Diese Fragen können Suchprozesse auslösen zur Selbsterzeugung von Erinnerungswürdigem. Diese Verdienstscheine sind das, was bleiben kann, auch wenn anderes verlorengeht, nämlich der Anspruch auf Einlösung der Schuldscheine. Schuldscheine sind zum Vergessen (vergeben), Verdienstscheine zum Erinnern (festhalten).

7
Der Verzicht auf das große Glück oder: Die Banalität des Guten

Was würde einem auffallen, wenn man von einem anderen Stern käme und zufällig in eine Hochzeitsfeier hineingeriete? Man würde vielleicht annehmen, einer archaischen rituellen Handlung beizuwohnen, die mit magischen Besprechungsformeln einhergeht. In ihnen wird unablässig das Glück beschworen: Ich wünsche euch viel Glück, herzlichen Glückwunsch, auf eine glückliche Zukunft, auf dass ihr eine glückliche Ehe habt …

Glück scheint für das Unternehmen Ehe von hohem Wert zu sein. Man könnte auf die Idee kommen, dass das einzige Ziel der Ehe darin besteht, glücklich zu sein.

Nur eine glückliche Ehe ist eine gute Ehe?

Eheglück und eine gute Ehe hängen irgendwie eng miteinander zusammen. Beide scheinen identisch zu sein: Die gute Ehe ist die Bedingung des Eheglücks, und das Eheglück macht die gute Ehe aus.

Aber ein weniger naiver Beobachter, der schon einige Hochzeiten und auch die Jahre danach bei diesen Hochzeitspaaren miterlebt hat, weiß mehr. Er weiß, dass zwei Menschen, die eine Ehe eingehen, sich auch zum

Verzweifeln bringen können. Eine der herausragenden Möglichkeiten, Verzweiflung zu erzeugen, besteht darin, dass zwei sich zusammentun und heiraten, um gemeinsam glücklich zu sein. Damit machen sie es sich einfach. Es ist nämlich oft sehr viel leichter, ein Versprechen zu geben, das niemand halten kann, als nur das zu versprechen, was sich halten lässt – auch wenn es manchmal schwerfallen mag. Stattdessen verspricht man sich lieber etwas so Nebensächliches wie das Glück und wird dabei untröstlich unglücklich – zumindest miteinander.

Denn miteinander glücklich zu sein ist nicht leicht, besonders, wenn man ständig aufgefordert wird, seines Glückes Schmied zu sein. Man hat dann aus sich, dem eigenen und auch seinem Eheleben etwas zu machen. Diese Aufforderungen bürdet der Ehe und vor allem den daran beteiligten Ehepaaren die Last der Totalverantwortlichkeit auf. Jedes Scheitern, jedes Misslingen müssen sich Ehepartner dann als eigenes Versagen, als Selbstmanagementfehler anlasten.

Ehepaare stehen aber nicht allein mit ihrer ganzen Glücksverantwortung. Sie sind von Ratgebern und therapeutischen Hilfsangeboten umzingelt, die beharrlich zum Selbstmanagement auffordern. Man fühlt sich geradezu genötigt, am Glück seiner Ehe zu arbeiten. Befolgt man die diversen Ratschläge, läuft man Gefahr, gerade dadurch ein Eheleben zu verfehlen, das dem Menschen angemessen ist. Dabei wird immer wieder vergessen, dass das Leben auch und vor allem geschieht. Es wird nur in Grenzen gestaltet – das Eheleben ohnehin.

Glücklich machen oder Glück haben?

Der Versuch, das Eheglück herzustellen, kann eine an sich gute Ehe scheitern lassen. Auch wenn es für eine Ehe abträglich ist, das Glück zur Zielgröße zu machen, – ein gehöriges Maß an Glück braucht es, damit eine Ehe glücklich wird. Letzteres ist aber ein ganz anderes Glück als das, das man erzwingen will. Es ist sogar das Gegenteil. Wir denken immer gern an das Glück als Ergebnis eigenen Verhaltens oder Tuns und rechnen es uns als persönlichen Verdienst an. Das Glück, das ich meine, ist im Gegensatz dazu so etwas wie der positive Zufall. Es gibt eine unrealistische Unterschätzung des Einflusses von Glück und Zufall auf unser Leben. Wird dagegen die Vorstellung von der Herstellbarkeit des Glücks zur Aufgabe, gar zur selbstverpflichtenden Aufgabe, bekommt man notwendigerweise Probleme. Wir verwechseln dann Fähigkeit und Glück. Hat man nicht das Glück, sich als glücklich zu empfinden, dann hat man stattdessen das Problem, vielleicht besser, das Unglück, versagt zu haben. Man ist aber dann nicht nur für die Erzeugung seines Glücks verantwortlich, sondern bei Nichterreichen des Ziels auch noch schuld am eigenen Unglück. Versager!

Diese Schuld kann sogar noch gesteigert werden. Fühlt man sich nicht nur als Schmied des eigenen Glücks, sondern noch dazu für das Glück des Partners verantwortlich, dann wird man sich auch noch dafür schuldig fühlen, dass man nicht in der Lage war, den Partner glücklich zu machen. Die Steigerungsmöglichkeiten für Schuldgefühle sind fast unbegrenzt.

Mit so vielen Schuldgefühlen belastet, wird man kaum

in der Lage sein, sich vernünftige Fragen zu stellen. Etwa die Frage, ob es tatsächlich vernünftig ist, den eigenen Einfluss auf das Glück so hoch einzuschätzen. Und ob es vernünftig ist, den Einfluss des Zufalls und der Eigengesetzlichkeit, der Eigensinnigkeit des Glücks auf das Eheleben so gering zu veranschlagen. Man ist so sehr mit seinen Schuldgefühlen und seiner Zerknirschung beschäftigt, dass man nicht dazu kommt, sich die Frage zu stellen, ob es vernünftig ist, die Verantwortung für etwas zu übernehmen, das man nicht kontrollieren kann. Und ob es vernünftig ist, etwas zu versprechen, das man nicht halten kann.

Wir sind zwar mehr oder weniger den Launen des Glücks ausgeliefert. Das muss aber nicht bedeuten, dass wir hilflos und passiv ausgeliefert sind. Wir können es vermeiden, uns als Hersteller, Schmiede unseres eigenen und des Glücks anderer zu verkennen. Dadurch hätten wir sogar mehr Möglichkeiten, Energie und Zeit zur Verfügung, uns auf das zu konzentrieren, was wir beeinflussen können, wofür wir also auch die Verantwortung übernehmen können. Wir könnten uns auf die Launen des Glücks vorbereiten. Wir könnten mit dem Unwahrscheinlichen rechnen, so dass wir, wenn wir das Glück auch nicht erzeugen können, dennoch nicht versäumen, es zu bemerken und zu genießen, wenn es sich denn einstellen sollte. Wir könnten eine Überraschungs- und Glückssensibilität entwickeln. Es kann also vernünftig sein, beim Glück zu verweilen, um über einen vernünftigen Umgang mit dem Eheglück nachzudenken.

Beginnen wir beim Begriff selbst. Der Begriff Glück und seine vielseitige Verwendung ist alles andere als eindeutig. Ein paar Beispiele: Glückssache, Glücksspiel, Glückstreffer, Glückspilz waren oder sind einige klassische Gebrauchsweisen des Begriffs Glück. Aber es gibt auch solche Gebrauchsanweisungen, die davon künden, dass man das Glück herstellen kann und soll.

Schaut man sich im aktuellen Buchangebot um, trifft man auf eine unüberschaubare Menge solcher Gebrauchsanleitungen für das Glück: Der Dalai Lama[55] gibt die Regeln des Glücks bekannt. Er klärt uns auf, dass es nicht nur das Recht auf Glück und das Streben nach Glück gibt, sondern auch, dass das Glück durch die Schulung des Geistes zu erreichen ist.

Ein weiterer Buchtitel besagt, dass das Glück kein Zufall ist[56], denn: Glück ist machbar und lernbar. Und das wird auch noch wissenschaftlich untermauert. Auf der Grundlage von Psychoneuroimmunologie, Psychosomatik, Psychologie und Glücksforschung werden dann auch noch praktische Tipps für einen glücklichen Alltag gegeben. Wohl ebenfalls auf wissenschaftlicher Grundlage hat ein anderes Buch gar die Glücksformel[57] entdeckt und kann Antwort geben auf die Frage, wie die guten Gefühle entstehen, denn: Gute Gefühle sind kein Schicksal, man kann und muss sich um sie bemühen. Der Autor zeigt wie und widerlegt ganz nebenbei noch schnell den Irrtum, dass es gesund sei, sich mal auszuweinen oder die Wut herauszulassen. Das Ganze gibt es auch noch praxisnäher. In einem Taschenbuch mit dem Titel »Einfach glücklich«[58] wird gezeigt, wie man das Glück trainieren kann und dass wir aber bisher leider die falschen Übungen dazu gemacht haben. Also, Glücksgefühle bis zum Abwinken. Wir werden mit den zehn besten Methoden[59] bekannt gemacht, um Glücksgefühle bis zum Anschlag zu verspüren. Das Ganze wird kurz und prägnant beschrieben, und die Autorin ist schon so vertraut mit dem Leser, dass dieser geduzt wird: Weißt du, wie es sich anfühlt, wenn du vor Glück am liebsten laut aufschreien möchtest, damit alle Welt davon erfährt? Kannst du dir vorstellen, wie es sich anfühlen würde, wenn du dieses Gefühl jetzt hättest? In diesem Büchlein erfährst du, wie du dein Leben zu einer einzigen Aneinanderreihung wahrhaft glücklicher Momente machen kannst. Auch Tipps zur Verwendung des Buches werden gleich mitgeliefert: Die ideale Geschenkidee. Anstatt irgendwas zu schenken, verschenke doch einfach Glücksgefühle! Wir sehen, auch der andere, etwa der Ehepartner, wird nicht vergessen. Der Glückstrainer[60] klärt auf, wie man bei sich und anderen die guten Gefühle entstehen lässt. Warum man es selbst in der Hand hat – gemeint ist das Glücklichsein –, beantwortet eine andere Anleitung zum Glücklichsein[61], der es bisher als einzigem Buch gelungen ist, dem Glück empirisch auf die Schliche zu kommen. Man will herausgefunden haben, dass das Glücksempfinden zu 50 % genetisch bestimmt ist, zu 10 % durch unsere Lebensumstände und, sage und schreibe, zu 40 % aktiv von uns beeinflusst werden kann. Also, so werden wir aufgefordert, tun wir das doch! Neueste Forschungsergebnisse werden in diesem Buch so aufbereitet, dass man sie praktisch umsetzen kann. Im Zentrum steht ein Navigationssystem, das dem Leser hilft, aus zwölf Glücksaktivitäten seine individuelle Glücksstrategie zusammenzustellen.

Genug davon! Was sich hier zeigt, ist nicht nur die

Mehrdeutigkeit, sondern ein dramatischer Wandel des Glücksbegriffs. Glück kann im Sinne von Fortuna[62] jenes Glück meinen, das sich dem Zufall oder dem Schicksal verdankt und dem Glücklichen ohne eigenes Zutun, unverdient oder unerarbeitet in den Schoß fallen kann. Dann hat man Glück gehabt. Dieses Glück kann man zwar wünschen, aber nicht anstreben oder erzwingen, weder mit Bier noch mit Heroin noch mit Therapie. Man kann allenfalls hoffen, dass man Glück hat.

Von der Willkür des Glücks über das Recht auf Glück zur Pflicht zum Glück

Es ist offensichtlich, dass ein Begriffswandel stattgefunden hat, vom Glück des Zufalls zum selbst geschmiedeten Glück. Diese Entwicklung lässt sich nur verstehen vor dem Hintergrund des kulturellen Wandels, der auch unsere Vorstellungen und Empfindungen über das Glück in der Ehe maßgeblich beeinflusst.

Mit der Aufklärung und dem damit einhergehenden politischen und kulturellen Wandel wird das Glück überhaupt erst zu einem bedeutsamen, ja zentralen Phänomen des Lebensvollzugs und ein Lebensziel. Erwarteten die Menschen des Mittelalters das Glück, wenn überhaupt, dann allenfalls im Jenseits, so wurde von nun an auf das Diesseits gesetzt, auch beim Glück. Wir haben es also hier mit einem Wandel zu tun, der parallel zu dem der Gleichheits- und Gerechtigkeitsvorstellungen verläuft und später einhergeht mit dem des Gesundheitsbegriffs und der Sexualität.

In der Unabhängigkeitserklärung der Vereinigten Staaten von Amerika aus dem Jahre 1776 findet sich die berühmte Formulierung, dass zu den unveräußerlichen Menschenrechten das Recht auf das Leben, die Freiheit und auf das Streben nach Glück gehört. Das Streben nach Glück hatte den Status eines Rechtsanspruchs erhalten. Und die Welt, das Diesseits und die Lebensgestaltung in dieser Welt, war zu einem Ort geworden, wo man das Glück durch Arbeit und Anstrengungen zu erreichen suchte. Man hatte schließlich das Recht dazu.

Schon bei Immanuel Kant wird wenige Jahre später aus dem Recht auf das Streben nach dem Glück die Pflicht zur Glückseligkeit: »Seine eigene Glückseligkeit zu sichern, ist Pflicht, denn der Mangel an Zufriedenheit mit seinem Zustande, in einem Gedränge von vielen Sorgen und mitten unter unbefriedigten Bedürfnissen, könnte leicht eine große Versuchung zur Übertretung der Pflichten werden.«[63]

Sehr schnell – fast unbemerkt, aber umso nachhaltiger – ist also das Glück von einem Recht zu einem Gebot und damit zur Pflicht geworden. Von einem Geschenk des Zufalls oder des Schicksals ist das Glück zu einem Zustand geworden, den es pflichtschuldigst zu erreichen gilt.

Das Unglücksverbot

Aber diese Verwandlung geht offensichtlich noch weiter. Ist das Recht erst zur Pflicht geworden und damit zu einem Gebot, so wandelt sich das Gebot schließlich – wiederum kaum bemerkt – in ein Verbot. Das Glück, auf das man ein Recht hatte und was zur Pflicht geworden ist, verpflichtete dazu, das, was dem Glück widerspricht, zu unterlassen. Es ist geradezu verboten. Der Widerspruch zum Glück, der skandalöse Einspruch gegen das Glück, ist natürlich das Unglück. Man hatte und hat nun alle Rechte, außer dem, unglücklich zu sein. Unglücklich zu sein ist ein Vergehen. Man könnte fast sagen, unglücklich zu sein ist unmoralisch.

Dies erkannte vielleicht als einer der Ersten der britische Schriftsteller Samuel Butler. Er beschreibt 1872 in seinem utopischen Roman »Erewhon«[64], der aus heutiger Perspektive hell- und weitsichtig erscheint, ein fiktionales Land, in dem Unglück zum Verbrechen geworden ist und Verbrechen, wie beispielsweise Mord, zu Krankheiten erklärt werden, die zu behandeln sind.

Offen bleibt aber bei all diesen Wandlungen des Glücksbegriffs und seines Gebrauchs, was das denn nun eigentlich sein kann, das Glück.

Was aber ist das Glück?

Die Antwort ist nicht leicht, denn die Glücklichen machen kaum ein Aufhebens von ihrem Glück, noch nicht einmal sich selbst gegenüber. Wenn man glücklich ist, merkt man es oft nicht einmal. Anderen fällt es noch eher auf. Die Verborgenheit des Glücks ist das wichtigste Merkmal des Glücks. Dieses Merkmal teilt das Glück – neben einem ähnlichen kulturellen Verwandlungsschicksal – mit der Gesundheit. Man merkt nicht, dass man gesund ist. Man merkt allenfalls, dass man gesund war, wenn man es nicht mehr ist.

Man kann aber – ob es vernünftig ist, ist eine andere Frage – Tag und Nacht an die Gesundheit und an das Glück denken und alles Mögliche tun, um beides herzustellen und zu erhalten. Die Folge ist: ein Heer von Hypochondern, von Gesundheits- und Glücksanbetern, ein Heer von Krankheits- und Unglücksphobikern.

Was dabei auf der Strecke bleibt: Gelassenheit, die Sorglosigkeit und das Vergessen der alltäglichen kleinen Leiden, ja die Selbstvergessenheit, also das, wo sich Zufall und Glück begegnen, um zu beglücken.

Mindestens zwei Aspekte machen die Merkmalslosigkeit des Glücks aus. Der Glückliche vergisst die Zeit. Im Glück bricht Zeitlosigkeit in die Messbarkeit, das Messen und das Erleben der Zeit ein. Nicht umsonst wird dem Protagonisten des Romans »Erewhon« bei seiner Ankunft die Uhr abgenommen, damit er seine Pflicht als Glücklicher besser erfüllen kann. Dem Glücklichen schlägt keine Stunde. Wenn er denn darum bittet, dass der glückliche Augenblick verweile, weil er doch so schön ist, ist er schon wieder innerhalb der Zeit und damit außerhalb seines Glücks. Der Unglückliche ist dagegen ganz und gar in der Zeit. Er bemerkt das Vergehen der Zeit und er hofft auf ein schnelleres Weiterrücken des Uhrzeigers, den er gebannt anstarrt.

Ein zweiter Aspekt des Glücks besteht darin, dass dem Zustand des Glücks das Diktat des Sinns und der Sorge fehlt. Die Glücks-Auszeit ist auch eine Auszeit aus dem Sinn, den man seinen Geschäftigkeiten zu geben versucht, und diese Geschäftigkeit ist es, die uns über die Sorge an die Zeit bindet. Im Glück verflüchtigt sich beides. An die Stelle der Geschäftigkeit tritt Gedankenverlorenheit oder Gedankenversunkenheit, bei Kindern leicht zu beobachten, bei Erwachsenen nur ausnahmsweise.

Niemand kann also jemals sicher sein, wirklich glücklich zu sein, besonders dann, wenn er es ist. Allein wenn man sich danach fragt, kann man sich schon das Glück verderben. Wenn man es hat, sollte man nicht darüber nachdenken oder darüber reden. Aber das tut ja ohnehin kaum jemand, der glücklich ist.

Glücksirrtümer

Aber nicht nur das Fragen nach dem Glück, auch das Jagen nach dem Glück führt in die Irre. Das Glück kommt unerwartet und ungeplant. Es bricht ein oder über dem Glücklichen herein. Darin ist das Glück mit der Liebe bzw. unseren Vorstellungen von ihr verwandt. Beide sind unserem Willen, unserem Wollen und unserem Wünschen entzogen. Sie können nicht erzeugt und nicht kalkuliert werden. Beide teilen das Dilemma, dass sie sich verflüchtigen, wenn man versucht, sie zu erzwingen oder auf Dauer zu behalten.

Zu den verbreiteten unvernünftigen Vorstellungen vom Glück gehört auch die Verwechslung des Glücks mit anderen Phänomenen. Ein weit verbreiteter Irrtum ist die Verwechslung des Glücks mit der Zufriedenheit. Zufriedenheit setzt kein Glück voraus oder ist schon gar nicht mit dem Glück identisch. Ebenso wird Glück mit der Abwesenheit von Unglück verwechselt. Die Abwesenheit von Unglück garantiert keineswegs Glück, sie kann mit Zufriedenheit einhergehen, aber auch mit Langeweile.

Andererseits braucht aber das Glück seinen Gegenpart, das Unglück, und umgekehrt. Beide bilden ein unschlagbares Paar, einen unzertrennlichen Spannungsbogen. Gäbe es diesen nicht, würde das Leben nicht gelebt und vor allem nicht erlebt werden können. Es würde mangels Spannung in sich zusammenbrechen. Beide, das Hochgefühl des Glücks wie der Schmerz des Unglücks, haben trotz ihrer sich ergänzenden Gegensätzlichkeit vieles gemeinsam. Beide gehen mit ähnlich intensiven Gefühlen einher. Man spürt bei beiden, dass man lebt, weil man intensiv erlebt.

Zwischen Glück und Unglück: Die Banalität des Guten

Im Zwischenraum zwischen Glück und Unglück erleben wir die alltägliche Banalität. Dort ist sowohl das Glück als auch das Unglück abwesend. Der größte Teil unseres Ehelebens besteht nicht in der Alternative von Glück und Unglück. Er besteht vor allem aus den großen Zwischenräumen, die angefüllt sind mit Banalem und Alltäglichem, mit Ärgernissen, Sorgen, kleinen Freuden, Erwartungen, Enttäuschungen, Hindernissen und Plänen, kurz: in einem Großteil unseres Ehelebens herrscht die Banalität des Guten.

Die Pflicht zum Glück erzeugt aber noch eine weitere Reihe von Widersprüchen und unerwünschten Nebenwirkungen. Das Ziel, glücklich zu sein und glücklich zu machen, richtet sich auf ein Ziel, das verschwommene

Merkmale oder sogar eher noch die Eigenschaft der Merkmallosigkeit hat. Es kann daher wegen ungenauer Zielbestimmbarkeit nicht erreicht werden und entmutigt alle Anstrengungen. Vor allem, wenn auf diese Weise dem Unglück, dem Schmerz und dem Leid ausgewichen werden soll, sind die Nebenwirkungen beträchtlich. Denn tauchen diese auf, steht man ihnen wehr- und hilflos gegenüber. Das Projekt, Unglück, Schmerz und Trauer und deren Stellenwert im Leben zu vergessen und zu bekämpfen, führt dazu, dass das Unglück einen abnorm prominenten Status bekommt, der mit der Hilfe erneuter Willensanstrengungen, mit einer kleinen Pille oder anderen Korrekturhilfen korrigiert werden muss. Der Traum vom Glück wird zum Alptraum des Unglücks.

Der Terror des Solls lässt das Unglück die Oberhand gewinnen. Das Unglück ist dann alles, was nicht das Glück ist. Wir verlieren den Sinn für die Verhältnismäßigkeit und damit die Fähigkeit, auch das zu ertragen, was uns vom Leben nun einmal zugemutet wird.

Unsere Besessenheit, das Glück zu finden und Schmerz und Trauer zu verbannen, führt zu einem besorgniserregenden Verlust an realem Leben. Insofern ist die Trauungsformel mit den »guten und den schlechten Tagen« eine lebenskluge Formel. Sie versucht, der Widersprüchlichkeit der menschlichen Existenz gerecht zu werden. Sie ist menschlich.

Andernfalls wird das vielfältige Eheleben verkürzt, denn das Eheleben findet immer nur in der Gegenwart statt. Man trennt sich aber vom gegenwärtigen Moment, wenn man das Leben entweder in der Vergangenheit vermutet, vergangenen Glückserfahrungen nachhängend, oder in der Zukunft erwartet, auf zukünftige versprochene Glückserfahrungen hoffend.

So wie ein Mann, der zusammen mit seiner Ehefrau eine Paartherapie aufsucht. Das angebotene Problem: Der Mann ist unglücklich, weil er seine Frau nicht glücklich machen kann. Es gelingt ihm nicht, dass seine Frau beim Sex, den beide mehrmals in der Woche miteinander haben, einen Orgasmus hat. Seine Frau begleitet ihn in die Paartherapie, weil sie ihren Mann nicht länger unglücklich sehen will. Der gemeinsame Sex mit ihrem Mann ist dagegen für sie keinerlei Problem, im Gegenteil: Sie ist sehr zufrieden und empfindet ihre sexuelle Beziehung als befriedigend. Die entlastende Veränderung für beide und ein Ablassen von der unmöglichen Aufgabe, seine Frau glücklich zu machen, stellt sich spätestens dann ein, als er über folgenden Witz herzhaft lacht: Was tut der Mann, damit seine Frau ihren ersten wirklich tollen Orgasmus hat? Antwort: Er passt auf die Kinder auf. Seine Frau lachte übrigens mit.

Mit dem Unglück fertigwerden

Wenn es gelingt, das Unglück zu akzeptieren, werden wir frei von der belastenden Anstrengung, es verborgen zu halten. Dabei ist man dem Unglück keineswegs hilflos ausgeliefert, sondern verfügt über Mittel und Wege, mit ihm fertigzuwerden. Allein eine Paarbeziehung zu haben, kann schon ein solches Mittel sein. Das Mittel der Vergebung ist ein weiterer Weg, mit dem Unglück fertigzuwerden.

Es sollte aber bei all dem nicht vergessen werden, dass die Erfahrung des Unglücks eine Quelle der Bereicherung und Entwicklung sein kann, wahrscheinlich sogar die wichtigste Quelle. Man braucht nur sich selbst oder anderen die folgende Frage zu stellen: Erzählen Sie mir, wie Sie aus Ihren Niederlagen etwas gemacht haben, was für Sie, aber vielleicht auch für andere, einen Sinn ergab!

Mit dem Glück fertigwerden

Nicht glücklich zu sein und sich dennoch dafür nicht schämen oder schuldig fühlen zu müssen kann entlasten. Es kann aber auch entlasten, hin und wieder vielleicht glücklich zu sein, ohne das als eine besondere Leistung ansehen zu müssen.

Das Geheimnis eines erfolgreichen, guten Ehelebens besteht darin, auf das Glück zu pfeifen. Man sollte es nicht versuchen herzustellen, sondern es nehmen, ohne sich zu fragen, ob man es verdient. Man sollte akzeptieren, dass es an ganz gewöhnlichen Tagen plötzlich und überraschend auftaucht und man manchmal sogar mehr davon bekommt, als man sich selbst hat träumen lassen, oder dass es sich auch wieder aus unerklärlichen Gründen davonstiehlt.

Was versprechen?

In vielen Ehen macht man es sich mit den Versprechungen kurzfristig zu leicht und damit langfristig zu schwer.

Wenn man sich das Glück verspricht und sogar verspricht, den Partner glücklich zu machen, verspricht man etwas, was nicht zu halten ist.

Was kann man aber vernünftigerweise beim Heiraten und in einer Ehe versprechen? Beispielsweise, sich sorgfältig zu überlegen, was man dem anderen sagt, besonders dann, wenn man sich über ihn geärgert hat und man zornig auf ihn ist. Man kann sich versprechen, sich lieber selbst auf die Zunge oder in andere Körperteile zu beißen, als sich mit diesen bekannten widerwärtigen, geschmacklosen, hässlichen Worten zu traktieren, von denen man so genau weiß, wie sie den anderen verletzen. Man kann versprechen, sich immer um die Interessen des anderen zu kümmern, egal, ob es sich dabei um Fußball, HipHop, das Fernsehquiz, die deutsche Volksmusik, Kunstgeschichte, Käfer- oder Briefmarkensammlungen oder fernöstliche Philosophie handelt. Man sollte sich auch die wichtige Diskretion des Schweigens und die Freiheit des Andersseins versprechen.

Aber auch für eine erfolgreiche Ehe kann Fortuna, das zufällige Glück, nicht schaden, und deshalb können die Glückwünsche am Beginn dieses Unternehmens doch sehr vernünftig sein.

8
Freunde sollt ihr sein – nur was ist Freundschaft?

Viele Paare wissen, dass Liebe für eine erfolgreiche Ehe notwendig ist. Dass auch Freundschaft zum Gelingen beitragen kann, glauben dagegen nur wenige. Einige denken gar, dass sich Freundschaft, Liebe und Ehe schlecht miteinander vertragen oder gar ausschließen.

Dabei beruht die gute Ehe auch auf dem Talent zur Freundschaft[65], so behauptet zumindest Friedrich Nietzsche und – obwohl selbst eheunerfahren – fügt er hinzu, dass die meisten Ehen seiner Meinung nach an mangelnder Freundschaft scheitern und nicht an mangelnder Liebe.[66] Dann wäre also Freundschaft ein sehr vernünftiger Bestandteil der Ehe. Zumindest scheint es vernünftig, sich diesen Fragen zuzuwenden.

Die meisten Menschen stehen Freundschaften sehr positiv gegenüber. Eine Studie[67] will ermittelt haben, was Menschen in Deutschland für das Wichtigste in ihrem Leben halten. Die etwa 1000 Befragten sollten drei Dinge nennen, die für sie zu einem guten Leben gehören. Die Ergebnisse: Weit abgeschlagen wurde »Zeit« genannt (18 %), aber auch »Sex« (20 %) und »Geld« (21 %). Selbst »Liebe« (35 %) rangiert allenfalls im Mittelfeld und knapp hinter »gutem Essen und Trinken« (36 %), dagegen werden »Freunde« (66 %) ganz vorne platziert und nur noch von »Gesundheit« mit 72 % übertroffen. Freundschaft scheint im Wettstreit sogar mit der Liebe der eindeutige Gewinner zu sein.

Umfrageergebnisse und persönliche Berichte lassen vermuten, dass die meisten Menschen Erfahrungen mit Freundschaften gemacht haben und zwar meist positive Erfahrungen. Käme man zu dem Schluss, dass Freundschaft ein vernünftiges Element einer erfolgreichen Ehe ist, müsste also nichts völlig Neues entwickelt, gelernt, erprobt und geübt werden. Man brauchte sich lediglich daran zu erinnern, was Freundschaft ist, wie man sie lebt und was sie ermöglicht, um sie auch in der Ehe zu leben. Erst bei genauerem Hinsehen stellt sich die Frage, was Freundschaft denn nun tatsächlich sein soll. Der bloße Appell: Freunde sollt ihr sein! wird nicht genügen.

Darum soll es nun gehen. Freundschaft: Was ist sie, was kann sie? Wie kann sie möglicherweise zum Erfolg einer Ehe beitragen? Aristoteles[68] unterscheidet drei Arten von Freundschaften. Die Unterschiede zeigen sich im Hinblick auf die Gründe für Freundschaften und im Hinblick auf Ziele oder Zwecke, die mit dem Mittel der jeweiligen Freundschaft erreicht werden sollen:

Die nützliche Freundschaft
Sie kann schnell geschlossen und auch schnell wieder gelöst werden, abhängig davon, welcher Nutzen erzielt werden soll und wie schnell dieser Nutzen erreicht ist. Es ist möglich, gleichzeitig viele verschiedene nützliche Freundschaften zu unterschiedlichen Freunden zu unterhalten. Man ist mit einem Menschen befreundet, weil er

nützlich ist und aus der Freundschaft ein persönlicher Vorteil zu erwarten ist. Der Freund und die Freundschaft sind Mittel zum Zweck. Der Zweck (der Nutzen) liegt außerhalb der Freundschaft.

Die angenehme Freundschaft
Man ist befreundet, weil die Freundschaft angenehm ist, weil der Umgang mit dem Freund oder der Freundin von angenehmen Gefühlen begleitet ist. Freund, Freundin und Freundschaft sind Mittel zum Zweck. Der Zweck ist die Erzeugung angenehmer Gefühle.

Beide Formen der Freundschaft – die nützliche und die angenehme – haben eine begrenzte Haltbarkeitsdauer. Dann, wenn sich die Eigenschaft des Freundes oder der Freundin verändert, wenn er oder sie nicht mehr angenehm und/oder nützlich ist, hört auch die Freundschaft auf.

Die gute Freundschaft
Hier sind Freundschaft und Freund/Freundin nicht Mittel zum Zweck. Die gute Freundschaft hat ihren Zweck in sich selbst, sie ist Mittel und Zweck zugleich. Die gute Freundschaft braucht Zeit, um zu entstehen und sie braucht Zeit, um sich zu erhalten. Daher kann man nur wenige gute Freundschaften haben, da diese Art von Freundschaft Zeit benötigt, die nicht unbegrenzt zur Verfügung steht. Die gute Freundschaft organisiert sich im praktischen Zusammenleben und ist nicht von der Erfüllung bestimmter Zwecke (Nutzen, Genuss) abhängig. Die Ziele sowohl der nützlichen als auch der angeneh-

men Freundschaft können in der guten Freundschaft mitenthalten sein. Wenn auch eine gute Freundschaft um ihrer selbst willen gewollt und aufrechterhalten wird und nicht zugunsten dieses oder jenes Vorteils, bedeutet das natürlich nicht, dass gute Freunde sich nicht auch nützlich und angenehm sein können. Beides kann willkommene Begleiterscheinung und Auswirkung der guten Freundschaft sein.

Diese aristotelische »gute Freundschaft« ist die Freundschaft, um die es hier gehen soll, weil sie einiges zum Gelingen der Ehe beitragen kann und es daher verdient, genauer beschrieben zu werden.[69]

Beginnen wir am Anfang. Wie entstehen Freundschaften?

Gelegenheit macht Freunde

Zwei begegnen sich in der Schule, beim Sport, ohne sich gesucht zu haben. Ob daraus Freundschaft wird, kann weder beschlossen werden wie eine Ehe, die ja ein Vertragsabschluss ist, noch muss sie hingenommen, erfahren oder erlitten werden wie die Liebe. Wir werden nicht – wie es bei der Liebe der Fall ist – von Freundschaft überwältigt. Zwar kann es den Wunsch nach einer Freundschaft geben, dieser Wunsch kann sogar schnell aufkommen, die Freundschaft braucht jedoch Zeit, sie kann sich (vielleicht) entwickeln – mit der Zeit.

Am Anfang einer Freundschaft steht die Gelegenheit. Der Schriftsteller Uwe Timm beschreibt in seinem Roman »Der Freund und der Fremde«[70] diese erste Gelegenheit: »Aufgefallen war er mir, als wir zum ersten Mal im

Klassenraum zusammenkamen und unsere Plätze an den Tischen suchten. Lärmende Erwachsene, die nach Jahren der Berufstätigkeit wieder Schüler geworden waren. Sechzehn junge Männer und zwei Frauen.«[71] Und Bodo Kirchhoff beschreibt in seinem »Freundschaftsroman« mit dem Titel »Eros und Asche«[72] die erste Begegnung mit dem späteren Freund im Internat: »Unsere erste Begegnung war an einem offenen Fenster, dritter Stock, ich hatte etwas kühn auf der Kante gesessen, schon im Schlafanzug, und zum Sportplatz hinter dem Schlossheim geschaut, zu dieser Stunde am Anreisetag nach den Osterferien – einst der Beginn des Schuljahres –, im letzten Licht, und er kam zur Tür herein.«[73]

Aber es braucht nicht nur die Gelegenheit, sondern es braucht etwas über die Gelegenheit hinaus, ein gemeinsames Interesse. Ein gemeinsames Interesse durch das dann Interesse am anderen und an der Freundschaft mit dem anderen und an gemeinsamem Tun entsteht. Bei Kirchhoff ist es das gemeinsame Zigarettenrauchen und die Musik. Bei Uwe Timm ist es das Lesen und Schreiben: »Unsere Freundschaft begann als Gespräch über Literatur (...) Nach einem kurzen Zögern zeigte er mir das kleine Notizbuch. Ich schreibe. Und was? Für mich. Auch ich schrieb für mich. So begann es, dass wir einander unser Geschriebenes zeigten und er mein erster Leser wurde.«[74]

Wie kann es dann mit der Freundschaft weitergehen? Es entsteht bald eine gegenseitige freundschaftliche Verpflichtung. Nicht nur dem Freund beizustehen, ihn zu unterstützen und ihm zu helfen gehört dazu, sondern auch ihn zu kritisieren, zurechtzuweisen und zu ermahnen. Ein Rat oder eine Meinung, erwünscht oder unerwünscht, wird nicht verweigert und zwar unabhängig davon, welche Konsequenzen sich daraus ergeben könnten. Zur Freundschaft gehört der freundschaftliche Konflikt.

Freundschaft verlangt Taten

Wohlwollen dem Freund, der Freundin gegenüber ist zwar notwendig und auch angenehm, aber Wohlwollen allein reicht nicht aus. Mit jemandem in Freundschaft leben, heißt, die Freundschaft zu praktizieren. Wäre es anders, dann käme jede Freundschaft, sobald sie einen Zweck erfüllt hat, auch zu einem Ende, ebenso wie das fertig gestellte Haus dem Hausbau ein Ende setzt: Haus fertig! Freundschaft fertig!

Wird die Freundschaft nicht gepflegt, kümmert man sich nicht praktisch und konkret um den anderen, geht sie verloren. Wir suchen in der Freundschaft Zuverlässigkeit und Beständigkeit, und das nicht nur in schönen Worten oder freundschaftlichen Gedanken, sondern auch und vor allem in Taten!

Die beiden erwähnten Romane über die Freundschaft sind auch zwei Dokumente des Scheiterns von Freundschaft, weil genau dieses Kernstück der Freundschaft – das freundschaftliche Tun – langfristig nicht stattgefunden hat.

Geschenke erhalten die Freundschaft

Freundschaft kann nicht erzwungen, nur erworben werden. Das will heißen, wir müssen um sie werben. Die wichtigste Werbung besteht darin, sich der Freundschaft wert zu erweisen. Dazu gehört die Bereitschaft zu geben. Das freundschaftliche Geben rechnet nicht mit einer Gegengabe, schielt nicht danach, ob sich die Investition lohnt.

»Das Staunen darüber, wie Nähe jedes Mal erobert werden muss und sich nicht schenkt oder gegenschenkt ... nicht das ökonomische Knausern, um den Wert zu steigern, sondern wer kann von sich am meisten geben, wer bleibt der Beschenkte, ein Wettbewerb in Zuwendung.«[75]

Freundschaftliches Schenken ist jedoch nicht beliebig, sondern aufmerksam für den beschenkten Freund. Es bezieht sich auf den Beschenkten. Ziel des Schenkens ist das Wohlergehen des Freundes oder der Freundin. Beim Schenken den Beschenkten im Auge zu haben kann bedeuten, die eigenen Vorstellungen über ein Geschenk in den Hintergrund zu stellen. Die Eigenständigkeit und Andersartigkeit des Freundes, der Freundin und deren Vorlieben sind kein Problem oder gar eine Bedrohung. Freundschaft ist die gegenseitige Anerkennung der persönlichen Freiheit und Andersartigkeit des Freundes.

Unverbindliche Freundlichkeit reicht nicht

Freundschaft besteht auch in der Kunst der Balance zwischen Autonomie und Verbundenheit der Freunde. Wird das Freundschaftsband zu fest gezurrt, geraten Freundschaften zu strengen Verbindlichkeiten, zu Zwangsveranstaltungen, denen man so oft wie möglich aus dem Weg gehen möchte. Wird die Freundschaftsbindung dagegen zu sehr gelockert, verblasst die Freundschaft zu unverbindlicher Freundlichkeit und führt lediglich zu einem zivilisierten und höflichen Umgang miteinander.

Ungehalten heißt es daher in einem Briefroman[76] bei der unglücklich liebenden und eine gute Freundschaft vermissenden Briefschreiberin: »Sie schreiben, wir können doch Freunde bleiben oder werden! (...) Wissen Sie denn, was Freundschaft ist? Glauben Sie, es sei ein laueres Gefühl, das sich mit den Resten und den kleinen Diensten begnügt, die einander zu erweisen man nicht vermeiden kann? Freundschaft, so glaube ich, ist eine Liebe, die stärker und ausschließlicher ist (...) doch weniger marktschreierisch.«[77]

Und sie schreibt weiter, was sie nicht darunter versteht: »Unsere Freundschaft wird in Zukunft etwas sehr Hübsches sein; wir werden uns Ansichtskarten von unseren Reisen und zu Neujahr Pralinen schicken. Wir werden uns gegenseitig besuchen (...) wir werden vorgeben zu sein, was wir zu sein glauben, und nicht, was wir sind; wir werden einander oft ›Danke‹ und ›Verzeihen Sie‹ sagen, freundliche Worte, die man so dahinsagt. Wir werden Freunde sein. Glauben Sie, dass das nötig ist?«[78], aber: »Von einem Freund muss ich viel verlangen können, ohne je fürchten zu müssen, ihm zu missfallen. Und eine solche Freundschaft geben Sie mir schon lange nicht mehr.«[79]

Der Mut der Freunde

Die Feigheit vor dem Freund ist einer der Todfeinde der Freundschaft. Freundschaft braucht Mut zum freundschaftlichen Streit. Ein harmonisierendes Ausweichen schwächt oder zerstört die Freundschaft. Allerdings kann der Streit auch zeigen, dass den Freunden das, worüber sie streiten, mehr wert ist als ihre Freundschaft. Das kann dann das Ende der Freundschaft sein oder Anlass, die Freundschaft aufzukündigen.

Aber Freunde müssen sich nicht enthüllen und entblößen. Freundschaft ist keine Veranstaltung permanenter Enträtselung, die sich in ständiger Selbstentblößung und schamloser Selbstinszenierung ergeht oder gar diese vom Freund verlangt.

Mut zum freundschaftlichen Streit ist keineswegs die Inszenierung von Selbstgerechtigkeit. Selbstgerechtigkeit behauptet das alleinige Recht, das alleinige Rechthaben im Verhältnis zu anderen. In der Freundschaft kann es im Gegenteil auch nötig sein, etwas gegen sich selbst gelten zu lassen oder gar gegen sich selbst ins Feld zu führen: »Manchmal kehrt im Verhältnis von uns zu einem anderen Menschen das rechte Gleichgewicht der Freundschaft zurück, wenn wir in unsere eigene Waagschale einige Gran Unrecht legen.«[80]

Freunde feiern

Freundschaft ist aber nicht zuletzt selbstverständliches gemeinsames Tun. Vielen Freundschaften hat der Mangel an Gespräch das Aus gebracht. Im Gespräch teilt man sich mit. Für das Gelingen des Gesprächs ist es erforderlich, dass die Beteiligten, wenn etwas unverständlich ist, nachfragen, dass sie sich je nachdem widersprechen oder zustimmen. Das gemeinsame Essen ist Inbegriff des Zusammenseins. Essen, Trinken und sich mit den Freunden zu unterhalten kann ein besonders vergnügliches Tun sein. Feste können die kultischen Höhepunkte der Freundschaft und gleichzeitig Ausdruck gelingender zweckfreier, zuverlässiger und beständiger Freundschaften sein. Freundschaft heißt dann, das entsprechende Erforderliche zu tun, sich dafür die Zeit zu nehmen und den Raum zu schaffen, damit die Freundschaft beständig wird, denn: »… der Höhepunkt, das ist die Dauer.«[81]

Freundschaftsfragen

Um festzustellen, wie es mit der Freundschaft in Ihrer Ehe bestellt ist, können Sie sich folgenden Fragen stellen:

- ❒ Was haben Sie mit einem guten Freund, einer guten Freundin getan oder tun es immer noch?
- ❒ Was davon könnte auch in Ihrer Ehe getan werden?
- ❒ Wie viel Zeit verbringen Sie gemeinsam mit Ihrem

Partner oder Ihrer Partnerin beim Essen, Trinken, Feiern …?

- ❒ Was sind interessierte Fragen, die Sie Ihrem Partner, Ihrer Partnerin stellen könnten?
- ❒ Welche interessierten Fragen könnte Ihr Partner, Ihre Partnerin von Ihnen erwarten?
- ❒ Wann haben Sie das letzte Mal mit Ihrem Partner darüber gesprochen, was ein gutes und schönes Leben sein kann?
- ❒ Was überwiegt in Ihrer Ehe: Der freundschaftliche Konflikt, um etwas gemeinsam zu erreichen, oder die Harmonie um des lieben Friedens willen, um Uneinigkeit zu vermeiden?
- ❒ Wie ist das Verhältnis von wohlwollenden Gedanken zu Wohltaten in Ihrer Ehe?
- ❒ Was sind Wohltaten für Sie?
- ❒ Was sind Wohltaten für Ihren Partner?
- ❒ Was halten Sie von folgendem Satz: Eine schlechte Freundschaft zu beenden ist genauso gut wie um eine gute zu kämpfen?
- ❒ Möchten Sie mit sich selbst befreundet sein?
- ❒ Können Sie Ihre letzte Antwort begründen?
- ❒ Welche Art von Freund oder Freundin möchten Sie für Ihren Partner oder Ihre Partnerin sein, und welche Bedingungen müssen Sie selbst dafür schaffen?

- ❒ Glauben Sie, dass Sie Ihrem Partner oder Ihrer Partnerin bei einer wichtigen Meinungsverschiedenheit eine eigene Meinung zubilligen?
- ❒ Erwarten Sie, dass Ihr Partner oder Ihre Partnerin Sie besser behandelt als Sie ihn?
- ❒ Erwarten Sie, dass Ihr Partner oder Ihre Partnerin Sie besser behandelt als Sie sich selbst?
- ❒ Wenn Sie möchten, dass Ihr Partner oder Ihre Partnerin sich verändert, wissen Sie, was Sie tun oder lassen können, um ihm oder ihr diese Veränderung zu erleichtern?
- ❒ Angenommen Sie müssten Ihrem Partner oder Ihrer Partnerin Ihre Freundschaft beweisen, wie würden Sie das tun?
- ❒ Angenommen Ihr Partner oder Ihre Partnerin müsste Ihnen die Freundschaft beweisen, was müsste er oder sie tun?
- ❒ Was die Beantwortung der letzten beiden Fragen betrifft – kennt Ihr Partner oder Ihre Partnerin Ihre Antworten?
- ❒ Wenn Sie die letzte Frage verneint haben, können Sie sich auch die folgende Frage stellen: Warum haben Sie Ihrem Partner oder Ihrer Partnerin noch nichts davon erzählt?

9
»Bei mir biste scheen« – Warum positive Illusionen in der Ehe vernünftig sind

Illusionen werden als etwas Unwirkliches angesehen und schon gar nicht für vernünftig gehalten. Schaut man sich scheiternde und erfolglose Ehen an, kann man aber zu dem Schluss kommen, dass diesen ein paar rosarote Illusionen eher guttun würden. Auch wenn das aus meinem Munde sehr überraschend klingt – es kann für den Erfolg einer Ehe entscheidend sein, sich einige Illusionen über den Partner zu bewahren oder zu entwickeln. Illusionen können durchaus mit Realismus vereinbar, ja sie können sogar realistisch sein.

Richtig oder falsch?

Wenn wir etwas »realistisch« sehen, gehen wir davon aus, dass wir es ohne Verbrämung nüchtern und vor allem – richtig sehen. Wir wollen uns keine »falschen Illusionen« machen. »Richtig« muss nun aber nicht notwendig nützlich und keineswegs erfolgversprechend sein, wie die folgende Geschichte zeigt:

Zwei Glücksspieler treffen sich in einem Spielcasino an der Bar und kommen miteinander ins Gespräch. Angeregt tauschen sie sich über ihre Spielerfahrungen aus. Einer der beiden hat gerade eine riesige Summe am Roulettetisch gewonnen, und der andere fragt ihn, wie er das gemacht hat. Der Gewinner erklärt: »Ich spiele Plein[82], d. h., ich setze auf eine bestimmte Zahl, das ergibt den höchsten Auszahlungsbetrag. Dann ist es nur noch eine Frage, auf welche Zahl ich setze. Ich habe das so gemacht: Ich habe meinen Geburtstag genommen, ich bin am 7. Februar geboren, und den Geburtstag meiner Frau, sie ist am 4. September geboren, dann habe ich die beiden Geburtstage miteinander multipliziert und hatte schon meine Zahl, auf die ich gesetzt habe, nämlich 29.« Sofort unterbricht ihn aufgeregt der bisher glücklose Spieler: »Also das stimmt doch nicht, das ist doch falsch! Wenn Sie am 7. und Ihre Frau am 4. geboren wurden und sie multiplizieren die beiden Geburtstage miteinander, dann kommt doch nicht 29, sondern 28 heraus!« Ruhig und entspannt erhält er folgende Klarstellung: »Wer hat eben gewonnen, Sie oder ich?«

Richtig zu rechnen, zu sehen und zu urteilen – falls es das überhaupt gibt – muss also in keiner Weise bedeuten, auch das gewünschte Ergebnis zu erzielen. Das scheint für das Glücksspiel, aber mit noch größerer Wahrscheinlichkeit für das Liebes- und Eheleben zu gelten.

Systematische wechselseitige Fehleinschätzungen scheinen nämlich – soweit sie positiv sind – sogar sehr entscheidend für den Erfolg einer Ehe zu sein!

Liebende sehen und zeigen sich zunächst ja von ihrer sogenannten besten Seite. Das heißt aber noch lange nicht, dass sie ein falsches Bild von sich zeichnen oder beim anderen wahrnehmen. Denn auch die beste Seite ist ja ein Teil der jeweiligen Person. Dass dieser Teil nicht die ganze Wirklichkeit ist, werfen sich die beiden später noch oft vor. Erst vor dem Scheidungsrichter glaubt dann mancher zu merken, mit wem er da eigentlich verheiratet war. Endlich, meist zu spät, scheint sich Realismus einzustellen. Die Desillusionierung ist vollkommen und zugleich: eine vollkommen neue Art der Illusion! Denn das Bild des Bösen, das sich vom jeweils anderen im Prozess des Niedergangs einer Ehe und schließlich bei der Scheidung abzeichnet, ist nicht wahrer und wirklicher, also auch nicht realistischer als das Bild der guten Eigenschaften, das ihn in der Phase des Verliebtseins so anziehend gemacht hat. Oder, anders formuliert: Beide Bilder sind falsch. Beide sind Illusionen.

Positive und negative Illusionen

Nur: mit einem falschen positiven Bild lässt sich besser leben als mit einer negativen Illusion. Zumindest lassen sich so viele Studien über Paarbeziehungen verstehen. Sie unterstreichen, welch wichtige Funktion die Erzeugung systematischer wechselseitiger Fehleinschätzungen für die Ehe hat.[83]

Hier kann es dann wiederum sehr vernünftig sein, auf die Liebe zu setzen, die ja die anfängliche Verkennung kinderleicht gemacht hat. Ein wichtiges Instrument positiver Verkennung ist daher die Erinnerung an den Anfang, an den Liebesmythos. Wenn man also einen Ratschlag geben mag, dann den: Entlasten Sie sich von der Last des Realismus, entlasten Sie sich von der Anstrengung, Ihren Partner so zu sehen, wie Sie denken, dass er wirklich ist. Färben Sie sich stattdessen Ihren Partner schön, glauben Sie an die positive Kraft der illusionären Verkennung, an die geschönte Wahrnehmung. Seien Sie realistisch und setzen Sie die rosarote Brille auf. Und vor allem: behalten Sie sie auf!

Realistische positive Illusionen sichern also eher als die Illusion des realistischen Blicks das Überleben der Ehe. Die systematische, wohlwollende Verkennung in einer lang andauernden, als glücklich eingeschätzten Ehe beschreibt eine Ehefrau folgendermaßen: *Als ich zugenommen hatte, hat er gesagt, er mag dicke Frauen. Und als ich wieder abgenommen habe, hat er gesagt, er mag schlanke Frauen. Irgendwann habe ich dann begriffen, dass er mich liebt.*

Positive Illusionen zu haben bedeutet nicht, die Schwächen und Fehler des Partners zu übersehen. Das wäre längerfristig nicht glaubwürdig. Sie geben aber den Fehlern und Schwächen des Partners einen positiven Rahmen. Die Schwächen sind dann nicht mehr Stein des Anstoßes, der eine destruktive Lawine ins Rollen bringt: »Nichts ist liebenswerter als die Schwächen und Fehler: Durch sie dringt man zur Seele des geliebten Menschen vor, der Seele, die sich in dem Wunsch, wie alle anderen zu erscheinen, ständig verbirgt … Diese kleinen Makel möchte man lieber küssen als das Vollkommene, weil sie so arm sind und gerade sie es ausmachen, dass dieses Gesicht nicht das eines anderen ist.«[84]

Ohne die systematische Verkennung erscheint es ganz und gar unvorstellbar, dass die Veränderungen, die sich an und in den Partnern in einer langdauernden Ehe vollziehen, toleriert und ausgehalten werden könnten. Mit

Alterungsprozessen lässt sich nun mal leichter umgehen, wenn wir uns ein paar Illusionen erlauben. Machen Sie sich zum Motto – Ihrem Partner und sich selbst gegenüber: »Bei mir biste scheen.«[85]

Bei mir biste scheen

So klein und dünn wie ich war sonst keiner,
und so naiv in der Klasse nicht einer.
Die andern Jungs in der Klasse waren kräftig und
laut und hatten schon jede Woche 'ne Braut.
Ich war'n Knirps mit Locken und Beene und
dachte, Hauptsache det ick nich weene,
aus mir wird nie wat, hab ich so oft gedacht.

Doch die Mama hat gelacht. Bei mir biste scheen,
die det nich sehn,
die werd'n eines Tages Schlange stehn.
Und wat de heut nich hast, und wat dir heut
nich passt,
det krieg'n wa hin, min Jung, ab morjen früh.
Bei mir biste scheen, dir lass ick so gehn,
ich habe was Schönres nie jesehn.

Ich wuchs zwar später ooch nich ins Breite,
und stand trotzdem nich mehr an der Seite.
Wir warn so jung und so herrlich verrückt und
hatten auch Sorjen und'n ersten Konflikt.
Mann, ham wa tief jelitten, uns heiß vertragen
und noch heißer gestritten.

Ich hab bei dir natürlich viel falsch gemacht,
aba du hast bloß jelacht.
Bei mir biste scheen, dir lass ick nich jehn,
mir könnte keen andrer so verstehn. Und wat de
heut nicht hast,
und wat mir heut nicht passt, det krieg'n wa hin,
mein Schatz bis morjen früh.
Bei mir biste scheen, dir lass ick nicht jehn,
mir könnt kein andrer so verstehn.

Man wird erwachsen und lasst seine Faxen,
man kommt zur Ruhe und
lasst sein Getue, dann ist man wer und macht
schon was her, und dieses und das,
fallt's einem auch schwer. Und komm ich Mitter-
nacht knülle nach Hause,
und mach vor'm Spiegel erschrocken 'ne Pause,
denn möcht'
ich aussehn wie keener aussehen kann, und ick lach
mir trotzdem an.

Bei mir biste scheen, die, die det nich sehn, mit die
würde ich sowieso nich jehn.
und wat de heut nich hast, und wat de heut nicht
passt, det krieg'n wa hin, min Jung,
ab morjen früh. Bei mir biste scheen, ooch abends
nach zehn, ick habe wat Schönret nie jesehn.

Schönheit liegt bekanntermaßen im Auge des Betrachters. Warum sollte das in Ehen also anders sein? In einer Studie[86] wurden Ehepartner nach ihrem eigenen Aussehen und dem ihrer Partner befragt. Es wurden verschiedenste Körperteile bewertet, und die Ergebnisse bestätigen: Schönheit liegt tatsächlich im Auge des jeweiligen Betrachters. Die Partner wurden nämlich sogar für schöner gehalten, als diese sich selbst sahen. Und nicht nur das: Je ausgeprägter die positiven Illusionen, umso zufriedener waren die Paare mit ihrer Beziehung. Dies galt besonders für die Beziehungsqualität älterer Paare, d.h., je älter wir werden, umso wichtiger sind positive Illusionen. Diese ließen sich sogar an der Gehirnaktivität der Untersuchten festmachen.[87] Während sie die Fotos ihrer Partner betrachteten, zeigten die Hirnareale eine erhöhte Aktivität, die mit positiven Emotionen in Verbindung gebracht werden, während die Hirnregionen, die für soziale Bewertungen und kritische Beurteilung zuständig sind, inaktiv blieben. Positive Illusionen machen es uns also nicht nur schwer, unseren Partner kritisch zu sehen, sondern stärken auch unsere Beziehung und machen uns zufriedener mit ihr.

Je positiver man seinen Partner sieht, desto zufriedener ist man also auch mit der Partnerschaft. Positive Illusionen sind so etwas wie ein Filter, durch den negative Eigenschaften und negative Ereignisse abgemildert werden oder gar nicht erst durchdringen. Positive Illusion schützt vor negativer Realität.

Illusionen erzeugen Realität

Positive Illusionen verändern beide Partner. Wenn wir an anderen die guten Seiten sehen, hat das direkte Auswirkungen auch darauf, wie wir uns selbst sehen und fühlen. Es ist ganz einfach angenehm, anzunehmen, man habe den idealen Partner! Andererseits nimmt der Partner mit der Zeit das Bild an, das man sich von ihm macht. Irgendwann glaubt man dann selbst, dass man so schön und großzügig und witzig ist, wie der andere glaubt, und tut alles, um dieses Bild zu bestätigen. Die Illusion kann in der Ehe also auch Realitäten erzeugen. So, wie der Kuss der Prinzessin den Frosch zum Prinzen macht.

Nur, zu weit darf auch die positive Illusion nicht gehen. Absolut Unmögliches kann nicht wahr werden. Der Partner muss in das bestmögliche, aber eben noch mögliche Licht gerückt werden. Dabei gelten für die Partner andere Grenzen als für die übrige Welt. Vergleicht man die Zuschreibung von Stärken und positiven Eigenschaften, die enge Freunde und die Ehepartner vornehmen,[88] so zeigt sich, dass zufriedene Paare mehr Positives an ihren Partnern finden als selbst enge Freunde. Allerdings sehen bei unzufriedenen Paaren die Partner auch mehr Negatives aneinander, als es enge Freunde tun. Paare ziehen also die Grenzen sowohl für positive wie für negative Illusionen weiter als andere. Sie übertreiben, sowohl im Positiven wie im Negativen. Ein Ehemann, der mit seiner Ehe sehr unzufrieden ist, bringt diesen Unterschied auf den Punkt: Auf die Frage, wer denn noch Hoffnung auf eine Verbesserung der Situation haben könnte, antwortet er: *Andere*

Menschen trauen uns gar nicht zu, dass wir so sind wie wir sind, nämlich so furchtbar!

Praktiziert man als Paar die Vernunft der positiven Illusionen und lässt dies andere außerhalb der Paarbeziehung merken, gerät man leicht in Verdacht, äußerst unrealistisch zu sein. Erfolgreiche Ehen sind eben verdächtig!

Negative Illusionen haben aber offensichtlich den gleichen Effekt wie positive Illusionen. Beide Partner verändern sich. Der ins schlechtmöglichste Licht gerückte Partner wird diese Eigenschaften früher oder später annehmen: Negative Illusionen erzeugen eine negative Realität. Der Prinz wird zum Frosch. Negative Illusionen bringen einen destruktiven Teufelskreis in Gang, positive Illusionen das Gegenteil. Wenn es nicht verdächtig romantisch klingen würde, könnte man von einem Engelskreis sprechen, der da in Gang gesetzt wird.

In einer Studie[89] wurden Paare aufgefordert, über negative und positive Beziehungsereignisse Tagebuch zu führen. Einige Zeit später sollten die Paare sich an die Ereignisse erinnern, ohne dabei das Tagebuch zur Hand zu nehmen. Das Resultat: Glückliche Paare gaben mehr positive Ereignisse an als im Tagebuch verzeichnet, beurteilten die negativen Ereignisse dagegen realistisch, d.h. so, wie sie zuvor im Tagebuch dokumentiert wurden. Unglückliche Paare unterschätzten positive Ereignisse und überschätzten negative. Sie sahen ihre Beziehung also durch eine rabenschwarze Brille. Dadurch entsteht ein Teufelskreis. Dies gilt übrigens auch für die Beurteilung länger zurückliegender Ereignisse. Paare, die ihre erste Begegnung und die Zeit, in der sie sich kennenlernten, im

Rückblick sehr negativ bewerten, befinden sich im Teufelskreis negativer Illusionen oder schon auf dem besten Wege zu Trennung und Scheidung.

Vernünftig wählen!

Es ist also offensichtlich, dass positive Illusionen sehr vernünftig sind, will man seine Ehe gelingen lassen. Wir haben die Freiheit der Wahl. Die Wahl, unsere Aufmerksamkeit auf Negatives oder auf Positives, auf Vorzüge und Stärken oder auf die Nachteile und Schwächen unseres Partners zu richten. Wer diese Freiheit der Wahl nutzt, wird sehr schnell und sehr nachhaltige Ergebnisse erzielen, im Guten wie im Schlechten. Wählen Sie also klug!

10
Wer sich nahekommt, kommt sich ins Gehege
Eheliche Kampfkunst und ihre Regeln

Herr und Frau Benz lernen sich bei einem Formel-1-Rennen kennen. Beide »fahren sofort aufeinander ab«. Sie ist mit Freundinnen beim Autorennen, und man campiert an der Rennstrecke, um sowohl das Qualifying als auch das Grand-Prix-Rennen selbst zu erleben. Auf dem Zeltplatz trifft sie auf ihren späteren Ehemann, der ebenfalls mit Freunden dort sein Zelt aufgeschlagen hat. Es ist Hochsommer, man grillt zusammen, und auch der Alkohol fließt reichlich.

Frau Benz ist Kinderkrankenschwester und lebt seit dem Auszug ihres Freundes vor einem halben Jahr allein in ihrer 3-Zimmer-Wohnung. Herr Benz ist bei einer Speditionsfirma beschäftigt und als Fernfahrer in ganz Europa unterwegs. In der letzten Zeit hauptsächlich in Südeuropa. Er liefert Maschinenteile vorwiegend nach Portugal oder Obst aus Portugal nach Deutschland. Er bewohnt ein kleines möbliertes Apartment: »Mehr brauche ich nicht, ich bin ja mehr unterwegs als zu Hause.«

Die beiden wollen sich treffen, wenn er wieder mal »Station macht«. Das geschieht nun immer wieder, eben, wenn er Station macht. Nach einem Dreivierteljahr beschließen beide, zusammenzuziehen und auch zu heiraten. Herr Benz gibt sein Apartment auf und zieht zu seiner Frau. Ist er unterwegs, und das ist er naturgemäß oft und auch immer für längere Zeit, telefonieren beide lange miteinander: »So zärtliche und tolle Telefongespräche habe ich noch mit niemandem geführt«, berichtet die glückliche Ehefrau ihren Kolleginnen in der Kinderklinik. Die Vorfreude auf das seltene Wiedersehen ist bei beiden immer groß, das Zusammensein intensiv, so wie »kurze Traumurlaube«. Herr Benz hat seine zahlreichen lockeren Kontakte zu anderen Frauen aufgegeben, seitdem er seine Ehefrau kennengelernt hat.

Zwei Jahre nach der Hochzeit, eine für beide glückliche Zeit, verändert sich die Auftragslage der Speditionsfirma, für die Herr Benz arbeitet. Es werden Umstrukturierungen notwendig. Herr Benz wird nun als Fahrer im Nahverkehr eingesetzt. Er transportiert unter anderem Baumaterial in einem Radius von etwa 100 km vom Wohnort des Ehepaares. Die Arbeitszeit ist geregelt und berechenbar: Er geht morgens aus dem Haus und ist abends meist nach 17.00 Uhr wieder zu Hause.

Was zuerst als Erleichterung des Zusammenlebens von beiden willkommen geheißen wurde, stellt sich bald als zunehmend schwierig und problematisch dar. Es kommt wiederholt zu teilweise heftigen Auseinandersetzungen zwischen dem Ehepaar. Frau Benz macht Pläne für beide, er ist mit den meisten nicht einverstanden. Er fühlt sich eingeengt und fremdbestimmt, sie unverstanden: »In meiner Fahrerkabine war ich mein eigener Herr, jetzt bin ich nur noch die ferngelenkte Unterhose.« Er spricht wieder öfter und intensiver dem Alkohol zu, um sich »wegzubeamen«. Sie strengt sich noch mehr an, ihm ein schönes Zuhause zu bieten. Nachbarn können lautstarke

Dispute nicht mehr überhören. Es kommt zu gewaltsamen Auseinandersetzungen: Herr Benz zertrümmert einen Schrank, in dem seine Frau Bilder und Geschenke ihrer kleinen Patienten aufbewahrt. Eines Abends kommt er wieder einmal spät und angetrunken nach Hause und wird mit dem Vorwurf konfrontiert, dass er alles kaputtmache. Er kontert, dass er ihren Kinderkram nun wirklich endgültig satt habe. Der Streit eskaliert. Herr Benz sticht in der Küche mit einem Brotmesser auf seine Frau ein und verletzt sie dabei lebensgefährlich. Sie bricht blutend zusammen. Erschrocken ruft er Nachbarn um Hilfe. Seine Frau überlebt die Attacke, Herr Benz wird wegen schwerer Körperverletzung zu viereinhalb Jahren Gefängnis verurteilt. Das Ehepaar wird sofort auf Wunsch der Frau geschieden. Nach einem Jahr schreibt Herr Benz seiner Frau einen langen Brief, in dem er seine Tat bedauert, um Verzeihung bittet und in zärtlichen Worten schildert, wie sehr er sie und die guten Zeiten mit ihr vermisst. Frau Benz ist zunächst hin- und hergerissen, entschließt sich dann aber doch, ihm zu antworten und ihn im Gefängnis zu besuchen. Die Besuche wiederholen sich, werden häufiger und zwischen den Besuchen schreibt man sich Briefe. Inzwischen überlegen beide, nach der Verbüßung der Haftstrafe wieder zusammenzuleben und sogar wieder zu heiraten.

Konflikt, Ärger und der damit meist verbundene Streit sind in einer Ehe nicht zu vermeiden. Das muss kein Problem sein. Es kommt darauf an, was man daraus macht.

Konflikte entstehen nicht wegen ehelicher Uneinigkeit und Zwietracht. Im Gegenteil, sie entstehen vor dem Hintergrund von ehelicher Einheit und Eintracht. Je näher, intimer und vertrauter man mit dem Ehepartner wird, je mehr man ein Herz und eine Seele wird, umso höher ist die Wahrscheinlichkeit für Konflikte. Man streitet sich nämlich meist nur mit jemandem, der einem nahesteht oder (zu) nahekommt.

Was geschieht dabei und wie kann man das, was da geschieht, erklären? Wie kann man unrealistische Anstrengungen zur Konfliktvermeidung vermeiden und die Ehe damit entlasten?

Streit erzeugt eheliche Gemeinschaft, und eheliche Gemeinschaft erzeugt Streit

Je vertrauter wir miteinander werden, umso mehr gehen wir davon aus, dass die Worte, die Gesten, die Handlungen, die Aktionen und Reaktionen des Partners genau so sind, wie wir sie erwarten. Umso enttäuschter sind wir, wenn der andere sich abweichend verhält. Hochsensibel und empfindlich sind wir empfänglich für kleinste Abweichungen von der erwarteten Übereinstimmung. Ärger und Konflikt haben daher in erster Linie mit uns selbst bzw. unseren Erwartungen und unserer Vorstellung von ehelicher Gemeinsamkeit zu tun. Auch für die Verschärfung von Konflikten, für die Eskalation des Streits sind wir zuständig. Nicht andere ärgern uns, sondern wir ärgern uns immer höchstpersönlich selbst.

Doch zurück zu den Abweichungen von der erwarteten Übereinstimmung in Gedanken, Worten und Taten. Diese kleinen Abweichungen sind die berühmtberüchtigten, scheinbar banalen Konfliktanlässe: die falsch ausgedrückte Zahnpastatube; die falsch deponierten Strümpfe; die Position der Klobrille und die falsch oder ungenau platzierte Begrüßung oder Verabschiedung am Morgen, am Abend oder zwischendurch. Die Erfahrungen vieler Paare, die Ergebnisse mikrosoziologischer Studien des ehelichen Alltags[90] und die Klagen, die in den Praxen von Paartherapeuten und Paarberatern vorgebracht werden, sind eine schier endlos erscheinende Sammlung solcher banaler Konfliktanlässe.

Ist man nur ein wenig aufeinander eingestimmt, können schon kleinste Kleinigkeiten Anlass für starke Gefühle und augenblickliche Wesensveränderungen werden. Es finden Verwandlungen statt, die Dr. Jekyll und Mr. Hyde alle Ehre machen würden und Beginn eines »bunten Abends« mit dem Partner – oder sollte man jetzt schon genauer sein: mit dem Gegner? – sein können.

Herr Kaiser schildert eine solche Situation sehr plastisch: »Ich komme nach einem harten Arbeitstag und einigen Überstunden müde und voller Vorfreude auf einen entspannten Feierabend nach Hause. Schon an der Garderobe höre ich die Stimme meiner Frau aus dem Wohnzimmer: ›Na, kommst du endlich auch noch mal nach Hause?!‹ Ihre Stimme, obwohl nicht besonders laut oder schrill, klirrt in meinen Ohren. Kurze Überlegung: Ich könnte mich jetzt auch umdrehen, meinen Mantel wieder anziehen und gehen. Aber was tue ich? Ich betrete mutig das Wohnzimmer. Aber es ist, als habe sich mein Wohnzimmer verändert. Ich sehe es gar nicht mehr richtig, sondern nur das Gesicht meiner Frau. Aber ein seltsames Gesicht. Ist das überhaupt das Gesicht meiner

Frau? Es starrt mich eine hässlich verzerrte Maske an. Das ist auf jeden Fall nicht die Frau, die ich geheiratet habe. Das ist nicht der blonde Engel mit der hellen reinen Pfirsichhaut …«

Merkwürdig, der Partner verwandelt sich in solchen Momenten auf einen Schlag und unsere Gefühle gleich mit.

Man könnte sich an das Capgras-Syndrom[91] erinnert fühlen, bei dem man glaubt, nahe Lebensgefährten seien durch identisch aussehende Doppelgänger ersetzt worden.

Augenblicklich und mit großer Schubkraft katapultiert uns dann die falsche Geste, das falsche Wort, die falsche Handlung oder auch das Ausbleiben der richtigen Geste, des richtigen Wortes, der richtigen Handlung aus der innigen Paarbeziehung hinaus. Wir landen an einem Ort, an dem wir uns gänzlich allein und allein gelassen in unseren eigenen Gewissheiten und Überzeugungen wiederfinden. Dort, wo wir uns selbst sicher sind und wo sich der Partner, der sich ganz woanders befindet, in einen Gegner verwandelt hat. Man spürt wieder einmal, wer man selbst (wirklich!) ist, nämlich der, der sich zu Recht ärgert.

Das Einzigartige, das Besondere, kurz: die (unteilbare) individuelle Person, die wir sind, rivalisiert mit dem geteilten Gemeinsamen, der Einheit und Einigkeit mit dem Partner. Im Ärger und im Konflikt treten wir emotional aus der Einheit der Paarbeziehung heraus. Der Streit erinnert beide Partner daran (und lässt sie herausfinden), was und wer sie selbst auch noch sind, waren oder sein könnten.

Die Sehnsucht nach der ehelichen Gemeinschaft und ihre Erfüllung haben ihren Preis. Dieser besteht im Verlust zumindest eines Teils der persönlichen Freiheit und Autonomie, des Anspruchs auf Selbstbehauptung, Selbstbestimmung und Individualität. Die eheliche Gemeinschaft ist aber nicht ohne den Verlust von Autonomie zu bekommen. Und völlige Autonomie muss auf eheliche Gemeinschaft verzichten. Dieser unlösbare Konflikt muss immer wieder aufs Neue ausbalanciert werden.

Eindrücklich bringt eine 45-jährige Ehefrau diesen Konflikt zur Sprache. Sie hat zwei gescheiterte Ehen hinter sich und beschreibt ihre Biographie als einen »Emanzipationsprozess«, in dem es ihr gelungen sei, sich aus einer abhängigen Position gegenüber ihren beiden Ex-Ehemännern »herauszuarbeiten« und ihre Selbständigkeit als alleinerziehende und berufstätige Mutter wiederzugewinnen und zu sichern. Nun hatte sie sich wieder auf eine eheliche Gemeinschaft eingelassen und damit gleichzeitig auf permanente Streitigkeiten mit ihrem neuen Partner, den sie als »Psychoterroristen« bezeichnet, weil er immer in ihrer Nähe sein und intensive Gemeinschaft mit ihr pflegen wolle. Diese neue Gemeinschaftserfahrung wird von ihr als massiver »terroristischer« Angriff auf ihre mühsam errungene und verteidigte Autonomie gewertet.

Im Ärger der Ehepartner meldet sich dieses Thema des Widerspruchs von Autonomie und Verbundenheit zu Wort. Daher liegen in Konflikten wichtige Möglichkeiten und oft genug auch Lösungen. Konflikte ermöglichen den anspruchsvollen und komplizierten Prozess der Anpassung zweier Individuen und die Erzeugung einer gemeinsamen Welt. Konflikt, Streit und Ärger sind unvermeidliche und gleichzeitig unverzichtbare Instrumente zur Erzeugung und Aufrechterhaltung einer Paarbeziehung. Es wäre daher äußerst unvernünftig, auf diese Instrumente zu verzichten. Ganz abgesehen davon, dass es anstrengend, belastend und unrealistisch sein kann, Konflikt, Ärger und Streit von der Ehe fernhalten zu wollen.

Die Einheit des Paares, eine gemeinsame Kultur der Ehe, wird durch das alltägliche konflikthafte Mit- und Gegeneinander der Partner geschaffen. Die vernünftige Formel dafür heißt: Keine Eintracht ohne Zwietracht, aber auch keine Zwietracht ohne Eintracht.

Meist nehmen Konflikte und Streit im Laufe der Jahre ab. Der Prozess der wechselseitigen Anpassung und der Schaffung einer gemeinsamen Welt ist eine große Herausforderung und besonders komplex und anspruchsvoll in der Anfangsphase einer Ehe. Auch später können sich erneut solche Anpassungserfordernisse stellen. Dann nämlich, wenn sich die bisherigen Aufgaben und Ziele verändern und die Ehepartner sich neu organisieren müssen. Zum Beispiel, wenn die Kinder aus dem Haus sind oder wenn einer oder beide Ehepartner aus dem Berufsleben ausscheiden.

Und selbstverständlich kommt es bei der Beendigung einer Ehe mehr oder weniger regelmäßig zu eskalierenden Konflikten und gelegentlich sogar zu gewaltsamen Auseinandersetzungen. Wenn in der Endphase einer Ehe der Streit überwiegt, kann die Idee entstehen, der Streit sei die Ursache des Scheiterns einer Ehe. Das ist jedoch meist nicht der Fall. Obwohl Paare immer gezwungen sind, im Konflikt miteinander stehende Wünsche und Tendenzen zu balancieren, stellen sich unterschiedliche Herausforderungen im Umgang mit Konflikt und Ärger. So kann es zunächst unvernünftig sein, auf das Instrument des Konfliktes zur Herstellung einer gemeinsamen Welt zu verzichten. Später kann es vernünftig sein, auf den Konflikt und Ärger zu verzichten, will man die gemeinsame Welt nicht gefährden. In der Endphase einer Ehe oder nach der Scheidung können Konflikt und Streit aber auch bedeuten, dass man nicht voneinander loskommt, denn Konflikte verbinden wie kaum etwas anderes.

Zwischen diesen Phasen des Anfangs und des Endes einer Ehe finden die unvermeidlichen Konflikte ihren Platz. Hier wird die eheliche Kampfkunst ausgeübt.

Ärger, Unzufriedenheit, Ekel und die Vernunft der Gefühle

Ärger setzt Energie frei und ist ein Gefühl, das aktiviert. Der Ärger über den »psychoterroristischen« Partner ist ein energisch vorgebrachter Ärger. Die vom Ärger ausgehende Aktivität ist auf den Partner gerichtet: Du bist hier der Psychoterrorist! Ärger ist also ein beziehungsorientiertes Gefühl und ermöglicht eine Aktivität, die auf die Beziehung abzielt. Ärger steht daher für die Beziehungsgestaltung zur Verfügung: Im Guten wie im Schlechten. Ärger ist kein Gefühl, das anzeigt, dass die Bindung an den Partner schwächer geworden ist. Im Gegenteil: Der Ärger beweist geradezu, dass die Beziehung zum Partner stark und hoch bedeutsam ist. Anzuerkennen, dass man sich ärgert, und dies dem Partner auch zu sagen, weist auf eine lebendige Beziehung zwischen den Partnern hin.

Unsere verärgerte Ehefrau verschaffte sich mit einem Kleiderbügel, mit dem sie auf ihren Mann einschlug, den Beziehungsabstand, der für sie im Augenblick erträglich war, um ihre Autonomiebedürfnisse zu sichern, gleichzeitig aber auch die Verbundenheit mit ihrem Mann aufrechterhalten zu können.

Das Schicksal des Ärgers hängt dann vom weiteren Fortgang der Ereignisse ab. Er kann sich sehr schnell auflösen, wenn sich entsprechende Konsequenzen einstellen oder Kompromisse vereinbart werden. Wenn etwa darüber verhandelt wird, welche Aktivitäten als psychoterroristisch zu werten sind und welche nicht. Ärger kann aber auch – meist bei Verzicht auf die entsprechenden Aktivitäten – im Langzeitgedächtnis abgespeichert werden. Der Ärger wird konserviert. Konservierter Ärger verliert nach einer gewissen Lagerungszeit seinen Bezug zum Beziehungsanlass des Ärgers. Er steht dann nicht mehr für den aktiven Austausch in der Paarbeziehung zur Verfügung. Es entsteht ein Erinnerungsspeicher, in dem der Ärger konserviert wird. Auf dem Konto der Unzufriedenheit wächst er an, mit einem hohen Zinssatz mit Zins und Zinseszins. Unsere Ehefrau berichtet, dass sie in ihren beiden gescheiterten früheren Ehen diese Konflikte so nicht ausgetragen hat. Allerdings war das Maß an Unzufriedenheit dort schließlich unerträglich für sie geworden.

Konservierter Ärger wandelt sich zum Gefühl der Unzufriedenheit. Unzufriedenheit ist nun aber ein anderes Gefühl als der Ärger. Unzufriedenheit aktiviert nicht, sondern lähmt. Sie ist ein Gefühl, das deprimierend wirkt. Unzufriedenheit ist ein selbstbezogenes Gefühl, auch wenn der Partner als die Ursache der Unzufriedenheit gesehen wird. Wenn man unzufrieden ist, ist man mehr mit sich als mit dem Partner beschäftigt. Man ist damit beschäftigt, sich zu bedauern, sich deprimiert zu fühlen, sich selbst zu bemitleiden ... Die Unzufriedenheit hat sich in gewisser Weise von der Beziehung gelöst und kann daher kaum oder nur noch schwer für die Beziehungsgestaltung und die Veränderung der Beziehung genutzt werden. Unzufriedenheit ist aber auch stabiler und beständiger als das flüchtigere Gefühl des Ärgers. Sie sitzt tiefer. Sie wurde in der Tiefe abgelagert und wirkt länger als der Ärger. Unzufriedenheit vergrößert die Distanz zwischen den Partnern, verliert die Gemeinschaft erzeugende Kraft und kann zum Bruch der Gemeinschaft führen. Auch wenn auf den Ärger oft schneller und heftiger reagiert wird als auf die Unzufriedenheit, können sich die kleineren, aber oft umso destruktiveren Äußerungsformen der Unzufriedenheit ansammeln: kleinere oder größere Racheakte oder unterlassene Freundlichkeiten. Sie können sich unerbittlich und dauerhaft summieren und schließlich in Ekel verwandeln.

Der Ekel schließlich ist das Ergebnis einer weiteren Entwicklung, und zwar vom konservierten Ärger über die Unzufriedenheit zum Ekel. Ekel ist ein sehr intensiv empfundenes Gefühl, das man in sich selbst verortet und gleichzeitig am Partner als der Ekelquelle festmacht. Im Unterschied zur Unzufriedenheit kann es mit Aktivität verbunden sein, allerdings meist mit destruktiver Aktivität.

Ekel hat in Paarbeziehungen charakteristischerweise mit schlecht ertragener Nähe und körperlicher Intimität[92] zu tun. Ekel ist also auch Ausdruck des Kampfes um die eigene Autonomie. Typische »Ekelorte« sind daher: im Bett, im Bad und bei Tisch. Der Tisch ist mit großem Abstand der Ort Nummer eins, an dem die Beziehung, gemeint ist natürlich der Partner, dem Ekeltest unterworfen wird. Es ekelt: Die Art, wie der andere isst, wie er schmatzt, wie er das Messer benutzt, was er überhaupt isst ... Es findet eine Art von Gefühls-Umkehrung statt und man müsste den Satz: »Die Liebe geht durch den Magen« nun ergänzen: »... und verschwindet bei Tisch.« Die Formel »getrennt von Tisch und Bett« dagegen macht auf die Abfolge des durch Ekel erzeugten Trennungsprozesses aufmerksam.

Die Vernunft der Gefühle in einer Ehe besteht nun darin, dass es vernünftig ist, sich vernünftig zu ärgern, diesen Ärger zu nutzen, um ihn in beziehunggestaltende Aktivität umzuwandeln und dadurch die unvernünftigen Gefühle der Unzufriedenheit und des Ekels weniger wahrscheinlich zu machen oder zu verhindern.

Wie mit Konflikten umgegangen wird, wie sich daraus Ärger, Unzufriedenheit, Ekel und anderes entwickeln kann, hat große Bedeutung dafür, ob eine Paarbeziehung sich positiv entwickelt oder scheitert.

Eheliche Konfliktkulturen

Auch wenn Konflikte unvermeidlich sind, werden sie doch unterschiedlich bewertet. Die Ausgangssituation und Herausforderung jeder Paarbeziehung ist der Konflikt zwischen der individuellen Besonderheit jedes Partners und dem Gemeinsamen der Paarbeziehung. Insofern ist jede Paarbeziehung naturgemäß ein Angriff auf die Autonomie des Einzelnen und die Autonomie des Einzelnen ein heftiger Angriff auf die Eintracht des Paares.

Dies ist eine Herausforderung, die sich in den letzten Jahren und Jahrzehnten für die meisten Menschen mit zunehmender Schärfe stellt, da traditionelle Bezugsgrößen zur Lösung des Konfliktes nicht mehr verfügbar sind. Paare sind also enorm herausgefordert, an der Harmonisierung und »Einigung« zu arbeiten. Partnerschaftliche Kompromisse sind daher oft das Ergebnis extremer Schwerstarbeit, hochkomplex und nicht leicht zu finden. Umgekehrt verlangt der mindestens genauso starke Wunsch nach einer harmonischen Paarbeziehung enorme Schwerstarbeit an den eigenen Autonomieansprüchen.

Paare stecken daher in der Falle zweier widersprüchlicher Ansprüche oder in einer Art Doppelbelastung: Da ist das Bedürfnis nach Ruhe, Harmonie, Gemeinschaft, Geborgenheit, Einigkeit und persönlichem Wohlbefinden in der Ehe einerseits und das moderne individuelle Freiheitsstreben mit dem Wunsch nach individueller Selbstverwirklichung andererseits.

Dieser Konflikt kann zu unterschiedlichen Formen unvernünftigen ehelichen Konfliktverhaltens führen.

Wir werden niemals auseinandergehen!

Herr und Frau Walter stammen beide aus Familien, die sie ganz ähnlich beschreiben: Es gab nur Ärger und Streit, und beide Elternpaare wurden geschieden. Obwohl sie in den 60er Jahren des letzten Jahrhunderts geboren wurde, meint Frau Walter: »Ich habe noch den Krieg erlebt. Er fand in meiner Familie statt.« Nun haben sie und ihr Mann sich geschworen: Das, was wir zu Hause erlebt haben, wird in unserer Ehe und Familie nicht geschehen. Wir werden alles ganz anders machen!

Inzwischen dauert die Ehe schon einige Jahre, und Frau Walter berichtet in der Therapie, dass sie zwar nicht sagen könne, was mit ihr los sei, aber ihr und auch ihrem Mann gehe es nicht gut. Sie habe ständig ein schlechtes Gewissen, ihrem Mann und auch ihren guten Vorsätzen für die Ehe nicht gerecht zu werden. Sie komme immer weniger mit ihren aggressiven Gefühlen ihrem Mann gegenüber zurecht. Sie denke manchmal, es wäre vielleicht besser, wenn sie allein lebe. Aber das könne sie ihrem Mann nicht antun, denn der verlasse sich voll und ganz auf sie. Sie habe sich also geschworen, sich zusammenzunehmen, um des lieben Friedens willen. Gesundheitlich ist sie angeschlagen, hat Rückenprobleme und ständige Magenschmerzen.

Hier werden Versuche unternommen, konflikthafte Unterschiede wegzuschaffen oder möglichst erst gar nicht zu registrieren. Ziel ist die aktive Herstellung von Harmonie. Einigkeit wird zum höchsten Wert. Alles, was diese Einigkeit gefährdet, d. h. jeder gefährlich erscheinende Unterschied, wird verleugnet, übersehen oder im Keim erstickt. Es gilt das Motto: Wir werden niemals auseinandergehen! Das eigene Wohlbefinden wird von der Harmonie in der Ehe abhängig gemacht. Mehr noch: Man macht das eigene Wohlbefinden vom Wohlbefinden des Partners abhängig. Umgekehrt fühlt man sich im

Gegenzug verpflichtet, die Verantwortung für das Wohlergehen des Partners zu übernehmen.

Die Herstellung und Aufrechterhaltung von Gemeinsamkeit und die Verleugnung von Unterschieden wird zur zentralen Aufgabe. Ich bin nichts – meine Ehe ist alles! Wer dann aber dennoch Zeichen von Autonomie zu erkennen gibt, wer autonom und eigenverantwortlich entscheidet und handelt, riskiert nicht nur, mit den eigenen Abhängigkeitswünschen und den Abhängigkeitsforderungen seines Partners in Konflikt zu geraten, sondern es droht die Gefahr des Offenbarwerdens von Unterschieden und damit die Trennung: das zentrale Tabu. Weder Konflikte in der Paarbeziehung noch das Erleben von Ambivalenzen, d.h. innerer Konflikte der einzelnen Partner, scheinen erlaubt. Alle Unterschiede und Unterscheidungen werden auf dem Hochaltar der Harmonie geopfert. Eine solche Ehe macht den Eindruck eines leblosen, ziemlich öden Schauspiels, bei dem die Schauspieler weit unter ihren Möglichkeiten bleiben. Die Atmosphäre ist eintönig. Man bestätigt nur noch. Eigentlich ist schon alles gesagt. Neues, Zufälliges, Anstoßerregendes und Abweichendes: kurz: Überraschendes gibt es nicht und darf es nicht geben. Die Harmonie hat ihren Preis.

Partner und Paar sind in ihrer Handlungsfähigkeit beeinträchtigt. Die Möglichkeit, auf Unvorhergesehenes unvorhergesehen zu reagieren, ist eingeschränkt. Man erfährt wenig vom anderen und kann den Partner nur wenig von sich selbst erfahren lassen. Wenn beide damit beschäftigt sind, sich gegenseitig und gleichzeitig in den anderen einzufühlen, kann man nichts vom anderen erfahren. Der ist ja gerade mal wieder »nicht zu Hause«, wenn man ihn einfühlend heimsuchen will. Man erfährt nichts vom anderen, weil keine Auseinandersetzung stattfinden kann und darf.

Solche Partner haben aber oft nicht nur einen eingeschränkten Handlungsspielraum, sondern erleben sich selbst in ihrem Denken und Fühlen eingeschränkt. Weil Abweichungen vom Erwarteten und Unterschiede verboten sind, sind Schuldgefühle an der Tagesordnung, da es sich kaum vermeiden lässt, abweichende Gedanken zu denken und abweichende Gefühle zu fühlen.

Schuldgefühle sind auch deshalb an der Tagesordnung, weil man der Verpflichtung, für das Wohlergehen des Anderen verantwortlich zu sein, nie ganz gerecht werden kann, denn man kann das Wohlbefinden des Partners nicht kontrollieren. Schuldgefühle, aber auch heimliche Schuldvorwürfe sind an der Tagesordnung. Da man für sein eigenes Wohlbefinden den Partner verantwortlich gemacht hat, ist er natürlich auch schuld, wenn es mit dem Wohlbefinden wieder einmal nicht so ganz funktioniert hat.

Die Kosten für diese Art Harmoniesuche können beträchtlich sein. Massive Schuldgefühle und Schuldvorwürfe können schon allein unbekömmlich sein. Diese Schuldgefühle und Schuldvorwürfe darf man sich jedoch nicht anmerken lassen. Denn sonst bestünde ja wiederum die Gefahr, die Harmonie zu zerstören. Um des lieben Friedens willen müssen die Ehepartner auf konfliktträchtige und konfliktverdächtige Impulse, Tendenzen, Interessen, ja Wahrnehmungen und erst recht Handlungen verzichten. Jeder muss aus seinem Herzen eine Mördergrube machen. Das Ergebnis ist ein verkümmertes Leben mit eingeschränkter Lebensqualität. Man hat sich ständig zusammenzunehmen und verliert sich dabei irgendwann selbst aus dem Auge. Die Harmonie-Ehe ist eine ungeheuer belastende Veranstaltung, die nicht nur die Ehe, sondern auch die Lebensmöglichkeiten der Partner gefährdet: Eine höchst unvernünftige und unrealistische eheliche Konfliktkultur.

Nur nicht festlegen!

Herr Holz und Frau Rose haben sich vor knapp einem Jahr beim Joggen kennengelernt. Beide waren schon einmal verheiratet und haben je zwei Kinder aus ihren ersten Ehen in ähnlichem Alter, erwachsen und pubertierend. Sowohl Herr Holz wie Frau Rose sind erfolgreich im Beruf. Frau Rose hat eine kleine Firma für Laborbedarf. Herr Holz ist freiberuflicher Journalist. Fragen an beide, was ist und was werden soll, werden nur unklar beantwortet. Man bekommt als Außenstehender keinen rechten Eindruck, was die beiden miteinander verbindet, ja ob sie überhaupt etwas verbindet. Ein Eindruck jagt den anderen: Eine kurzfristige Affäre? Eine Jogginggemeinschaft, eine Patchworkfamilie, ein Debattierclub? Eine Elternselbsthilfegruppe, eine Urlaubsbekanntschaft? Man bekommt einfach keine genauen und verlässlichen Informationen.

In einer solchermaßen organisierten Beziehung wird alles vermieden, was zu einer klaren und identifizierbaren Positionierung führt, da dies einen Konflikt zur

Folge haben könnte. Entscheidungen werden daher umgangen oder aufgeschoben. Taktieren, Vieldeutigkeit und Uneindeutigkeit kennzeichnen das eigene Verhalten und die Kommunikation mit dem Partner. Man legt sich nicht fest. Sowohl offener Ablehnung dessen, was der Partner sagt oder tut, als auch offener Zustimmung wird ausgewichen. Vereinbarungen, Abstimmungen, Rollen und Hierarchien sind nicht erkennbar. Ein roter Faden, ein gemeinsames Thema kann nicht entstehen. Irgendwie macht das Ganze einen merkwürdigen, ja verrückten Eindruck. Man fühlt sich an einen Witz erinnert: Zwei Verrückte spielen miteinander Mensch-ärgere-dich-nicht. Einer sagt: Schach! woraufhin der andere kontert: Aber beim Halma gibt es doch keinen Elfmeter. Einen Konflikt kann es da nicht geben, weil völlig unklar bleibt, welches Spiel gespielt wird.

Niemand will schuld sein, wenn ein Konflikt entsteht oder etwas Falsches gesagt oder getan wird, auch wenn niemand so genau weiß, was eigentlich nun falsch oder richtig ist. Das Wissen darum wäre ja schon Ergebnis davon, sich auseinanderzusetzen und einen Konsens über richtig und falsch erzielt zu haben. Konflikte werden vermieden, indem dieser Konsens vermieden wird.

Diese Art Paarbeziehung zeichnet sich durch eine seltsam anmutende Konfliktlosigkeit aus. Die Uneindeutigkeit der Kommunikation führt zur Unberechenbarkeit des Verhaltens der Partner und deren Beziehungen zueinander.

Konflikte bleiben unentschieden, indem verhindert wird, dass den Aktionen der Partner eine eindeutige Bedeutung zukommt. Konflikte werden dadurch unsichtbar gemacht. Es gibt keine klaren Aussagen darüber, was als richtig und falsch zu gelten hat, keine verbindlichen Spielregeln für das Zusammenleben oder die Bewertung von Verhalten. Die Handlungsfähigkeit der einzelnen Akteure ist beeinträchtigt. Konflikte können so vielleicht vermieden werden, allerdings auf die Gefahr hin, verrückt zu werden oder den anderen verrückt zu machen. Die konfliktvermeidende Strategie der Konfusionierung führt früher oder später zu einer Selbstkonfusionierung. Man verliert den Partner und schließlich sich selbst. Ein sogenanntes negatives oder kritisches Feedback für das eigene Verhalten ist unwahrscheinlich, denn es könnte als Konflikt verstanden werden. [93] Andererseits würde man durch negatives Feedback erfahren, was dem Partner am eigenen Verhalten nicht gefällt. Und das wäre wiederum für eine Ehe, die dauern soll, sehr nützlich.

Die Kosten dieser Konfliktvermeidungskultur sind erheblich. Man kann den sicheren Boden unter den Füßen verlieren. Das kann für den einzelnen Ehepartner bedeuten, verrückt zu werden, und für die Ehe, sich im Nebel der Uneindeutigkeit aufzulösen. Besonders in konfliktträchtigen Situationen, wie etwa beim Bekanntwerden von Affären und ihren möglichen Konsequenzen, sind solche Konfliktvermeidungsstrategien häufig. Sie sind dann meist gefährlicher für die Ehe als die Konflikte selbst.

Das paradoxe Ergebnis dieser Konfliktkultur ist eine Gefährdung der Ehe, weil Konflikte vermieden werden, die die Einheit des Paares vermeintlich gefährden.

Sieg oder Niederlage!

Bei dieser Form der Konfliktbehandlung sind, im Gegensatz zu den zuvor beschriebenen, Übereinstimmungen mit dem Partner bedrohlich. Übereinstimmung ist daher zu vermeiden, Unterschiede werden betont und Gemeinsamkeiten verleugnet. Die Sicherstellung der eigenen Autonomie und Selbständigkeit ist der zentrale Wert, der durch kleinste Übereinstimmungen mit dem Partner gefährdet ist. Das zentrale Thema, um das sich solche Paarbeziehungen aufbauen, ist das Thema Macht und Ohnmacht. Die eheliche Kampfkunst beschränkt sich auf permanente Machtkämpfe, die beide Ehepartner erschöpfen. Die eigene Autonomie und Selbständigkeit wird von der Kontrolle über den Partner abhängig gemacht. Nur wenn die Verbundenheit mit dem Ehepartner von einem selbst kontrolliert wird, erlebt man sich als autonom. Ohne diese Kontrolle fühlt man sich abhängig und ohnmächtig.

Konflikte sind zwar unvermeidlich, sie unterliegen aber nun einer Logik des Entweder-Oder. Dadurch entsteht eine Duellsituation, in der es um die Frage geht: Sieg oder Niederlage? Bei einem solchen Konfliktverständnis kann nur einer der Sieger sein: Ich oder du! Wer nicht um den Sieg kämpft, verliert zwangsläufig, d.h. wird ohnmächtig und verliert seine Autonomie. Wer siegt, behält die Macht oder kann sie zumindest wiedergewinnen. Der Sieg des einen ist gleichzeitig die Niederlage des anderen und meist auch noch eine Niederlage für die Ehe: Wenn ich mich nicht durchsetze, gibt es mich nicht!

Einem außenstehenden Beobachter zeigen sich dabei

todernste, gelegentlich mörderische Paarkonflikte um immer banalere Konfliktinhalte und -anlässe.

Im Erleben der Partner dominiert oft eine Art Verfolgungswahn, begleitet von einer erhöhten Überwachungssensibilität. Das eigene Handeln hat zum Ziel, die Zustimmung oder die Unterwerfung des Gegners/Partners zu erzwingen und gleichzeitig eine unkorrigierbare Selbstgewissheit aufrechtzuerhalten.

Diese Machtkämpfe werden moralisch aufgerüstet. Man stellt sich die Aufgabe, den Gegner/Partner aus seiner Selbstverblendung und seinem Irrtum zu erlösen, ihn von seinem Irrweg abzubringen und auf den richtigen, nämlich den eigenen Weg, zurückzubringen. Die Handlungsmaximen heißen dann: Ich habe klare Vorstellungen darüber, wo es langgeht, was richtig und was falsch ist. Ich muss diese zweifelsfrei richtigen Vorstellungen zur Geltung bringen und durchsetzen, da ich andernfalls untergehe und meine Selbständigkeit und Identität verliere. Dabei scheue ich nie und nirgendwo den Konflikt!

Diese Art der negativen Bewertung des Konflikts und der davon abgeleiteten Anstrengung, den Konflikt auf die beschriebene Weise zu lösen, kann zu einer ungeheuren Belastung nicht nur des Einzelnen, sondern auch der Ehe führen. Das Ergebnis kann mörderisch sein.

All diese Konfliktkulturen sind aber nicht an sich problematisch oder unvernünftig. Man kann sie mehr oder weniger ausgeprägt und zu unterschiedlichen Zeiten in allen Paarbeziehungen finden. Sie sind (vorübergehend) dann vielleicht sogar sehr funktional, weil sie den unterschiedlichen Herausforderungen der Entwicklung von

Paarbeziehungen und den unterschiedlichen Phasen von Paarbeziehungen angemessen sein können. Problematisch werden sie erst, wenn sie konsequent und für ewige Zeiten durchgehalten werden, koste es, was es wolle. Ist das der Fall, so liegt die Grundüberzeugung vor, dass Konflikte etwas Schlechtes sind und beseitigt werden müssen. Diese Grundüberzeugung lässt sich bei den meisten auf Dauer gestellten problematischen Konfliktkulturen finden.

Es ergibt sich damit die paradoxe Situation, dass der Wunsch nach Harmonie mörderische Konflikte erzeugen kann. Der Wunsch nach Harmonie ist durchaus verständlich. Trotzdem gilt es festzuhalten: Konflikte, Streit, Ärger und Auseinandersetzung sind vernünftig, um den Erfolg einer Ehe auch dank einer erfolgreichen Streitkultur wahrscheinlicher zu machen. Nicht jeder Konflikt ist allerdings einer lebendigen Beziehung dienlich.

In jeder Paarbeziehung gibt es Grundkonflikte und Ambivalenzen, die unvermeidlich sind, weil sie sozusagen universal sind. Es handelt sich dabei um den grundlegenden Konflikt zwischen dem Bedürfnis nach Autonomie und jenem nach Abhängigkeit. In uns allen gibt es die Angst vor der Verschmelzung und der Auflösung unserer »Eigenheit« in der Ehe und den gleichzeitigen Wunsch nach Nähe und Aufgehobensein in der Ehe. Den Wunsch, uns selbst treu zu sein, und den Wunsch, dem Partner treu zu sein bzw. umgekehrt die Befürchtung, uns oder den Partner zu verraten. Es gibt den Wunsch, Verantwortung und Kontrolle zu behalten, und gleichzeitig den Wunsch, beides abzugeben. Den Wunsch nach persönlicher Freiheit und den Wunsch nach Gleichheit.

Mit der Unaufhebbarkeit dieser Konflikte in uns selbst

müssen wir leben, besonders in der Partnerschaft. Dass das möglich ist, wird uns tagtäglich von unzähligen Paaren vorgeführt.

Unterschiede und Konflikte können äußerst nützlich sein, ja geradezu ein Entwicklungsmotor für die Beziehung, weil sie Unterschiedliches in den Blick bringen. Geradezu augenfällig wird das etwa im Umgang mit Dritten bzw. bei der Ausgrenzung von störenden Dritten: der jeweiligen Herkunftsfamilie, der Arbeitswelt, der Kinder oder von Affären.

Konflikte ermöglichen Entscheidungen

Entscheidungen sind Konflikte. Von einer Entscheidung kann nur dann gesprochen werden, wenn es mindestens zwei Möglichkeiten gibt, die im Konflikt miteinander liegen. Außerdem lässt sich nur etwas entscheiden, was nicht schon längst entschieden ist. So ist etwa die Frage »Wie viel ist zwei und zwei« keine Frage der Entscheidung, denn die Antwort steht schon vor der Frage fest, sie lautet: vier. Bei den wichtigen Lebensentscheidungen, auch in der Ehe, gibt es aber meist keine vorherbestehende richtige Antwort. Man befindet sich stattdessen in einer unsicheren Situation, in einem Konflikt. Dieser Konflikt ermöglicht erst, wenn er ausgetragen wird, eine Entscheidung, d. h., er kann eine unsichere Situation in eine riskante verwandeln. Denn wir wissen auch nach der Entscheidung nicht, ob sie sich vielleicht in der Zukunft als die falsche herausstellen wird. Aber nur so können wir vernünftigerweise unser Eheleben leben.

Vermeiden wir Konflikt und Risiko, kann es passieren, dass wir wie der Esel zwischen zwei Heuhaufen stehen und verhungern, weil wir uns nicht für den einen und gegen den anderen Heuhaufen entscheiden. Wir irren auch in der Ehe vorwärts, und Konflikte führen uns zur jeweils nächsten Entscheidung.

Nicht zuletzt besteht die Vernunft der Konflikte in der Psychohygiene für die Ehepartner. Sie verringern die Wahrscheinlichkeit eines Ärgerstaus. Konflikte werden so zu einer vernünftigen Unzufriedenheits- und Ekelprophylaxe. Im Konflikt nimmt man sich selbst ernst, und, wenn man den Konflikt wagt, auch den Partner.

Wenn Konflikte zum Problem werden

Problematisch können Konflikte werden, wenn sie übergangen und dadurch immer aufgeladener, umfassender, unbegrenzter und bedeutsamer werden, sich dabei aber gleichzeitig an Banalem festhalten.

Die Suche nach negativen Eigenschaften des Partners ist dann ein zentraler Bestandteil des Verhaltens und beflügelt diese unvernünftigen Konflikte. Wenig hilfreich ist die Vorstellung, der Partner könnte ganz anders sein, wenn er nur wollte. Er will es aber nicht, weil er boshaft, unwillig usw. ist. Erkennbar werden solche unvernünftigen Konfliktszenarien an dem häufigen Gebrauch bestimmter Worte wie: immer, nie, niemand, jeder, überall, nirgends, völlig …

Unvernünftig ist auch die Anspielung, dass der andere seine Gefühle selbst nicht richtig interpretieren kann.

Dies geschieht etwa mit der harmlos erscheinenden Frage »Warum bist du so sensibel?«, oder auch mit einer entschieden vorgebrachten »Tatsachenfeststellung« wie: »Du bist ja in Wirklichkeit gar nicht zornig mit mir. Im Grunde bist du immer noch zornig auf deinen Vater und lässt es nun an mir aus.« Es wird die Konflikt vermeidende und gleichzeitig Konflikt anheizende Strategie des Gedankenlesens angewendet, die sich auf die Absichten, das Denken und das Fühlen des Partners bezieht.

Hier können auch viele Erkenntnisse der modernen Psychologie und Psychotherapie unheilbringend eingesetzt werden. So wurde mir von einer Psychologin, Frau Alt, folgendes berichtet. Sie ist in einer Führungsposition in der Personalabteilung eines Unternehmens tätig. Ihr Mann ist ebenfalls Psychologe, zurzeit in Elternzeit. Es ist kurz vor Weihnachen. Im Unternehmen läuft alles auf Hochtouren. Vieles soll noch in diesem Jahr unter Dach und Fach. Frau Alt muss auch noch ein paar Geschenke besorgen, wie immer auf den letzten Drücker. Vor zwei Tagen hat sie das berühmte Kratzen im Hals bemerkt, seit der letzten Nacht ist Fieber dazugekommen. Als sie nun mit geröteten Augen, abgekämpft und mit einer beeindruckenden Rotznase von der Arbeit und letzten Besorgungen nach Hause kommt, wird sie mit folgender psychodynamisch ausgefeilten Deutung beglückt: »Na, hast du dir wieder rechtzeitig vor den Feiertagen eine Grippe zugelegt, damit ich hier zu Hause wie immer alles alleine machen muss!?«

Selten führt eine solche Deutung zu einer Besserung des Gesundheitszustandes (»Jetzt, wo du es sagst, wird es mir auch bewusst, und ich merke schon, wie das Fieber runtergeht und die Nase frei wird«), und genauso selten zum Beginn eines friedlichen Weihnachtsfestes, bekanntlich ja das Fest der Liebe.

Schließlich hat man es mit der Inszenierung von Schuld-und-Sühne-Szenarien zu tun. Dabei werden dem Partner bestimmte Absichten oder Charakterzüge unterstellt: »Du bist hier das Problem!« Der so Bewertete verteidigt sich nun seinerseits mit einem Bewertungsgegenangriff: »Ich hätte kein Problem, wenn es dich nicht gäbe!« Die Beziehung wird zu einem Kriegsschauplatz der Vergeltungsschläge. Niemand kommt noch auf die Idee, sich selbst die Frage zu stellen: »Was tue *ich* üblicherweise, wenn mein Partner das tut, was er tut?« Das bisher Geschehene kann sich fortsetzen und wiederholen, und keiner gerät in die Verlegenheit, sich selbst zu beschuldigen. Im Laufe dieser unvernünftigen Konfliktinszenierungen werden sich die Gegner zwar immer ähnlicher, aber ohne dass es zu einer Gemeinsamkeit des Wohlbefindens kommt.

Wir befinden uns damit am Übergang zu den klassischen Duellszenarien, in denen es um die zentralen Fragen geht: Richtig oder falsch? Gut oder böse? Recht oder Unrecht? Nur einer kann gewinnen. Im Verlauf solcher Duelle engt sich die Themenvielfalt des Paares immer mehr ein. Das Paargeschehen wird eintönig und zunehmend banaler, während gleichzeitig der drohende Gesichtsverlust immer größer wird. Es steht immer mehr für jeden Einzelnen auf dem Spiel, und die Paarbeziehung dreht sich um einige wenige zentrale Fragen, etwa diese: Ein langjährig verheiratetes Ehepaar stellt sich seit längerer Zeit die Frage, was das richtige Klopapier-Abroll-

Modell sei. Das Paar klärt mich darüber auf, dass wir es in den Toiletten der entwickelten Industrienationen mit zwei konkurrierenden Modellen zu tun haben; dem wandständigen und dem raumständigen Abroll-Modell. Der Ehemann hat sich nun für das »richtige« Modell entschieden – das wandständige Modell – und kontrolliert daher jeden Morgen konsequent die Klopapierhalterung in den drei Toiletten seines Eigenheims, geht danach zur Arbeit und erlebt jeden Abend bei der Rückkehr ins traute Heim die gleiche unangenehme Überraschung: alle drei Klopapier-Rollen hängen wieder falsch!

Harmonisierungs- und Ausstiegsszenarien laufen meist ins Leere, etwa der Vorschlag: Haben Sie es schon mal mit Hakle®-Feucht versucht? Lassen Sie uns gemeinsam überlegen, was sich der Architekt gedacht haben könnte ... Wer das Klo putzt, sollte auch darüber bestimmen dürfen, wie das Klopapier hängt ... Ich finde das wandständige Modell ist das richtige, weil ...

All diese Überlegungen bedeuten ja noch keineswegs, dass damit der Konflikt beendet werden kann. Deshalb hier nun einige bewährte Regeln, d.h. vernünftige Strategien für den Umgang mit unvernünftigen Konflikten:

Keine Ausweitung der Kampfzone

Gerne werden zur Unterstützung der eigenen Position die Meinungen und Erfahrungen von Freunden herangezogen. Diese stärken einem vorübergehend zwar den Rücken, können aber langfristig zu einer weiteren Belastung werden. Allzu viele Parteigänger machen einem den Ausstieg aus dem Konflikt nämlich schwer, obwohl man vielleicht inzwischen dazu bereit wäre. Es kann sich nämlich ein solidarisches Band zwischen einem selbst und den eigenen Fans entwickelt haben. Eine Beendigung des Konflikts ist mit moralischen Unkosten verbunden. Man wird dann nämlich den Freunden gegenüber illoyal, besonders dann, wenn diese einem nicht nur in allen Kämpfen die Stange gehalten, sondern selbst mitgelitten oder zumindest Zeit und Mitleid investiert haben.

Gezielter klagen und anklagen

Chronifizierte Konflikte können dazu führen, dass der größte Teil der Paarbeziehung aus Klagen und Anklagen besteht. Diese Klagen und Anklagen werden immer umfassender und gewinnen den Charakter von Diagnosen, indem bedeutungsschwere Globalwörter mit meist erhabenem Gestus eingebracht werden. Es fehlt dann entscheidend an: Aufmerksamkeit, Fairness, Achtung, Kooperationsbereitschaft, Respekt und Solidarität. Niemand geht den Behauptungen auf den Grund. Der Kläger fühlt sich ja lediglich verpflichtet, seine Klage an den Mann bzw. die Frau zu bringen, und der Angeklagte fühlt sich ebenso verpflichtet, besser: gezwungen, den Angriff der Anklage durch eine Verteidigung, besser durch einen Gegenangriff, abzuwehren.

Eine gezieltere Anklage könnte aber bessere Resultate erbringen. Statt: »Du bist nicht nett zu mir« könnte man sagen: »Ich mag es nicht, wenn du von der Arbeit nach

Hause kommst und ins Schlafzimmer gehst, um dich umzuziehen, ohne mich zu begrüßen.« Statt: »Du machst nie etwas hier zu Hause« der Satz: »Mir reicht es nicht, wenn du am Samstag nur eine Stunde im Garten hilfst.«

Diese Art von gezielter Klage erleichtert es dem Angeklagten etwas anzubieten. Er muss ja nun keine umfassende Diagnose widerlegen oder sich total ändern, sondern lediglich ein bestimmtes Verhalten verändern, wenn er aus der belastenden Anklagetyrannei heraus will. Der Klagende seinerseits kann besser beurteilen, ob seine Wünsche nun berücksichtigt werden. Wenn dagegen unklar ist, woran man die Erreichung eines Zieles misst, kann die Klage beliebig fortbestehen.

Statt klagen und anklagen: wünschen

Durch die Umwandlung der Klagen in Wünsche entsteht ein häufig überraschendes, anderes und entlastendes Szenario.

Das Klagen richtet den Scheinwerfer der Aufmerksamkeit zwangsläufig auf die Vergangenheit. Es wird beklagt, was in der Vergangenheit nicht geschehen ist. Das Klagen beschreibt in negativer Form etwas, was nicht da ist: Respekt, Anerkennung, Aufmerksamkeit … Der Blick des Klagenden ist ganz auf den Angeklagten konzentriert, schließlich geht es ja um dessen Verfehlungen.

Was geschieht dagegen beim Wünschen?

Der Zeitbezug des Wünschens liegt im Gegensatz zum Klagen in der Zukunft. Man wünscht sich in der Gegenwart etwas, was sich in der Zukunft erfüllen soll. Der

Partner ist nun nicht mehr der Angeklagte, sondern der Empfänger von Wünschen. Der Wünschende aber muss sich zunächst mit sich selbst beschäftigen. Er muss der Frage nachgehen, welches eigentlich seine Wünsche sind und wie er diese verständlich, klar und nach Möglichkeit erfüllbar an den Mann bzw. die Frau bringen kann.

Bei Klagen und Anklagen ist man immer auf der sicheren Seite, d.h., man weiß, was man hat, oder besser, was man nicht hat, und kann sich die Erwartung bestätigen lassen, dass der Angeklagte sich wieder nicht verändert hat.

Wünsche sind dagegen riskant, denn man weiß nicht, ob sie einem erfüllt werden.

Gleichzeitig verändert sich die Wahrnehmung. Der Klagende wird versuchen, den Angeklagten wieder dabei zu erwischen, wie er sich erwartungsgemäß falsch verhält. Der Wünschende dagegen wird hoffen, den Partner dabei zu erwischen, wie er sich wunschgemäß verhält.

Der Partner, an den sich der Wunsch richtet, hat die Freiheit, sich die Frage zu stellen, ob er den Wunsch erfüllen will. Besonders günstig ist es, wenn man mehrere Wünsche angetragen bekommt, dann kann man einen auswählen und dabei sogar noch die eigene Autonomie wahren.

Höhere Mächte

Bei chronifizierten Konflikten steht für die Konfliktparteien meist viel auf dem Spiel, etwa das eigene Selbstwertgefühl. Wo viel auf dem Spiel steht, sind Machtkämpfe hochwahrscheinlich. Der Ausstieg aus dem Konflikt wird dadurch erschwert, dass er einer Kapitulation und zwar einer bedingungslosen gleichkommt.

Gerade in solchen eskalierten Situationen kann es nützlich sein, eine höhere Macht einzuführen. Sich einer höheren Macht zu unterwerfen ist weniger blamabel, als sich dem Partner zu unterwerfen. Diese höhere Macht kann zum Beispiel der Zufall sein, eine Münze oder ein Würfel, die geworfen werden. Man kann dann den Zufall entscheiden lassen, welche Entscheidungen getroffen werden. Selbst der Zufall kann manchmal eine vernünftige Lösung und eine große Entlastung sein.

Für manche Paare ist die Sexualität zu einem Schlachtfeld für die Austragung von Machtkämpfen geworden. Herr und Frau Minz haben seit längerer Zeit ihre sexuelle Beziehung abgebrochen, obwohl beide durchaus gemeinsamer Sexualität (gemeint ist: miteinander) nicht abgeneigt sind. Aber: jeder befürchtet, wenn er mit seinen sexuellen Bedürfnissen an den anderen herantritt, sich in eine ohnmächtige Position zu begeben, d.h. abgewiesen zu werden, der Verlierer zu sein und wieder einen nicht unerheblichen Teil seines Selbstwertgefühls und mehr zu verlieren. Folge: Sexualität des Ehepaares Minz findet weiterhin nicht statt. Hier kann dann z.B. ein Münzwurf darüber entscheiden, ob Sexualität stattzufinden hat (immer wenn Adler oben liegt) oder nicht (immer wenn Zahl oben liegt). Ein Weg für beide, ohne (den befürchteten) Gesichtsverlust miteinander Sex haben zu können.

Nachdem ich diese bewährte Strategie in einem Fernsehinterview des hessischen Fernsehens vor ein paar Jahren erläutert hatte, erreichte mich per E-Mail folgender Präzisionsvorschlag, den ich hier nicht vorenthalten will. Es erreichte mich also folgender Vorschlag:

»Lieber Herr Retzer, der Hesse kann mehr mit folgender Strategie anfangen: Immer wenn Eintracht Frankfurt gewinnt, müssen Sie miteinander Sex haben, wenn Eintracht Frankfurt verliert, dürfen Sie keinen Sex miteinander haben, und wenn Eintracht Frankfurt unentschieden spielt, entscheiden Sie nach eigener Lust und Laune.«

So weit das E-Mail aus Hessen. Es bleibt natürlich die Frage, für welchen Verein man sich als die höhere Macht entscheidet: absteigende Vereine oder aufsteigende Vereine.

Kleinere oder größere Veränderungen innerhalb der Kampfszenen

Auch wenn die Belastung durch einen Konflikt riesig groß erscheint – schon minimal erscheinende Veränderungen des üblichen Kampfgetümmels können beachtliche Wirkungen entfalten. Hauptsache, das übliche Verhalten wird unterbrochen. Das Übliche kann durch folgende Fragen bestimmt werden:

Wo, wann, unter welchen Umständen, unter Beteiligung welcher Personen, in welcher zeitlichen Reihenfolge werden die unnützen Konflikte und Kämpfe inszeniert? Aus den Antworten ergeben sich ohne große Anstrengungen vielfältige Möglichkeiten kleinerer Veränderungen.

Wenn etwa Konflikte immer in der Küche eskalieren, kann bei den ersten Anzeichen einer neuen Eskalationsrunde das Bad, der Hobbykeller oder das Schlafzimmer aufgesucht werden. In jedem Raum bieten sich vielfältige Erweiterungen der Unterbrechung an. Wenn bisher regelmäßig am Abend, nachdem die Kinder im Bett sind, gestritten wurde, kann nun schon früher, zum Beispiel gleich nach dem Abendessen begonnen werden, während die Zeit, nachdem die Kinder im Bett sind, mit anderen Betätigungen gefüllt wird. Wenn bisher immer andere (z. B. Schwiegermütter, Schwiegerväter) genutzt wurden, um die Eskalation voranzutreiben mit dem regelmäßigen Ergebnis: »Lass bitte meine Mutter da raus!«, können nun vielleicht in Reichweite gelegte Fotografien der Schwiegermutter dazu dienen, diese auch bildlich ins Spiel zu bringen. Man kann sich darüber einigen, nur noch in einer bestimmten Kleidung zu streiten und diese Eskalationskleidung an einem bestimmten Ort aufbewahren. Dann wird die Vereinbarung getroffen, dass beide sich umziehen müssen, um »anständig gekleidet« anständig weiter zu streiten. Reagiert einer der Partner im Streit mit Verstummen und Lähmung, was vom anderen bisher als ein besonders perfider Eskalationsbeitrag gewertet wurde, kann dieser Partner nun anstelle dessen ein bestimmtes Lied singen. Es wurde mir (vertraulich!) berichtet, dass sich gute Ergebnisse mit Schlagern aus dem frühen Erwachsenenalter der Kontrahenten, dem Absingen der deutschen Nationalhymne oder auch mit Beiträgen aus dem kirchlichen Liedgut, vor allem mit getragenen Passionsliedern erzielen lassen. Wird dabei gelacht, ist das in den meisten Fällen durchaus günstig.

Bei alldem ist nicht die Abwesenheit eines Konfliktes oder gar seine Lösung entscheidend, sondern dass man im Gespräch bleibt – im Konflikt miteinander, damit uns noch etwas zu sagen bleibt. Denn wenn wir uns erst einmal verstehen, haben wir uns ja meist schon nichts mehr zu sagen.

11
Warum Lachen gesund für die Ehe ist

Es gibt nicht den geringsten Beleg dafür, dass ein Eheleben ernst sein müsste. Im Gegenteil. Dort, wo es nur noch ernst zugeht, geht es früher oder später todernst zu, und das meint ja wohl das Gegenteil von lebendig. Insofern ist Lachen durchaus mit dem Leben vereinbar und sehr förderlich für die Ehe, wenn sie lebendig bleiben soll.

Die gute Nachricht: Man muss das Lachen nicht erst mühsam erlernen. Der Mensch ist ein sterbliches, vernünftiges und zum Lachen befähigtes Lebewesen, stellte vor mehr als 1000 Jahren schon Notker der Stammler aus der St. Galler Klosterschule fest.

Von Notker stammt auch die weise Feststellung, dass wir mitten im Leben vom Tode umfangen seien.[94] Der Weg vom Lachen zum Galgenhumor ist denn auch kein weiter Weg.

Von der Richtigkeit der Diagnose, dass der Mensch zum Lachen befähigt ist, kann sich übrigens jeder überzeugen, der die Geduld aufbringt, ein wenige Tage altes Baby zu beobachten. Er wird es zunächst lächeln sehen, sich aber schon ein paar Wochen später angelacht fühlen.

Wie kommt es, dass dieser fröhliche Beginn mit der Zeit so wenig Fortsetzung findet, dass in den späteren Ehejahren wenig, kaum oder gar nicht mehr gelacht wird? Kinder lachen durchschnittlich 400-mal pro Tag, Erwachsene gerade noch 20-mal!

Sind Menschen, besonders wenn sie erwachsen werden und eine Ehe eingehen, vernünftig geworden? Aber was wäre das dann wiederum für eine Vernunft, die im Gegensatz zum Lachen steht oder gar das Lachen verhindert?

Humor ist, wenn man trotzdem lacht

Beides – Lachen und Vernunft – hängen enger miteinander zusammen, als uns vielleicht manchmal lieb ist. Humor ist, wenn man trotzdem lacht, und Vernunft ist, wenn man trotzdem denkt. Konsequent kommt daher der Vernunftfachmann und Philosoph Odo Marquard in einer Laudatio für den Humorfachmann Loriot zu dem Schluss: »Das Lachen ist ein Denken; und Denken ist die Fortsetzung des Lachens unter Verwendung des Lachmuskels Gehirn als Mittel.«[95] Humor ist, wenn man trotzdem lacht – Vernunft ist, wenn man trotzdem denkt! Was bedeutet nun dieses »Trotzdem«?

Kürzlich wurde ich unfreiwillig Zeuge des folgenden kurzen Wortwechsels eines Ehepaares, das seit vielen Jahren verheiratet ist:

Er: *Ja, jetzt fühlst du dich wieder ganz großartig.*

Sie: *So großartig kann ich gar nicht sein, sonst hätte ich dich ja wohl nicht geheiratet.*

Ich weiß nicht, wie es dann weiterging. Aber diese kurze Sequenz kann vielleicht helfen, Antworten zu finden auf die Frage nach dem »Trotzdem«.

Zunächst bedeutet »trotzdem« wohl, sich nicht aus dem aktuellen Eheleben auszuklinken.

Verschiedene Möglichkeiten, sich innerlich davonzustehlen, gibt es ja zur Genüge: Man kann sich hoffnungsvoll in eine zukünftige Welt – mit oder ohne Ehepartner – träumen. Man kann eine Zeitreise in die Erinnerung unternehmen und in eine vergangene Welt entfliehen – ohne den Ehepartner oder mit ihm, wenn dieser damals angenehmer gewesen sein sollte als heute. Man kann sich aber auch auf ganz andere Weise entziehen; man kann mitten in bestimmten Situationen einschlafen, oder das Eheleben selbst schläft ein. Man kann Drogen nehmen – wer trinkt, vergisst –, und man kann vorzeitig versuchen, der Ehe den Garaus zu machen, indem man todernst die Fragen nach Sein oder Nichtsein, Sieg oder Niederlage stellt und nicht lockerlässt, bis die Antwort da ist.

»Trotzdem« meint also zunächst, auf alle diese Strategien zu verzichten und in der gegenwärtigen Ehewelt zu verbleiben. Also auf die Aussage »Jetzt fühlst du dich wieder großartig« tatsächlich einzugehen. »Trotzdem« ist also etwas für Hoffnungs- und Schlaflose, für Nüchterne und Kriegsdienstverweigerer. Nicht flüchten – standhalten. Sich auseinander setzen, aber auf eine Weise, die Unterschiede wahrnimmt, Unterschiede macht und diese Unterschiede in das Eheleben einführt. Da gibt es zum Beispiel den Unterschied zwischen Sich-großartig-Fühlen und Großartigsein, mit dem die Ehefrau hier spielt. Weder verteidigt sie sich, noch greift sie an. Stattdessen tritt sie innerlich einen Schritt zurück, sieht dadurch mehr und nimmt dabei auch die Unterschiede, die Diskrepanzen, die Ungereimtheiten, kurz die ganze Fülle des Ehelebens wahr und macht sie sichtbar. Auf diese Weise können wir der Welt, unserer Ehe und uns selbst neu gegenübertreten, zumindest mit einem nachsichtigen milden Lächeln.

Das Ergebnis in unserem Beispiel: Ich bin nicht großartig, du bist nicht großartig, wir sind beide nicht großartig, und das ist ausreichend. Irgendwie passen wir zusammen, indem wir das Großartige verpasst haben. Lass uns darüber lachen! Der Zusammenhalt, das Verbindende zwischen Ehepartnern kann wesentlich dadurch bedingt oder gestärkt sein, dass sie über dasselbe lachen. Worüber man gemeinsam lacht, bringt enger zusammen und schafft selbstverständliche Gemeinsamkeit.

Auf der anderen Seite steht das Lachverbot, das verhindert, sich lachend von sich selbst und den eigenen kleinkarierten Beschränkungen zu distanzieren. Diese kleinkarierten Beschränkungen kommen aber in größenwahnsinniger Verkleidung daher. Das Lachverbot ist mit einem Wahrheits- und Beziehungsfundamentalismus verbunden, so dass einem das Lachen vergeht. Einem Fundamentalismus, der Sicherheit, Gewissheit, Wahrheit, Recht und Gerechtigkeit auf seine Fahnen geschrieben hat. Die sogenannte Wirklichkeit wird dabei zu ernst genommen. Ernst grenzt das aus, was der eigenen Überzeugung nach nicht in die Welt gehört. Humor und Lachen schließen dagegen auch die Widersprüchlichkeiten ein. Die Welt wird uneindeutig. Ernst reduziert, Humor erweitert. Humor macht vieldeutig. Er enthüllt blitzartig die Welt in ihrer moralischen Mehrdeutigkeit und den Menschen in seiner Begrenztheit, andere zu beurteilen oder gar zu verurteilen. Dem Witz und der Komik liegt ein gedanklicher Dreh zugrunde. Lustig ist, wenn zusammenkommt, was nicht zusammengehört. Das Ganze erscheint dann in einem neuen Licht, alles oder vieles ist plötzlich anders, und anderes wird möglich. Eine humorvolle Bemerkung kann Kommunikation beschleunigen oder zumindest erhalten. Humor eröffnet neue Interpretationsmöglichkeiten, einen neuen Anfang, und neue Energie lässt die Kommunikation wieder fließen.

Ein Ehepaar, das ich kenne, beide in Deutschland geboren, aber mit einem türkischen Migrationshintergrund, hat für verfahrene Situationen ein Humorritual entwickelt, das in den meisten Fällen aus der Sackgasse herausführt. Beide verfallen dann in eine Sprachform, die auch als Kanakdeutsch bezeichnet wird: *Pass mal auf, hier kannst du lernen, was geht. Ey Alder, willst du Probleme. Was guckst du?* Das Ergebnis ist Lachen, und es kann weitergehen – dann wieder im gewohnten Deutsch.

Der Ausweglosigkeit ein Schnippchen schlagen: der Galgenhumor

Lachen stellt eine Verbindung von Stärke und Schwäche her und ist daher besonders effizient in Situationen, die als Krise bewertet werden, dort, wo die Gefahr des Scheiterns besteht. Humor richtet sich nicht gegen jemanden, sondern gegen die Auswirkungen einer Situation. Der Humor vermittelt eine Idee von der möglichen Überwindung der Krise. Der Lachende befreit sich und erhebt sich über die Krise. Er weigert sich, sich zum Leiden nötigen zu lassen. Die Lage ist zwar hoffnungslos, aber nicht ernst. Am deutlichsten kommen diese Merkmale beim sogenannten

Galgenhumor zum Tragen: Am 25. Juli 2008 sprach der wegen Mordes in den USA zum Tode verurteilte Christopher Emmett, nachdem der Gouverneur von Virginia das Gnadengesuch abgelehnt hatte, als letzte Worte vor der Vollstreckung des Urteils: »Sagt dem Gouverneur, dass er gerade meine Stimme verloren hat.«

Humor ist nicht unbedingt konstruktiv, und man sollte es daher gar nicht erst versuchen, konstruktiv humorvoll zu sein oder gar konstruktiv zu lachen. Im Gegenteil. Humor ist destruktiv, und das zeigt besonders gut der Galgenhumor. Er verweigert die Zustimmung zu etwas, was problematisch ist. Und das wird am deutlichsten bei den unlösbaren Problemen, dem Tod, der Einsamkeit und der Niederlage. Humor erzeugt und entspringt dem Sinn für die Absurdität des Lebens und ist dadurch ein Gegenmittel gegen die Erniedrigung durch Angst, Scham, die vergebliche Anstrengung und den befürchteten Gesichtsverlust. Man kann dann zu seinem eigenen Harlekin oder Hofnarr werden, der scheinbar dumm die Weisheit der reifen Resignation verkörpert. Besser ein ganzer Narr als nur ein halber Weiser, behauptet ein jiddisches Sprichwort.

Lachen macht nicht nur Spaß, sondern ist auch vernünftig

Lachen hat mit Gefühlen zu tun. Gefühle sind ansteckend, allerdings nur, wenn sie gezeigt werden. Das gilt für negative Gefühle – Ärger, Zorn, Wut, Aggression – wie auch für positive – Freude, Lachen, Humor.

Verzichtet ein Ehepartner auf die vom anderen erwarteten negativen Gefühle, ist dieser überrascht und wird stattdessen vom Lachen angesteckt. Der Partner hingegen, der, statt Ärger, Wut und Aggression zu zeigen, sich all dies erspart und stattdessen mit Humor auf eine Situation reagiert, hat mit dem »Trotzdem« geantwortet. Humor lässt das Problematische, ja das Tragische der sogenannten Wirklichkeit schlecht aussehen.

Dass Kinder und sogar Babys sich besser als Erwachsene auf das Lachen verstehen, haben wir ja schon festgestellt: 400-mal am Tag gegenüber 20-mal am Tag. Kinder lachen vielleicht aber auch aus anderen Gründen. Kinder lachen, weil sie sich freuen, Erwachsene, um sich nicht zu ärgern. Beides ist ansteckend und vernünftig.

In manchen unvernünftigen Ehegesprächen wird man daher viel ernsthafte Wahrheitssuche finden, aber keinen Humor. Deshalb kann es gerade bei eskalierenden Konflikten äußerst nützlich sein, sich nicht von der ernsthaften Wahrheits- und Gewissheitssuche anstecken zu lassen und stattdessen Humor und Lachen zu nutzen. Humor bedeutet ein Vertrauen in die Stärke der eigenen Position und zugleich ein Wissen um ihre Schwäche. Das letzte Wort ist nicht zu erwarten, wohl aber das Lachen.

Insofern ist Lachen eine besondere Form der Vernunft, die ja auch darin besteht, sich von unmittelbar Gegebenem zu distanzieren. Lachen hat allerdings noch den besonderen Vorteil, dass es mit Genuss verbunden ist. Denn, daran sei erinnert: Lachen kann Spaß machen. Wohingegen denken manchmal traurig machen kann.

In den Turbulenzen der Ehe kann man mit Humor und Lachen die Übersicht behalten und Ruhe bewahren.

Mildes Lachen

Das milde Lachen akzeptiert die eigene Unzulänglichkeit und die des Partners und auch die unvermeidlichen Unzulänglichkeiten des Ehelebens.

Der Witz ist vielleicht die einzige Art, mit der man es schafft, etwas zu sagen, ohne sich selbst und den anderen zu verletzen und einen Krieg anzuzetteln. Das Lachen legt sich über die Realität, versetzt in eine andere, irreale Welt, mit gleichwohl denselben Tatsachen und Gesten und denselben Akteuren. Humor erlaubt es Ehepartnern, etwas zu einem Thema zu sagen, das den einen oder anderen oder beide ärgert, ohne viel darüber zu sagen. So wie der Vater des berühmten Regisseurs Billy Wilder auf die entsetzte Frage seiner Familie reagierte, warum er um Gottes willen sein Hotel verkauft habe, um stattdessen eine Forellenzucht aufzuziehen. *Du verstehst doch überhaupt nichts von Forellen!*, sagt die Familie. *Was heißt hier verstehen?*, antwortet der Vater, *Forellen sind auch nur Fische.*

Der Humor lässt uns Selbstbeherrschung und Distanz zu den Quellen des Ärgers entwickeln

Lachen entfaltet seine besondere Wirkung im Übrigen sofort. Ist die Lawine einmal losgetreten, zeigt das Lachen eine ähnliche Wirkung wie Gähnen: Es steckt an und steigert sich. Es entstehen Lacheskalationen. Das Lachen kann dann auch seine soziale Hauptbotschaft für die Ehe weitergeben: Lachend signalisieren wir Zustimmung, Sympathie und Offenheit, überspielen Aggressionen oder Langeweile und stiften ein Gefühl der Zusammengehörigkeit.

Schönlachen und Gesundlachen

Lachen lockert die Kontrolle – über die Ehe und den Partner, aber, wie Neuroforscher inzwischen festgestellt haben, auch in Bezug auf die eigene Person. Die hirngesteuerte Kontrollinstanz wird im Frontalhirn vermutet. Lachen deaktiviert die Kontrolle und aktiviert gleichzeitig das sogenannte »mesolimbische Belohnungssystem«[96]. Dieses wird zum Beispiel durch Kokainkonsum massiv stimuliert, aber auch bei Verliebten.[97] Verliebt sein, sich vor Lachen ausschütteln und Kokain aktivieren die gleichen Hirnareale. Wir können etwas also nicht nur schönreden, sondern auch schönlachen.

Was geschieht beim Lachen? Die Nase legt sich in Falten, die Nasenlöcher weiten sich. Der Kopf wird zurückgeworfen, die Augen werden geschlossen. Der Zygomaticus-Muskel, der zu den Lachmuskeln gehört, zieht als musculus zygomaticus major den Mund nach oben, als musculus zygomaticus minor die Oberlippe nach oben, kurz: er sorgt für einen glücklichen Ausdruck. Die Augenmuskeln werden angespannt, der Körper betreibt Höchstleistung. Vom Gesicht bis zum Bauch sind beim Lachen fast 300 verschiedene Muskeln beteiligt. Allein im Gesicht werden 17 Muskeln angespannt. Bei einem richtigen Lachanfall pressen die Bauchmuskeln die Luft mit einer Geschwindigkeit von 100 Stundenkilometern hinaus. Die Atmung geht um ein Vielfaches schneller, und die Lunge nimmt rund drei- bis viermal so viel Sauerstoff auf wie gewöhnlich. Der Brustkorb wird teilweise schmerzhaft gezerrt, das Zwerchfell hüpft. Beim Lachen stoßen wir seltsame rhythmische Laute aus. Der einzelne Laut dauert ungefähr 75 Millisekunden, und bis zum nächsten vergehen 210 Millisekunden. Stimmt dieses Verhältnis nicht, kommt uns das Lachen künstlich vor. Die Stimmbänder werden in Schwingung versetzt. Der Schall männlichen Gelächters hat mindestens 280 Schwingungen pro Sekunde, der des weiblichen sogar 500. Der Puls rast, die Durchblutung wird angeregt und fördert die Verbrennung von Cholesterin. Danach nimmt die zuvor gestiegene Herzfrequenz ab, und der Blutdruck sinkt anhaltend. Nach dem Lachen kommt der Körper wieder zur Ruhe. Nach der großen Muskelanspannung und der inneren Massage durch das vibrierende Zwerchfell sind die Muskeln nun gut durchblutet und entspannt. Stresshormone können abgebaut werden. Herzhaftes Lachen kräftigt auch das Herz-Kreislauf-System. Zwanzig Sekunden Lachen entspricht etwa der körperlichen Leistung von drei Minuten schnellem Rudern. Zudem wird die Herzinfarktgefahr durch häufiges Lachen halbiert.

Die Zahl der Stresshormone im Blut nimmt ab. Glückshormone, sogenannte Endorphine hingegen, werden ausgeschieden. Entspannung setzt ein. Auch die Verdauung wird angeregt. Der Stoffwechsel wird somit positiv beeinflusst. Sogar die Schmerzempfindung wird verringert. Selbst gegen Verstopfung, Schlaflosigkeit und Kopfschmerzen soll Lachen helfen. Schmerzpatienten sollen nach nur wenigen Minuten Lachen eine Erleichterung erfahren, die mehrere Stunden anhalten kann.

Sie werden es bemerkt haben. Zwischen den körperlichen Phänomenen beim Lachen und beim Sex gibt es gewisse Ähnlichkeiten. Das kann einen auf die Idee bringen, dass dann, wenn es zum Sex nicht reicht, oder die Umstände nicht passend sind, Lachen eine Alternative sein könnte. Wer keinen Sex miteinander hat, kann wenigstens miteinander lachen. Für Fortgeschrittene kann aber auch Sex bei genauerer Betrachtung Anlass zum Lachen geben, dann hätte man sozusagen eine Doppelwirkung. Wer das Ganze, Sex oder Lachen, Sex und Lachen, Sex zum Lachen, Lachen zum Sex jedoch aus gesundheitlichen Gründen betreibt, hat es immer noch nicht verstanden, bzw. das wäre dann ein weiterer Grund zum Lachen.

Aber ganz so einfach soll die Sache nun doch nicht sein. Und für alles, was nicht einfach ist, gibt es ja die ernsthafte Forschung. Warum sollte der Humor davon verschont bleiben? Irgendwie wird man es schon hinbekommen, dass auch beim Humor der Spass aufhört. Gelotologie ist die Humorforschung und ein Gelotologe ist ein Humorforscher. Die Gelotologen haben inzwischen herausgefunden, dass man bis zu 2500 Funktionen des Lachens unterscheiden kann, und ein Ende ist noch nicht abzusehen.

Aber man sollte auch an die Nebenwirkung dieser ernsthaften Forschung denken. Mark Twain hat die Erforschung des Humors mit der Vivisektion eines Frosches verglichen: Es interessiert nur wenige Menschen, und am Ende ist der Frosch tot.

Immerhin sind viele Menschen daran interessiert, als humorvoll zu gelten. Laut einer Umfrage des Instituts für Demoskopie in Allensbach meinen 68 % der Deutschen, sie lachten überdurchschnittlich oft über sich selbst. Wie dem auch sei, Humor macht sexy, wenigstens finden das die Frauen: Sie finden Männerporträts attraktiver, wenn diese ein witziges Zitat ziert. Der Mann dagegen bevorzugt Frauen, die weniger selbst scherzen als über seine Witze lachen.[98]

Unerwünschte Nebenwirkungen

Allerdings darf bei allem Lob des Lachens nicht vergessen werden, dass es auch negative Nebenwirkungen des Lachens gibt. Lachen kann Krieg bedeuten. Dann nämlich, wenn der Partner lächerlich gemacht und mit Spott überzogen wird. Hier wird der Humor zu einer Kampfstrategie im ehelichen Kampfgewühl. Wer spottet, bezieht sich selbst nicht in das Lachen ein, kann damit keinen Abstand von sich selbst gewinnen und lacht auf Kosten des anderen. Das wird ihm meist früher oder später zurückgezahlt, was nicht lustig ist.

Vernünftiger Humor bezieht beide ein. Lachen hat nichts mit Besserwisserei zu tun und kann daher Gemeinschaft stiften, wohingegen Spott Zwietracht erzeugt.[99] Das Motto »Lieber einen Partner verlieren als einen Witz« kann zwar mit Lachen einhergehen, ist aber kein vernünftiger Humor und keineswegs ehetauglich. Human wird der Humor erst in der Verwandlung vom Auslachen zum Anlachen.

Spaßbremsen

Auch wenn es gebräuchlich ist, zu sagen: Er oder sie hat mich zum Lachen gebracht oder er oder sie hat mich geärgert, sind es nach wie vor höchstpersönlich wir selbst, die lachen, sich freuen oder sich ärgern. Lachen, Gefühle und Humor sind selbst gemacht, und daher kann auch der Gegner des Lachens und des Humors nicht woanders gesucht werden als bei uns selbst. Die Spaßbremsen sind in unseren eigenen Vorstellungen, unseren Ideen und den Leitmotiven unseres Handelns zu finden. Hier ein paar Fundsachen:

- ❒ Ich darf mich nicht lächerlich machen! Wenn ich mich lächerlich mache, verliere ich den Respekt des Partners, verliere mein Gesicht, und vor allem verliere ich meine Chancen, Einfluss zu nehmen. Ich verliere auch an Attraktivität. Also: ernst sein und ernst bleiben!
- ❒ Ich kann und muss erfolgreich sein, denn für mich ist alles machbar und ich kann es perfekt hinbekommen. Lachen und Humor halten mich nur von dieser anstrengenden Aufgabe ab, schwächen mich bei meinen erfolgs- und zielorientierten Anstrengungen. Ich habe schon Humor, aber ich setze ihn ein, um zum Beispiel Konkurrenten aus dem Wege zu räumen.
- ❒ Schicksal, Pech und Unglück war einmal, gibt es aber für mich nicht. Ich selbst bin die Ursache meines Erfolges, und dem habe ich mich mit allem Ernst zu widmen. Katastrophen sind vermeidbar, das Risikomanagement ist eine ernsthafte Angelegenheit.

- Ich gebe die Hoffnung nie auf. Es ist immer was zu machen, und das muss dann auch gemacht werden. Die Lage kann zwar ernst sein, sie ist es auch oft, aber nie hoffnungslos. Man muss die Hoffnung nur ernst nehmen.
- Ich darf keine Fehler machen. Wenn ich Fehler mache, dann verpasse ich den Erfolg, verliere die Kontrolle. Ich bin für Fehlerlosigkeit verantwortlich. Wenn ich Fehler mache, verfehle ich das Glück – und die perfekte Ehe.

All diese Leitmotive sind weit verbreitet. Sie verbinden sich mit unseren Vorstellungen vom Erwachsensein, dem Ziel, das Leben autonom zu gestalten und im Griff zu haben.

Was tun?

Leitmotive des Erwachsenseins müssen nicht vernünftig sein, für eine Ehe sind sie meist sogar extrem unvernünftig. Daher kann Humor und Lachen eher in »kindischer« Vernunft gefunden werden. Auch dazu ein paar Fundsachen.

- Das Gegenteil von dem sagen, was man denkt. Bewusst mit Missverständnissen spielen. Beispiel: *Damit das ganz klar ist, ich lache dich nicht an, sondern aus!* (lachend) Hier entsteht etwas, was man als die positive Kraft des negativen Denkens bezeichnen könnte.

- Übertreibungen. Der Ernst versucht »den Ball flach zu halten«, damit es keine Missverständnisse gibt und die befürchteten Konsequenzen nicht eintreten. Das Ergebnis ist meist eine Ausweitung der Kampfzone. Die Übertreibung tut das nicht. Sie ist die ausgeweitete Kampfzone und lädt daher zur Eingrenzung ein. Beispiel: *Du spinnst ja, du gehörst in eine geschlossene Anstalt – Liebling, wir sind bereits in einer geschlossenen Anstalt, du hast es bisher nur für unsere Ehe gehalten.*

- Dort, wo Worte Leid und Unglück erzeugen, können nonverbale Humorformen geeignet sein, das Problematische zu unterbrechen. Etwa die Bewaffnung eines Paares mit Wasserpistolen, die ständig geladen und entsichert in einem Schulterhalfter mitgeführt werden. In Situationen, in denen einer der beiden Ehepartner zu den bekannten Worten greift, gleichgültig, wo und wann, steht dieser auf, geht auf den Ehepartner zu, stellt sich vor ihn und schießt ihm mit der Wasserpistole genau zwischen die Augen. Hier wird nicht nur – wie manche Psychologen glauben könnten – den natürlichen wechselseitigen Tötungsabsichten der Ehepartner Rechnung getragen, sondern die bisher verwendeten Totschlagargumente finden in diesem Arrangement einfach keinen Platz mehr. Wem das Ganze zu aufwendig erscheint, der kann oftmals aber auch ganz überraschende Wirkungen nur durch das Überstreifen einer Clownsnase erzielen. Aber auch die sollte man dann natürlich für alle passenden Gelegenheiten mitführen!

- ❒ Auch das Nachspielen dessen, was ohnehin geschieht, also die Realsatire, kann überraschende Effekte erzeugen. Wir sind ja sonst immer mit allem Ernst damit beschäftigt zu erklären, dass es in Wirklichkeit gar nicht so ist, wie es ist. Dabei ist es ja in Wirklichkeit noch schlimmer. Dort liegen aber auch die besten Gründe fürs Lachen. Wenn etwa anhaltendes eiskaltes Schweigen das ist, was man von seinem Partner erfährt, man aber eigentlich mit ihm reden, zumindest eine Antwort haben möchte, kann man beispielsweise am schweigenden Partner vorbeigehen, die Kühlschranktür öffnen und sich stumm aber andächtig vor die geöffnete Kühlschranktür stellen. Mit einer gewissen Wahrscheinlichkeit wird man dann gefragt: Was machst denn du da? Diese Frage kann man dann folgendermaßen beantworten: Ich versuche gerade herauszufinden, ob mir wenigstens der Kühlschrank antwortet.

- ❒ Gründe suchen, über sich selbst zu lachen. Nicht so ganz einfach, da man Abstand von sich selbst gewinnen muss, um sich selbst als Grund fürs Lachen nutzen zu können. Kürzlich erfuhr ich aber von einem Ehemann, dass auch das gelingen kann. Er war übrigens neben seinem Eheleben noch als Arzt tätig, was aber fast schon zu einer Nebentätigkeit geworden war, angesichts der Beschäftigung mit seiner Ehe. Er hatte sich im Urlaub ein T-Shirt gekauft, das er nun zu bestimmten Gelegenheiten mit Erfolg im Rahmen seines Ehedisputes anzog. Auf der Vorderseite war der Satz aufgedruckt: *You can trust me, I'm a doctor.*

Es gibt sicher noch eine ganze Reihe weiterer Möglichkeiten. Dabei ist es wichtig, darauf zu achten, ob es uns auch gelingt, nicht nur uns selbst, sondern auch den Partner zum Lachen zu bringen.

Aber wie alles hat auch Humor und Lachen seine Zeit. Das Lachen kann seine positive Wirkung nur entfalten, wenn es kein erstarrtes oder gar verordnetes Lachen ist. Dann kann es furchtbar und zur öden Spaßgemeinschaft werden. Dieses Lachen wird lächerlich, so wie die reife, mehrfach geliftete Ehegattin bei der Beerdigung ihres Mannes unangenehm auffällt, weil sich ihr schönheitschirurgisch einoperiertes Lächeln nicht mehr aus ihrem Gesicht entfernen lässt. Robert Gernhardt[100] meint hingegen:

Dich will ich loben: Häßliches,
du hast so was Verläßliches.
Das Schöne schwindet, scheidet, flieht –
fast tut es weh, wenn man es sieht.
Wer Schönes anschaut, spürt die Zeit,
und Zeit meint stets: Bald ist's soweit.
Das Schöne gibt uns Grund zur Trauer.
Das Häßliche erfreut durch Dauer.

12
Der flüchtige Zeitgeist und die dauerhafte Ehe
Ein sinnstiftender Konflikt

Ehepaare leben nicht allein auf der Welt. Sie sind umgeben von anderen Paaren, von Kindern, Eltern, Arbeitskollegen, von Arbeitsverhältnissen, politischen und ökonomischen Verhältnissen, von Informationen, die beachtet oder auch ignoriert werden können, von Werten, Weltanschauungen, Lebensentwürfen und Vorschlägen zur Lebensgestaltung. Es kann sehr vernünftig sein, diese Umwelten zu berücksichtigen. Es kann sogar vernünftig sein, sich diesen Umwelten anzupassen. Wenn die Uhren auf die Sommer- bzw. Winterzeit umgestellt werden, lässt sich durch Anpassung so mancher Ärger vermeiden. Es kann aber andererseits auch höchst vernünftig sein, sich bestimmten Vorgaben der Umwelt nicht anzugleichen und dadurch den Erfolg einer Ehe wahrscheinlicher zu machen.

Bleiben wir zunächst bei den verschiedenen Herkunftsfamilien der Ehepartner, deren Einfluss etwa an Feiertagen, z.B. an Weihnachten, hochbedeutsam sein kann. Wen besuchen wir bzw. wen laden wir ein, und wie benehmen wir uns dann hier oder dort? Aber auch die Zukunft der Herkunftsfamilien kann bedeutsam sein: Wie begegnen wir den Herausforderungen alter Eltern/Schwiegereltern? Wer soll entscheiden, ob der an einer

Demenz erkrankte Vater ins Heim kommen soll oder von der Schwiegertochter zu Hause gepflegt wird, und wann wird das entschieden?

Aber auch die gegenwärtige Familie stellt eine bedeutsame Umwelt für ein Ehepaar dar: Welche Rolle spielen Kinder, auch wenn sie noch nicht da sind, und erst recht, wenn sie da sind? Welche Rolle spielen sie, wenn sie dann eines Tages ausgezogen sind?

Es gibt eine Berufs- und Arbeitsumwelt, die in die Ehe hineinspielt. Die Arbeitswelt kann zu einem Konkurrenten für den Partner werden: »Du bist ja mit deinem Job und nicht mehr mit mir verheiratet.« Auch die Pensionierung kann zu einer Belastung des Ehelebens werden: »Früher hattest du doch immerhin noch eine Aufgabe, jetzt hängst du nur hier rum und behinderst mich!«

Und umgekehrt spielt die Ehe in den Arbeitskontext hinein. Berufsentscheidungen können zu Beziehungsentscheidungen werden: »Den Job kannst du nicht annehmen. Das würde ja bedeuten, dass ich meinen aufgeben muss, wenn wir weiterhin zusammenleben wollen!«

Und es gibt einen gesellschaftlich-politischen Kontext, einen bestimmten Zeitgeist, der einen oder mehrere Wertekataloge und Verhaltensanweisungen bereithält, deren Befolgung einen selbst und die Ehe in Einklang mit dieser gesellschaftlichen Umwelt bringen kann.

Es ist sicher vernünftig, diese verschiedenen Kontexte gegebenenfalls zu berücksichtigen. Es kann aber auch unvernünftig sein, sich zu sehr in sie zu integrieren. Eine angestrengte Angleichung an diese Kontexte kann mit erheblichen Kosten und mit großen Belastungen einhergehen und den Erfolg einer Ehe gefährden. Es kann einer Ehe daher manchmal gut bekommen, wenn man sich quer zum Zeitgeist oder sogar gegen ihn stellt. Die Vernunftehe kann ein Unternehmen der Abweichung und der Integrationsverweigerung sein. Davon soll nun die Rede sein.

Was sind wesentliche Werte des Zeitgeistes? Wo und wie kann die Vernunftehe den Konflikt mit dem Zeitgeist wagen, wo vernünftigerweise vom Zeitgeist abweichen und die Integration in den Zeitgeist verweigern? Wie kann die Vernunft die Ehe von den Zumutungen des Zeitgeistes entrümpeln, um Raum zu schaffen, damit die Ehe sich dehnen, atmen und strecken kann?

Herr Fichte ist 39 Jahre alt und führt zusammen mit einem Partner eine kleine Werbe- und Graphikfirma, die sich auf Internetauftritte ihrer Kunden spezialisiert hat. Frau Fichte ist 36 Jahre alt und Betriebswirtin, arbeitet aber zurzeit nicht in ihrem Beruf. Das Ehepaar ist seit zehn Jahren verheiratet und hat zwei Kinder: Susanne ist drei Jahre und Kai ein Jahr alt. Herr Fichte hat einen Sohn aus einer ersten Ehe, Oliver, 15 Jahre, der bei seiner Mutter, Herrn Fichtes Exfrau lebt, aber jedes zweite Wochenende bei der Familie Fichte verbringt.

Frau Fichte berichtet über ein solches Wochenende: »Mein Mann ist beruflich sehr engagiert und arbeitet auch am Wochenende. Wenn die Kinder ihren Mittagsschlaf machen, geht er ins Büro und ich erledige die liegengebliebene Hausarbeit oder muss mich dann mit Oliver beschäftigen, mit dem ich mich eigentlich gar nicht gut verstehe. Oliver lässt sich von mir nichts sagen, er möchte eigentlich die ganze Zeit allein mit seinem Vater verbringen. Ich habe dann das Problem, dass ich auch noch versuchen muss, seinen fehlenden Vater zu ersetzen, was mir eigentlich nie gelingt. Nach einem solchen Wochenende bin ich fix und fertig, obwohl ich im Nachhinein eigentlich gar nicht so recht weiß, was ich alles gemacht habe.«

Es ist später Sonntagnachmittag. Oliver sitzt inzwischen vor dem Flachbildschirm und schaut sich einen Film an, den Frau Fichte aus einem DVD-Verleih besorgt hat. Herr und Frau Fichte sprechen miteinander. Herr Fichte hört die Klagen seiner Frau, sieht auch das Problem, verteidigt aber vehement sein berufliches Engagement, schließlich sorge er damit für die Familie. Seine Büroarbeit während des Mittagsschlafs der Kinder sieht er als guten Kompromiss, weil er in dieser Zeit weder von seinen Kindern gebraucht werde noch seine Frau in Bezug auf die Kinder entlasten müsse. Und Oliver sei inzwischen ja groß genug, um etwas mit sich selbst anzufangen.

Während des Gesprächs mit seiner Frau ruft sein Partner zweimal an, um mit ihm ein für die kommende Woche geplantes Projekt zu besprechen. Frau Fichte ist genervt. Herr Fichte ist genervt, weil seine Frau genervt ist. Frau Fichte bringt die Kinder ins Bett und fährt Oliver zum Bahnhof. Herr Fichte setzt sich an seinen PC, um die inzwischen eingetroffenen E-Mails zu lesen und die dringlichsten zu beantworten. Zwei beziehen sich auf das anstehende Projekt. Drei weitere sind Kundenanfragen, wie immer dringend. Er bereitet dann noch schnell ein Angebot für einen der möglichen Kunden vor und schickt es seinem Partner, damit man weitere Abstimmungen dazu am Montagmorgen vornehmen kann.

Er wird immer wieder bei seiner Arbeit unterbrochen, weil seine Tochter nicht einschlafen kann und nach ihrer Mutter verlangt. Frau Fichte hat inzwischen Oliver zum Bahnhof gefahren, besucht auf dem Rückweg eine Freundin, kommt nach Hause, sieht ihren Mann am PC und zieht sich genervt mit einer Flasche Wein ins eheliche Schlafzimmer zurück.

Schneller werden! Mehr erledigen! Mehr erleben!

Der Zeitgeist macht sich besonders kenntlich an der Art und Weise, wie Zeit erlebt und wie Zeit organisiert wird.[101]

Es ist lange her, dass Zeit- und Lebensrhythmus durch die Natur, also durch den Wechsel der Jahreszeiten, den Wechsel von Tag und Nacht, durch Sonnenaufgänge und Sonnenuntergänge bestimmt wurde. Wir erleben diese Zeitorganisation vielleicht gelegentlich noch in Ausnahmezeiten, z. B. während eines Urlaubs.

Mit der Erfindung der mechanischen Uhr entsteht die Möglichkeit, sich von der Natur und ihren Vorgaben zu emanzipieren. Noch die Sonnenuhr war abhängig von Naturphänomenen, eben der Sonne und deren Verhalten. Mit der mechanischen Uhr wurde es dann möglich, sich von der unbeeinflussbaren Natur zu emanzipieren.

Entscheidungen und Handlungen des Alltags werden dem Gang der Zeiger unterworfen. Die Zeiterfahrung wird zur be- und verrechenbaren Größe. Zeit kann mit Geld verrechnet werden. Es entstehen ganz neue Phänomene und Begriffe: Stundenlöhne, Zeitstrafen, Arbeitsregelungen, Freizeitregelungen. Zeitkontrolle, Zeitmanagement und Pünktlichkeit werden zu den neuen Werten. Immer mehr Zeit wird in Geld verrechnet. Die Devise lautet: Schneller werden, rascher produzieren, mehr erleben!

Inzwischen sind wir aber am Ende des Wachstums durch Beschleunigung angekommen. Informationen sind nun die wichtigsten Wirtschaftsgüter, die elektronisch transportiert werden. Schneller geht es nicht. Weitere Wachstumssteigerungen sind nicht mehr über gesteigerte Schnelligkeit zu erreichen, sondern über Gleichzeitigkeit und über Zeitverdichtung: Immer mehr und Unterschiedliches zur gleichen Zeit!

Die neue Zeitkultur hat den Simultanten[102] hervorgebracht: einen Menschen, der die Dinge nicht nacheinander, sondern gleichzeitig tut und dessen wichtigstes Instrument das Handy und der Laptop ist. Aktiv rund um die Uhr, von zeitlichen und räumlichen Bindungen befreit, kann er gleichzeitig telefonieren, E-Mails lesen und den Drucker bedienen. Man begegnet ihm unterwegs mit anrufbereitem Handy, Laptop und MP3-Player, wo er sich in den ICEs und auf Flughäfen während der Arbeit das Frühstück servieren lässt, mit seiner Freundin und danach mit seiner Frau telefoniert und am Abend auf der Rückreise sich gleichzeitig am Laptop zu schaffen macht, einen Tee trinkt, mit seiner Reisebegleiterin flirtet und seine kleine Tochter mit dem Handy zu Bett bringt.

Multitasking hat fast in allen Lebensbereichen Einzug gehalten: In der Esskultur, der Freizeitkultur, der Familienkultur und auch in der Liebeskultur setzt man auf die vielen Möglichkeiten der Erlebnisverdichtung. Man ist dabei gleichzeitig an- und abwesend, hier und dort, allein und in Gesellschaft.

Welche der dabei ankommenden Nachrichten nun geschäftlicher, familiärer oder gar intimer Natur sind, ist nur noch mit erheblichem Aufwand festzustellen, ob es sinnvolle Nachrichten sind, bleibt dann immer noch dahingestellt.

Die Unterschiede zwischen Tageszeiten und Wochenzeiten sind verschwunden. Die Trennung früher noch unterschiedener und unterschiedlicher Bereiche wie z. B. Familienbereich, Arbeitsbereich, Liebesbereich hat sich aufgelöst, und die Bereiche sind füreinander zugänglich geworden: der Abend, die Nacht und das Wochenende werden für Wochentägliches geöffnet. Es ist schon einige Jahrzehnte her, dass Gewerkschaften mit einem Plakat geworben haben, auf dem große Kinderaugen zu dem Slogan strahlten »Samstags gehört Vati mir!«[103]

Altes schnell entsorgen! Neues schnell besorgen!

Je mehr in einen begrenzten Zeitraum hineingepackt wird, umso mehr löst sich die Gegenwart auf. Das eben noch Gewesene, das schnell Veraltete, muss rasch verschwinden. Das Alte steht ja nur den Möglichkeiten des Neuen im Wege. Es entsteht eine Lebensweise des Flüchtigen und der Flucht. Erfolg besteht darin, den Augenblick nicht zu verpassen, in dem das Alte entsorgt, abgelegt und ersetzt werden kann, um Platz zu schaffen in der Ereignisfülle. Wir leben dann in einer beschleunigten Welt, die nicht mehr lange genug anhält, um in ihr bedeutungsvolle Erfahrungen zu machen.

Das Ergebnis ist eine Empfindung der Leere. Die Gegenwart ist im besten Falle nur noch Vorbote von Besserem. Sie selbst ist wert- und bedeutungslos, da unvollständig und fehlerhaft.

Konzentration ist dagegen etwas anderes. Sie bleibt bei einer Sache. Sie nutzt neue Reizangebote nicht, schlägt Möglichkeiten aus und ignoriert Informationen.

Unsere Aufmerksamkeit ist begrenzt und eines der begehrtesten, weil knappsten Güter. Wir sind umgeben von einem unerbittlichen Konkurrenzkampf um Aufmerksamkeit, und gleichzeitig sind wir Teilnehmer dieses Kampfes. Unsere Wahrnehmung und unsere Aufmerksamkeit lassen sich mit einem Scheinwerfer vergleichen, mit dem unser Bewusstsein ins Dunkle leuchtet und Einzelnes hervorhebt, was dann beleuchtet, betrachtet, wahrgenommen und dadurch wichtig werden kann. Wir besitzen allerdings nur einen einzigen Scheinwerfer, können daher auch nur einem einzigen Vorgang unsere Aufmerksamkeit widmen. Deshalb ist Multitasking oder die Vergleichzeitigung eine Falle: Schon 15 Sekunden, nachdem man sich etwas Neuem zugewandt hat, sind so viele neue Daten angefallen, dass die vorherigen Informationen vergessen sind.[104]

Wir leben aber in einer kommunikativen Umwelt, die unermesslich viele Ereignisse bereithält. Wir sammeln in einem einzigen Jahr mehr Eindrücke als Menschen vor 200 Jahren in einem ganzen Leben. Nur fehlt uns die Zeit, sie zu genießen. Meist schon die Zeit, sie überhaupt zu erleben. Ereignisse werden nicht mehr zu Erlebnissen.

Fasse dich kurz!

Mit der Zeitverdichtung und Vergleichzeitigung entsteht eine Kultur der Kurzfristigkeit, des kurzen Blickes und der schnellen Hand. Politik, Ökonomie, die Art und Weise, wie soziale Beziehungen, auch intime soziale Beziehungen, gestaltet werden, folgen diesem Trend. Statt Langfristigkeit und Umsichtigkeit herrschen Kurzfristigkeit und Kurzsichtigkeit. Die Bezeichnung »derzeitiger Lebensabschnittspartner« bringt diesen Trend auf den Punkt, wobei die Portionierung der Lebensabschnitte eine weitere Verkürzung von Partnerschaften ermöglicht.

Mit der Wertsteigerung der Kurzfristigkeit geht eine Wertsteigerung der Mobilität einher. Sie wird zu einer neuen Kernkompetenz. Früher waren vagabundierende Lebensweisen wenig gefragt, und ein nicht nachweisbarer fester Wohnsitz rief den Generalverdacht fehlender Seriosität und Unzuverlässigkeit hervor.[105] Das hat sich inzwischen gründlich geändert. Mit leichtem Reisegepäck unterwegs zu sein ist ein Erkennungsmerkmal für Qualität. Leichtigkeit, Flüchtigkeit, kurze Aufenthalte sind Vorteile des Gewinners. Festhalten, Sesshaftigkeit und das Bestehen auf Zuverlässigkeit sind die Merkmale der Verlierer, zumindest der ewig Gestrigen. Zukunft hat, wer jederzeit bereit ist, sich zu verändern, und nur vorübergehend, fast widerwillig, einen bestimmten Standpunkt einnimmt.

Man ist dann selbst in intimen Beziehungen wie das Kapital der Finanzmärkte unterwegs: auf der Suche nach kurzen Abenteuern mit maximaler Rendite und optimistisch, dass es immer wieder solche Abenteuer geben wird. Kurze Begegnungen treten an die Stelle langfristiger Verpflichtungen. Statt auf Langfristigkeit auf Kurzfristigkeit setzen, sich leicht von den nun kurzlebigen Dingen trennen und dafür neue, ebenso kurzlebige erwerben ist die erfolgversprechende Strategie. Wer an Dingen und an Beziehungen zu lange festhält, besonders dann, wenn schon neue und verbesserte Versionen auf dem Markt sind, ist hoffnungslos veraltet. Dauerhaftigkeit verliert nicht nur ihren Wert, sondern wird sinnlos angesichts der Unendlichkeit der Möglichkeiten. Und es wächst der Glaube, dass mehr Optionen besser seien als weniger Optionen. Man merkt im Laufe seines Lebens, dass man immer weniger Zeit für immer mehr Möglichkeiten und Wünsche zur Verfügung hat.

Was tun? Hier nun können wieder die Versuche einsetzen, die Kürze der Lebenszeit durch viele kleine und große Beschleunigungen und Vergleichzeitigungen wettzumachen. Dann könnte – so die Hoffnung – die Lebenszeit wenigstens intensiver als vorher erlebt werden. Ich eile, also bin ich. Für ältere Autos gibt es ja inzwischen die »Abwrackprämie«. Warum nicht auch für unsere in die Jahre gekommenen Ehen?

Oder man könnte versuchen, die Zeit anzuhalten. Zwar stehen das Altern und schließlich der Tod den unbegrenzten Möglichkeiten entgegen. Aber auch dagegen wird angegangen:

Der jugendliche, bewegliche Körper und die reife Haut

Aus der Werbung:

Wenn ihr »Lieblingskleid« eine Nummer zu groß geworden ist.

Reife Haut. Abnehmende Hormonaktivität: Die Haut erschlafft und verliert an Substanz. Straffere Gesichtshaut ist keine Frage des Alters. Sondern? Reine Formsache. Die Haut erschlafft – erst kaum sichtbar, dann spürbar. Gesichtszüge und Halskonturen verlieren nach und nach die Form – und man fühlt sich in seiner Haut wie in einem Kleid, das eine Nummer zu groß geworden ist.

Die wissenschaftliche Entdeckung:

(...) von (...). Eine Gruppe von Wissenschaftlern und Dermatologen hat in 7 Jahren intensiver Forschungsarbeit 2 dermatologische Wirkstoffe entwickelt, die in der Lage sind, die Neubildung von Gewebesubstanz reifer Haut wieder anzukurbeln.

Das Ergebnis ist schlicht sensationell:

Diesen Wirkstoffen gelingt es tatsächlich, den Aufbau der Gewebedichte wieder anzuregen. Die Anzahl der Lipidzellen der stützenden Lipostruktur erhöht sich deutlich – mit spürbarem Erfolg: (...) verleiht reifer Haut wieder ein gesundes strafferes Aussehen, Gesichtszüge und Halskonturen werden gefestigt.

Der Fortschritt ist immer einen Schritt voraus. Das Bessere kommt noch. Aber es gibt Hindernisse, die sich in den Weg stellen. Da ist beispielsweise die Lebensdauer. Ein schillerndes Phänomen. Einerseits ist unser sterblicher Körper das Langlebigste, was uns noch umgibt, und vielleicht das Einzige, dessen durchschnittliche Lebenserwartung im Laufe der Zeit zugenommen hat und vielleicht noch zunehmen wird. Der Körper ist eines der letzten Reservate von Kontinuität und Langlebigkeit. Gleichzeitig ist der Körper, bzw. die Sorge um ihn, dem dauernden Beschuss feindlicher Kräfte ausgesetzt, so dass man das ganze Leben damit beschäftigt sein kann, etwa einen anderen Hautbefund vorzutäuschen als den, den man hat.

Aber zunächst die Fakten: Wir alle werden sterben. Die statistische Todeserwartung liegt in Deutschland für Männer etwa im 75. Lebensjahr und für Frauen etwa im 80. Lebensjahr.

Vorher geschieht aber noch einiges: Bis 25 besteht für viele das gute Leben im Lernen und täglich neuen und überraschenden Eindrücken, mit 35 vielleicht im Erfolg beim Geldverdienen, der Karriere und/oder im Kinderkriegen. Vieles scheint für viele möglich. Manche müssen dann aber spätestens mit 50 feststellen, dass man sterben muss und dass man – gemessen daran, was man wirklich wollte – irgendwie vielleicht doch gescheitert ist. Es ist die Lebensphase der Herzinfarkte, der geschiedenen Ehen, der Hormonsubstitutionen, des Karriereknicks, der hoffnungslosen Liebe von Männern zu dreiundzwanzigjährigen Frauen, die Zeit der Schlaflosigkeit im Morgengrauen. Manche ziehen eine Lebensbilanz: Es wird zwar irgendwie weitergehen, aber eben nicht mehr schnurstracks in die gute alte Zukunft von morgen und übermorgen. Plötzlich, so scheint es manchem, hat die Biologie die Macht übernommen: Biochemische Prozesse werden sichtbar, die mit noch so viel Olivenöl, Anti-Aging-Therapien, Vitaminpräparaten, Fettburnern, Testosteronsalben oder Entschlackungskuren in Südtirol oder Vorpommern nicht aufzuhalten sind. Was tun, um den lebensgeschichtlichen Erschöpfungszustand aufzuhalten? Und vor allem gilt: sich nichts anmerken lassen!

Der Körper ist weiterhin der natürliche und der einzige ernst zu nehmende Feind des Überlebens. In dem Kampf, der das Überleben des Körpers bezweckt, trifft der Mensch auf ebendenselben Körper als seinen Erzfeind. Der Traum vom langen Leben macht den Körper zum wichtigsten Angriffsziel. Die praktische Betätigung im Kampf gegen das Älterwerden lässt einen dann vielleicht sogar den Tod als das unausweichliche Ende vergessen. Es gibt schließlich viel zu tun: sich in Form halten, Sport treiben, richtig und das Richtige essen, ausreichend Ballaststoffe zuführen, wenig Fett aufnehmen, Rauch und Raucher meiden, Verunreinigung von Wasser, Luft und Erde bekämpfen. Alles machbar und alles Praktiken, die das nicht handhabbare Problem des Todes lösungsorientiert in eine Reihe handlicher Probleme auflösen.[106]

Das Ideal der Gesundheit ist inzwischen aber auch schon wieder veraltet. Es ist durch die Fitness ersetzt. Um fit zu sein, genügt es nicht, gesund zu sein. Fitness ist auch nur ein Etappenziel. Der Halbmarathon ist nur die Etappe zum Marathon. Ruhepausen sind nicht vorgesehen, denn man ist nie ganz fit genug und hat sich daher weiter anzustrengen. Was ist dazu nötig? Intensive Selbstbeobachtung, mit oder ohne Pulsuhr, die Vermeidung von Selbstzufriedenheit. Angst, es nicht zu schaffen, schadet auch nicht. Es gilt, den Körper fit zu machen, denn eines der gefragtesten kulturellen Symbole im Zeitalter der Unmittelbarkeit ist ein schlanker, durchtrainierter und beweglicher jugendlicher Körper.

Lust besiegt Realität

Sigmund Freud dachte sich die Lösung des Konflikts zwischen »Realitätsprinzip« und »Lustprinzip« noch als Sieg des »Realitätsprinzips« über das »Lustprinzip«, wenn zivilisierte Formen des Zusammenlebens Bestand haben sollen. Die Entwicklung der Selbstdisziplinierung sollte die Funktion der sozialen Kontrolle ergänzen und übernehmen.[107]

Das ist inzwischen anders geworden: Erforderte früher zivilisierter Konformismus die Disziplinierung des Denkens und Handelns, sind heute Initiative, Autonomie und Selbstverwirklichung gefragt. An die Stelle von Disziplin und Gehorsam sind die Unabhängigkeit von gesellschaftlich sanktionierten Einschränkungen und das sich Verlassen auf sich selbst getreten; an die Stelle der Endlichkeit und des Schicksals – der Realität, mit der man sich abzufinden hatte – ist die Überzeugung getreten, dass alles möglich und machbar ist. An die Stelle des Erlaubten ist das Mögliche getreten. Kurz: der Sieg des Lustprinzips über das Realitätsprinzip. Jeder kann nun in einem viel weiter gesteckten Rahmen über sein Leben nach eigenem Gutdünken verfügen.

Soziale Regeln können als Verbote oder als Gebote formuliert werden. Verbote bestimmen, was auf keinen Fall getan werden darf, Gebote hingegen, was auf jeden

Fall getan werden soll. Verbote und Gebote haben unterschiedliche Schuldszenarien zur Folge. Früher bestand die Schuld im Verstoß gegen das Verbot. Konsequenz war die Bestrafung. Alternativ kam lediglich die Sühne oder die Begnadigung in Betracht, d. h. der Verzicht auf die Strafe nach Feststellung der Schuld.

Heute, in den Zeiten des Lustprinzips, besteht die Schuld im Nichtvollzug des Guten. Das Vergehen besteht nun darin, das Gebotene nicht erfolgreich in die Tat umzusetzen: Sexualität, Selbstbewusstsein, Tatkraft, Autonomie, das Ergreifen von Glücksmöglichkeiten und Gelegenheiten. Die dabei entstehende Schuld ist aber nun nicht länger ein Verbrechen, wie es beim Verstoß gegen ein Verbot der Fall sein kann, sondern ein Gebrechen oder ein Defizit. Die Konsequenz besteht jetzt in der Ermunterung, der Aufforderung, die eigenen Anstrengungen zu verstärken. Es wird zu Behandlungen und Therapien geraten. Wurde man früher bei Verbotsübertritt bestraft, wird man heute bei Gebotsverweigerung therapiert.

Herr Vogel klagt mir verzweifelt sein Leid. Er ist 59 Jahre alt und hat, wie er selbst sagt, eine bewegte sexuelle Vergangenheit hinter sich. Jetzt klappt es nicht mehr. Er habe nur noch selten, wenn überhaupt Lust auf Sex. Er hat sich ein paar Sexratgeber gekauft. Unter anderem ein Buch, in dem ihm hilfreiche Begleitung auf dem Weg von der Regionalliga zur erotischen Meisterschaft versprochen wird und Hilfestellungen für den besten Sex seines bisherigen Lebens. Die versprochenen Ergebnisse lassen auf sich warten. Er hat inzwischen das Alter in Verdacht, vielleicht aber auch eine noch nicht diagnostizierte organische Ursache. Er überlegt, obwohl es so gar nicht seinem Lebensstil entspricht, Viagra® zur Hilfe zu nehmen. Er zwinge sich aber zum gelegentlichen Sex mit seiner Frau, denn das sei ja wohl seine verdammte Pflicht.

Frau Vogel, seine 55-jährige Ehefrau, ist ähnlich verzweifelt. Auch ihre Lust auf Sex hat deutlich nachgelassen. Sie erklärt sich dies als Alterserscheinung. Die Wechseljahre haben ihr übel mitgespielt. Sie habe sich aber auch wirklich sehr gehen lassen. Sie habe zugenommen und schäme sich nicht nur vor sich selbst, sondern vor allem vor ihrem Mann, aber: sie habe sich die Selbstverpflichtung auferlegt, wieder etwas für sich – sie korrigiert sich – für ihren Mann zu tun, um ihren sexuellen Pflichten nachzukommen.

Im Verlauf der Biographie von Herrn und Frau Vogel hat fast unbemerkt, aber umso wirksamer, ein Wandel bzw. eine Umkehrung stattgefunden: Das Recht auf Sexualität und sexuelle Selbstverwirklichung ist – wie für viele andere Menschen auch – inzwischen zur Pflicht geworden. Entsprechend boomt ein Markt von Dienstleistern, die mit chemischen (Viagra® etc.), psychischen (Sexualtherapie und Beratung) sowie sozialen (sexuelle Dienstleistung, virtuelle Angebote) Hilfsangeboten bei der Pflichterfüllung zu assistieren versuchen. Leider sind die Ergebnisse nicht überzeugend.

Parallel zum eindrucksvollen Wandel vom »Recht auf« zur »Pflicht zu« hat ein mindestens so beeindruckender Symptomwandel sexueller Beschwerden stattgefunden. Waren die vorherrschenden Symptome in den Zeiten vor und während der sexuellen Befreiung Erregungs- und

Orgasmusstörungen, Vaginismus und vorzeitiger Samenerguss, ist es in den Zeiten der sexuellen Pflichterfüllung sexuelle Lustlosigkeit.[108] Die Verhältnisse haben sich praktisch umgekehrt. Die Befreiung ist zur belastenden Pflicht geworden.

Der Sieg des Lustprinzips über das Realitätsprinzip ist also auch ein Sieg der Gebote über die Verbote. Leid erwächst nicht mehr länger aus dem Übermaß an Verboten, aus der Repression, sondern aus dem Übermaß an gebotenen Möglichkeiten. Die Unzulänglichkeit, sich selbst etwas schuldig geblieben zu sein, setzt den Einzelnen ununterbrochener Anstrengung und erniedrigenden Selbstvorwürfen aus.

Die Optionsgesellschaft löst aber im Unterschied zur Verbotsgesellschaft kaum Widerstand oder gar Rebellion aus, da sie die Verpflichtung auszuwählen als Wahlfreiheit inszeniert. Sie wird zum selbstverständlichen Akt der Freiheit und zum Gebot der Selbstverwirklichung. Die Grenzen, die Unvernunft und die Kosten dieser Art von individueller Freiheit dürfen nicht offenbar werden. Die Wahlfreiheit der Individuen und ihre Autonomie werden zu höchsten Werten. Gleichzeitig breiten sich unvernünftige Abhängigkeitsphobien aus.

Abhängigkeitsphobien oder die Freiheit von anderen

Eine Ehe oder eine Partnerschaft wird als eine Beziehung zweier autonomer, geschäftsfähiger Individuen verstanden, die zwecks Maximierung ihrer individuellen Gewinne in einem Austauschverhältnis miteinander stehen.

»Sie müssen sich daher aber wechselseitig als Privateigentümer anerkennen (...) Die Personen existieren hier nur füreinander als Repräsentanten von Ware und daher als Warenbesitzer.«[109] Das Augenmerk ist darauf gerichtet, nicht über den Tisch gezogen zu werden, d.h. unabhängig und frei zu sein und es auch zu bleiben.

Damit steht die Ehe nicht allein, sondern ist auf der Höhe der Zeit und des Zeitgeistes. Denn in der arbeitsteiligen und globalisierten Gesellschaft ist man zwar von immer mehr Menschen abhängig, aber in Bezug auf jeden einzelnen dieser vielen anderen Menschen auf eine unbedeutende Weise, keinesfalls mehr auf Leben und Tod. Früher war man dagegen von ganz wenigen Menschen sehr abhängig. Jetzt aber ist Autonomie zur zentralen Aufgabe geworden. Jeder ist frei und nimmt sich die Freiheit, sein Leben nach eigenen Vorstellungen zu gestalten. Das autonom gestaltete Leben ist jedoch von permanenter Selbstunzufriedenheit begleitet. Es gibt ja niemanden mehr, an den man seine Beschwerden richten könnte. Das freie autonome Selbst beweist sich seine Heldenhaftigkeit durch Lösung von Bindungen, im Weggehen, in der Unabhängigkeit von anderen und darin, dass es diese anderen immer weniger braucht und immer weniger von ihnen will. Denn derjenige, der von einem anderen etwas will, ist in Gefahr, seine Autonomie zu verlieren. Der ist autonom, der wenig oder am besten nichts von anderen verlangt oder erwartet. Derjenige ist frei, der frei von anderen ist. Sogar sich um andere zu kümmern ist dann nur ein Hindernis auf dem Weg zur Selbstverwirklichung des freien autonomen Individuums.

In einer Gesellschaft, in der fast alles zu kaufen ist, gewinnt das, was dann noch als unverkäuflich übrig bleibt, einen hohen Wert. Natürlich kann man sogar Teile seiner selbst verkaufen. Man kann Blut, Sperma, Organe, seine Arbeitskraft, seine Stimme, sein Schweigen, seine Kompetenz verkaufen. Aber das Individuum (lat. das Unteilbare) als Person, als körperliche und geistige Einzigartigkeit, kann nicht auf dem Markt als Ware auftreten. Selbst wenn Individuen mangels eigener Ressourcen dazu gezwungen sind, für andere zu arbeiten, bleiben sie, sofern sie nicht in einer modernen Form der Sklavengesellschaft leben, gegenüber dem, der sie beschäftigt, frei.

Das Marktprinzip hat den Vorteil, dass Menschen ohne persönliche Bindung, ja auf der Grundlage von Anonymität, miteinander ins Geschäft kommen können. Dort, wo es menschliche Bindungen gibt, kann aber die Vernunft des Marktes überflüssig oder gar schädlich werden.

Darauf deutet der folgende Witz: Ein Mann hat in ein respektables Unternehmen eingeheiratet. Ein Freund fragt ihn: Hast du eigentlich aus Liebe oder aus Vernunft geheiratet? Nun, antwortet dieser: das Geschäft aus Liebe, die Frau aus Vernunft.

Beim (Tausch-)Geschäft hört die Freundschaft auf. Der Markt hat Grenzen. »Ein Herz, das kann man nicht kaufen«[110], wie ein alter deutscher Schlager treffend feststellt. Ein Herz kann keinen Marktwert haben, zumindest nicht, solange man lebt, denn eine Trennung von ihm wäre völlig undenkbar. In der Warenwelt gibt die

Kosten-Nutzen-Analyse Auskunft, ob sich der Verkauf rechnet. Man kann sich aber erhebliche Schwierigkeiten einhandeln, wenn die Vernunft des Marktes auf die Vernunft von Unverkäuflichem angewendet wird und zur entscheidenden Maxime in der Ehe wird.

Die Vernunft des Tauschhandels besteht darin, den Nutzen für sich zu erhöhen und die Kosten zu senken. All das ist möglich und, so sei betont, vernünftig, wenn es nicht um intime Beziehungen und menschliche Bindungen geht. Nehmen wir aber den Fall einer Ehe, wo es bei einem der Partner um Leben und Tod geht, um den Fall einer notwendigen Lebend-Organspende. Die meisten Ehepartner sind spontan bereit – d. h. ohne langwierige Kosten-Nutzen-Rechnung –, ein Organ, etwa eine Niere, für den Ehepartner zu spenden. Es gibt nichts abzuwägen.[111] Die emotionale Bindung, die existentielle Abhängigkeit in dieser Bindung, schließt quantitatives Abwägen aus und zieht die Grenze zwischen zwei unterschiedlichen sozialen Prinzipien.

Am 7. Januar 2009 berichtete die *New York Post* von einem Chirurgen, der vor acht Jahren seiner Frau eine seiner Nieren gespendet hatte. Inzwischen hat seine Frau jedoch einen anderen Mann und hat die Scheidung eingereicht. Nun fordert der Ehemann seine gespendete Niere zurück (gib mir mein Herz zurück!), denn, so seine Argumentation, seine Frau habe ihm sein Geschenk nicht gedankt.

Da der Mann Chirurg ist, weiß er natürlich, dass es aus medizinischer Sicht nicht so leicht ist, seine Niere zurückzubekommen. Er weiß aber als Chirurg offensichtlich auch, was so eine Niere wert ist, weil man natürlich auch Körperteile kaufen kann. Er fordert daher über seinen Anwalt eine Entschädigung für die gespendete/verlorene Niere von 1,5 Millionen Dollar. Der Chirurg gibt darüber hinaus an, dass die Trennung ein Loch in sein Herz gerissen habe (It put a hole in my heart that still exists), möglicherweise sind dadurch ja noch weitere Forderungen zu erwarten (Was kostet ein Loch im Herz?).

Hier zeigt sich sehr deutlich der Unterschied zwischen der Vernunft des Tauschhandels und der des Schenkens.

Die Logik des Schenkens lag wahrscheinlich der ursprünglichen Organspende zugrunde. Sie verliert ihren Geschenkcharakter, wenn die Vernunft des Tauschhandels angewandt wird. Die Aussage, dass das Geschenk dem Schenkenden nicht gedankt wurde, macht das Geschenk zur Ware, die mit einer Gegenleistung zu bezahlen ist.

So schnell kann es gehen und so teuer kann es werden, wenn die Gesetze des Marktes unvernünftigerweise auf die intime Beziehung der Ehe angewandt werden.

Hauptsache Arbeit

Unsere Arbeit und die ökonomischen Gesetzmäßigkeiten des Marktes sind so dominant geworden, dass sie auch im Familien- und Eheleben äußerst präsent sind. Der Schriftsteller Dieter Wellershoff fasst es in seinem Roman »Der Sieger nimmt alles« so zusammen: »Es war verdammt schwierig, wenn Sexualität und Geschäft so eng miteinander verknüpft waren wie in seiner Ehe. Er haßte die vertrackte Logik, die ihm die Freiheit nahm: Elisabeth wollte geliebt werden, um sich nicht mißbraucht zu fühlen, und er mußte sie lieben, weil er sie brauchte.«[112]

Arbeit wird zum Mittelpunkt des Lebens und ist die Klammer, die alles zusammenhält. Arbeit ist der Grund, warum der Wecker klingelt, weshalb wir morgens und abends im Stau stehen, weshalb der Abend der Feierabend ist, das Wochenende das Wochenende und der Urlaub der Urlaub. Und die Arbeitszeit weitet sich aus: Eltern sein wird zur Erziehungsarbeit, Liebe zur Beziehungsarbeit, Trauer zur Trauerarbeit und Freizeit zur Freizeitaktivität, die beim Blick in Fitness-Studios wie die Körperarbeit am Beginn der Industrialisierung aussieht. Aus dem Spazieren oder Flanieren ist Power-Walking geworden.

Seit der Reformation wird behauptet, der Mensch sei zur Arbeit geboren wie der Vogel zum Fliegen und der Müßiggang sei eine Sünde wider Gottes Gebot zu arbeiten.

Friedrich Engels macht die Arbeit gar zu einem Instrument der menschlichen Evolution und gibt einer seiner Schriften den programmatischen Titel: »Der Anteil der Arbeit an der Menschwerdung des Affen.«[113] Die Verherrlichung der Arbeit unterscheidet nicht zwischen Sozialismus und Kapitalismus. In der Internationalen wurde noch gesungen: »Den Müßiggänger schieb beiseite, diese Welt muß unser sein«, und Henry Ford, fest verwurzelt im amerikanischen Kapitalismus, schreibt dazu in seinen Memoiren: »Die Zivilisation hat keinen Platz für den Müßiggänger.«[114]

Ein Störenfried im harmonischen Chor der Arbeitsverehrung, wenn auch nicht sonderlich ernst genommen, ist Paul Lafargue, der Schwiegersohn von Karl Marx, der 1891 einem Buch den Titel »Das Recht auf Faulheit« gab.[115] Gerhard Schröder widersprach ihm am 5. April 2001 in der Bild-Zeitung: »Es gibt kein Recht auf Faulheit in unserer Gesellschaft!«

Aber auch die Spaßgeneration Golf[116] meint, dass Arbeit der Selbstverwirklichung dienen und neben Geld Spaß bringen soll. Wer was werden will, hat mit der 35-Stunden-Woche nichts am Hut.

Der ehemalige Vorstandsvorsitzende von Daimler-Chrysler Jürgen Schrempp tat der Öffentlichkeit anlässlich der Trennung von seiner Ehefrau kund: »Ich stand vor der Alternative: Arbeit oder Ehe. Und ich habe gemerkt: Die Herausforderung der neuen Aufgabe bedeutet mir mehr als alles andere auf der Welt.«[117] Inzwischen hat sich aber nicht nur Herr Schrempp von seiner Ehefrau, sondern auch Daimler von Chrysler getrennt.

Das Ganze, d.h. die Anbetung der Arbeit und die Hoffnung auf Erlösung durch Arbeit, ist aber nicht nur lustig, sondern oft genug tragisch. Stellen Sie sich vor, Sie liegen auf dem Totenbett und werden danach gefragt, was Sie in Ihrem Leben hätten anders machen sollen, und Ihnen fällt nur ein: Ich hätte noch öfter ins Büro, in die Firma oder auf Geschäftsreise gehen sollen!

Der Heiligsprechung der Arbeit liegt der Glaube zu Grunde, dass man sich nur in der Arbeit verwirklichen könne, dass einen erst die Arbeit zu einem vollwertigen

Mitglied der Gesellschaft mache und dass die Arbeit sowohl materielle als auch existentielle Sicherheit gebe. Trotzdem sehen Menschen in Umfragen das eigentliche Leben anderswo: Es findet ihrer Meinung nach in der Familie, der Ehe, im Zusammensein mit Freunden, in der Freizeit statt – nur nicht in der Arbeit oder während der Arbeitszeit. Trotzdem stecken sie aber alle Zeit, Energie und Aufmerksamkeit in ebendiese Arbeit.

Obwohl die Wünsche und Sehnsüchte eine andere Sprache sprechen, scheinen gleichzeitig – glaubt man den Umfrageergebnissen – Familien und Ehen nicht mehr verlässlich oder versprechen nicht mehr den Halt, auf den wir uns gerne verlassen würden. Nachbarn und Freunde sind zu mehr oder weniger unbekannten Wesen geworden. Wir glauben, Gemeinschaften nicht selbstverständlich in Anspruch nehmen zu können, sondern haben den Eindruck, wir müssten uns unsere Zugehörigkeit verdienen.

Es scheint absurd: Arbeit wird als wenig attraktiv und wertvoll eingestuft, und doch beherrscht sie uns.

Alles hat seine Grenzen

Schnelligkeit, Kurzfristigkeit, Multitasking, Mobilität, Verbesserungsanstrengungen, Fitness und Anti-Aging-Kampagnen, Fortschrittsgläubigkeit und Unsterblichkeitswahn, Lust- und Selbstverwirklichungsverpflichtungen, Autonomieglorifizierungen und Abhängigkeitsphobien und schließlich die Heiligsprechung und Anbetung der Arbeit sind die hohen Werte des gegenwärtigen Zeitgeistes.

Kein Wunder also, dass die Ehe fast wie ein Wunder erscheint. Wer an ihr festhält, selbst dann noch, wenn neue und verbesserte Versionen des Zusammenlebens auf dem Markt sind, oder wer nicht wenigstens ein entsprechendes »upgrading« des Partners vornimmt, läuft Gefahr, als »nicht normal« angesehen und entsprechend behandelt zu werden. Warum sollte man sich mit zeitaufwendigen Reparaturaufgaben belasten, wenn das nicht funktionierende Teil in wenigen Augenblicken ausgewechselt werden kann? Wenn man denn überhaupt noch eine Ehe führen will, wird man daran denken müssen, sie wie ein modernes Unternehmen zu führen: zielgerichtet und zweckorientiert, mit Qualitätskontrollen und halbprivaten Arbeitsessen. Da die Verpflichtungen von heute den Möglichkeiten von morgen im Weg stehen, sollte man sie möglichst leicht und locker gestalten, um morgen den Schaden gering zu halten: sozusagen ergebnisoffen.

Als hoffnungslos überholt muss doch die Ehe erscheinen, die auf Langfristigkeit und Stabilität setzt. In der man einen Lebensabschnitt nach dem anderen durchschreitet, Optionsabnahmen und Alterungsprozesse akzeptiert, angesichts von Tod und Sterben den Unsterblichkeitswahn aufgibt und selbst Abhängigkeiten und Bindungen positive Aspekte abgewinnt, auch wenn sie die Freiheit kosten.

Man kann sich natürlich andererseits auch weiterhin fragen, ob man sich mit einem Partner, mit dem man zu lange die Ehe pflegt, nicht seine ganz persönliche Lebensbilanz versaut, wo man doch in der Arbeitswelt gelernt und erfahren hat, wie heilbringend oder zumindest aufregend Flexibilität, Bewegung, Kreativität und positive Unruhe sein können.

Nun, sicher ist Folgendes:

Wir haben es bei der Vernunft der Ehe und der Vernunft des Zeitgeistes mit zwei verschiedenen Formen der Vernunft zu tun, und es ist vernünftig, diese beiden Formen auseinanderzuhalten. So, wie es vernünftig ist, dass die Vernunftehe sich von der Zeitgeistvernunft abgrenzt und sich dadurch entlastet. Erfolgreiche Ehepaare tun dies ohnehin und ohne viel Anstrengung, eben erfolgreich.

Was draußen bleiben kann – sinnvolle Abgrenzungen vom Zeitgeist

Es tut der Ehe gut, wenn die Arbeit in ihre Schranken gewiesen wird. Dies gelingt am besten, wenn sie erst gar nicht in die Ehe hereingelassen wird. Arbeitsleben und Eheleben sind verschiedene Dinge: Akten bleiben dort, wo sie hingehören, im Büro. Die viel gelobte Heimarbeit lässt sich auch skeptisch betrachten. Sie bringt das Büro nach Hause und trägt die Vernunft des Arbeitslebens ins Eheleben hinein. Ohne Heimarbeit kann man viel Energie sparen, mit der sonst der Eindringling Arbeit wieder ins Freie befördert werden muss.

Man kann sich auch vom Arbeitsleben abkoppeln durch Nichtbeachtung oder gar Ausschalten von Handy und Internet. Diese Art von kommunikativer Abkopplung nach Außen führt fast automatisch zu einer Intensivierung der ehelichen Kommunikation, d.h. der Kommunikation nach Innen. Man kann nicht nur pünktlich zur Arbeit gehen, man kann sich auch pünktlich von ihr entfernen.

Man könnte sich sogar gelegentlich die Frage stellen, ob Erfolge im Arbeitsleben tatsächlich so eindeutig positiv und es wert sind, als Erfolg im Leben verbucht zu werden. Ob der Karrieresprung nach oben nicht auch ein Sprung nach unten oder gar ein Herausspringen aus dem eigenen und dem Eheleben sein kann. Unter vier Augen berichten viele erfolgreiche Menschen auch von den Schattenseiten des Erfolgs, der mangelnden Zeit und übermäßigen Belastung. So mancher Karrieresprung wird dann fragwürdig und bedeutet deutlich mehr Leid als Lust, während mancher nicht erreichte Karriereschritt Entlastung bringt.

Wir könnten uns auch fragen, wie viel Geld wir tatsächlich brauchen. Mehr Geld führt oft zu weniger Ehe: »Damals als wir kein Geld hatten, sind wir über das Wochenende einfach nach Paris gefahren. Heute, wo wir es uns leisten könnten, tun wir so etwas nicht mehr.«

Außerdem lohnt sich die Überlegung, ob die Langfristigkeit nicht auch große Vorteile hat: Man muss nicht ständig wieder von vorn anfangen. Man muss den vielen Möglichkeiten und Gelegenheiten nicht mehr nachrennen. Obwohl Autonomie noch so hoch im Kurs steht, kann es sehr anstrengend sein, ständig autonom sein zu müssen.[118] Wer seine Angst davor, abhängig zu werden, und seine Anstrengungen, autonom zu bleiben, nicht länger aufrechterhalten muss, kann stattdessen etwas anderes tun. Er kann seiner Sehnsucht nach Bindung Raum geben und sie auch noch genießen.

13
Vernünftig Schluss machen

Was ist los?

Eigentlich ist es schon lange zu Ende, auch wenn noch nicht Schluss ist. Was zu Ende ist und seit wann es zu Ende ist, ist schwer zu sagen, was inzwischen stört, dagegen leichter: die Art, wie sie beim Essen schmatzt; wie er sich in seinen Fernsehsessel fallen lässt; wie sie während des Essens Messer und Gabel aus der Hand legt und beide Hände unter ihrem Kinn faltet. Schrecklich! Die Art und Weise, wie er auf Socken durch den Raum schleicht; seine kleinen, fast scheuen Rülpser, die er während des Essens wahrscheinlich nur für Eingeweihte hören lässt, und dann noch sein Körpergeruch, ganz zu schweigen von der Musik, die er inzwischen hört, und was er liest, und dann noch, wie er spricht. Fürchterlich! Aber auch, was er spricht. Man ist sich nicht einmal mehr sicher, ob man sich derselben Sprache bedient. Auch wenn man die Worte des anderen versteht, sagen sie einem nichts mehr. Das Gespräch verliert sich in die Endlosschleifen zweier parallel verlaufender Monologe.

Doch ist dies nicht falsch zu verstehen: Man hegt durchaus noch zärtliche Gefühle füreinander und ist dem anderen auch noch irgendwie zugetan, aus Überzeugung.

Ist aber nicht gerade das ein sicheres Zeichen, dass hier etwas zu Ende geht oder vielleicht sogar schon lange zu Ende ist? Aber man lässt sich nichts anmerken und macht kein Drama daraus, findet sich damit ab.

Und dann passiert es eben doch: Man hält sich nicht mehr zurück, macht Vorwürfe, verletzt, tarnt es als notwendige Auseinandersetzung und bemerkt dabei, wie man selbst seiner eigenen Mutter oder seinem Vater immer ähnlicher wird und der Partner gleichzeitig seiner Mutter bzw. seinem Vater. Man fängt an, doppelt zu hassen: sich selbst, weil einem die Situation entgleitet und man jemandem ähnlich wird, dem man auf keinen Fall ähnlich werden wollte, aber auch den Partner, weil er dem Menschen immer unähnlicher wird, den man geliebt hat, und immer ähnlicher dem, den man nie zu lieben vorhatte.

Schließlich kommt man aber doch wieder auf den Boden der Tatsachen zurück, gibt sich versöhnt und erinnert sich wieder daran, dass man ja noch zärtliche Gefühle füreinander hegt, eben aus Überzeugung. Man fährt ein Wochenende aufs Land. Es ist eigentlich sogar ganz schön. Bis er dann beim abendlichen 4-Gänge-Menü im Romantiklandgasthof wieder diese kleinen unmerklichen Rülpser loslässt und sie dann auch noch die Nummer mit den gefalteten Händen vorführt.

Wann hat das angefangen, dieses Ende? Die Antwort lässt auf sich warten, man wird nicht fündig. So kann es denn weitergehen, das Ende, auch wenn noch lange nicht Schluss ist.

Man kann aber auch Schluss machen, man kann sich auch trennen. Wobei man sich ja im wirklichen Leben meist nicht trennt (»wir haben uns getrennt«), sondern einer den anderen verlässt. Um zusammenzukommen sind zwei notwendig, um sich zu trennen reicht einer. Dieser Vorgang der Trennung kann für beide eine Erfahrung sein, die einen ahnen lässt, wie der Aufenthalt in der Hölle beschaffen sein muss.

Scheiden tut weh!

Carla Weiss, 35 Jahre, ist seit zehn Jahren mit Otmar verheiratet. Sie haben zwei Kinder, Julia sechs Jahre, Robert neun Jahre. Carla hat nach monatelangem Zaudern vor drei Tagen ihrem Mann mitgeteilt, dass sie sich von ihm trennen will. Obwohl sie dachte, sie würde sich erleichtert fühlen, wenn es denn erst mal »raus ist«, fühlt sie sich ganz und gar nicht so. Manchmal glaubt sie, den Boden unter den Füßen zu verlieren und verrückt zu werden. Sie selbst beschreibt ihren Zustand so:

»Soll ich wirklich oder soll ich doch lieber nicht? Wie nahe habe ich mich Otmar doch gefühlt, sicher und aufgehoben, damals, als ich mit Robert schwanger war. Und dann unser Urlaub in Kanada mit dem Wohnmobil, unterwegs und in der Natur, Julia war erst zwei Jahre alt. Und die wunderbaren Kindergeburtstage, an denen ich spürte, ja, so soll mein Leben sein! Oder wenn er meine immer kalten Hände im Winter in seinen immer warmen Händen aufwärmte. Ich könnte heulen. Wenn da nicht auch diese unendliche Wut auf ihn wäre. Ich bin unwichtig für ihn geworden, sein Job, seine Mitarbeiter, seine Freunde – alles wichtiger als ich. Ich bin nur noch eine

Pflichtveranstaltung für ihn. Die Kür passiert woanders. Ich verkümmere mehr und mehr. Ich gehe ein. Es ist mir inzwischen unangenehm, wenn er da ist. Ich fühle mich sogar wohler, wenn er auf Geschäftsreisen ist oder wieder mal Überstunden macht oder wer weiß wo ist.

Aber ich bin mit mir selbst nicht im Reinen. Soll ich oder soll ich nicht? Soll ich mich beglückwünschen, endlich eine Entscheidung getroffen zu haben, oder soll ich mich verdammen, weil ich vielleicht die falsche Entscheidung getroffen habe? Wenn es die falsche Entscheidung ist, dann bin ich nicht nur an der Zerstörung einer Ehe, sondern auch einer Familie schuld. Und da ist noch diese unermessliche Traurigkeit in mir: Was ist nur aus meinen Wünschen und meinen Träumen von einem glücklichen gemeinsamen Leben mit Otmar geworden. Ich bin so maßlos enttäuscht!

Aber wem soll ich mich anvertrauen? Wer versteht mich überhaupt? Alle werden mir Vorwürfe machen. Am allerwenigsten kann ich Verständnis von Otmar erwarten, obwohl mir das wohl am meisten helfen würde. Verrückt! Ich muss schnell aus diesem Chaos heraus, damit Schluss ist, Schluss mit dem Zweifel, Schluss mit den Schuldgefühlen. Aber ich bin voller Angst: Was soll nun werden?«

Otmar Weiss nächtigt seit drei Tagen in seinem Büro. Er ist aus allen Wolken gefallen und noch immer nicht auf festem Boden gelandet. Er möchte sich nicht von seiner Frau trennen, versteht nicht, warum sie sich von ihm trennen will, versteht überhaupt die Welt nicht mehr. Er schildert seine Situation so:

»Zuerst war ich fest davon überzeugt: Das sagt sie nur,

das meint sie nicht so. Dann: Sie hat einen anderen. Das gibt sich. Das werde ich hinbekommen. Den werde ich ausschalten. Aber nachdem ich noch in derselben Nacht Carla angerufen hatte und merkte, sie meint es wirklich ernst, sie will sich von mir trennen, ging mir wirklich »der Arsch auf Grundeis«. Warum verrät sie uns? Warum verletzt sie mich so? Warum setzt sie unsere Ehe, unsere Familie, unser Leben aufs Spiel? Überall nur Verlierer! Und dann wurde es ganz schlimm: Was wird aus mir? Ich halte das nicht aus. Ich löse mich auf und kenne mich selbst nicht mehr. Ich schlafe seit drei Tagen nicht mehr, dabei bin ich gar nicht richtig müde. Ich kann an nichts anderes mehr denken als an Carla. Die Gedanken quälen mich. Gestern Nacht klingelte mein Telefon hier im Büro. Ich kam zu spät, bin aber sicher, es war Carla. Sie ist unsicher geworden, ob das mit der Trennung tatsächlich eine gute Idee ist. Ich kenne doch Carla! Das Ganze ist nur ein schlechter Traum und wird sich auflösen. Der Telefonanruf letzte Nacht ist der Beweis. Ich darf nicht vergessen, heute alle Kundentermine abzusagen. Ich kann mich einfach nicht darauf konzentrieren. Heute Nacht war ich unterwegs, bin nach dem Telefonanruf die ganze Zeit um unser Haus herumgeschlichen, um sicherzugehen, dass es keinen anderen gibt. Heute Morgen auf dem Rückweg ins Büro habe ich mich so krass verfahren, dass ich am anderen Ende der Stadt gelandet bin, ohne es zu merken. Ich bin nicht bei der Sache. Ich überlege mir, was ich tun könnte, um Carla davon zu überzeugen, dass sie die Trennung zurücknimmt. Es muss etwas Außergewöhnliches sein. Ich bin zu allem bereit, was sie verlangt, Hauptsache, sie trennt sich nicht von mir. Jetzt habe ich wieder den Faden verloren. Ich kann nicht mehr klar denken. Ich habe irgendwie alles verloren: Carla, die Vorstellung, dass die Welt gut zu mir ist, ich mich auf Carla verlassen kann. Jetzt kann ich mich auf nichts und niemanden mehr verlassen. Ich sehe keinen Sinn mehr, ich habe keine Kraft mehr. Ich habe zwar auch früher – schon vor vielen Jahren vor dem Abitur – mal an Selbstmord gedacht, in den letzten Tagen aber wieder öfter. Dann nämlich, wenn es mich fast zerreißt, wenn der Schmerz wieder unerträglich wird, alles zu verlieren. Ich kann mir nicht vorstellen, dass es wieder besser werden kann. Zu sterben würde wenigstens den Schmerz beenden.«[119]

Die Trennung markiert für beide Partner meist das Ende einer zentralen Vorstellung, eines zentralen Lebensprojekts. Dieses Scheitern verbindet sich mit der Frage nach der Schuld, der Suche nach dem Schuldigen, der Verteilung der Schuld und mit der Frage des Umgangs mit der Schuld.

Und dann muss man es irgendwann auch noch den Kindern sagen. Aber wie? Und wann? Und muss das nicht der »Schuldige« auf sich nehmen? Oder sollten doch beide gemeinsam das Thema ansprechen? Aber wie sagt man es ihnen? Und vor allem wann?

Carla und Otmar beschäftigen sich ein paar Wochen später damit, wie die Trennung den Kindern mitgeteilt werden soll.

Entgegen Otmars Hoffnung hat Carla ihre Trennungsentscheidung nicht zurückgenommen.

Sie sprechen gemeinsam mit den Kindern, und beide sind mit dem Gespräch eigentlich zufrieden. Sie haben es ganz gut hinbekommen, auch wenn jedem von ihnen weitere Gedanken und Fragen im Kopf bleiben.

Otmar: Vielleicht sollte ich den Kindern reinen Wein einschenken, damit sie Bescheid wissen, wer schuld daran ist – nämlich ihre Mutter – und dass sich alles ändern wird. Dass wir in Zukunft nicht mehr an einem Strang ziehen werden, sondern ich auf der einen Seite und Carla auf der anderen Seite, als Feinde. Aber ich würde ihnen auch versichern, dass sie sich keine Sorgen machen müssen.

Carla: Ich sollte ihnen schon jetzt versprechen, dass ich sehr achtsam mit ihnen umgehen werde. Ihnen versprechen, dass es mir niemals entgehen wird, wenn etwas mit ihnen nicht stimmt, d. h. nicht so ist, wie es sein sollte. Ich weiß, dass sie traumatisiert sind und werde schon jetzt geeignete Maßnahmen erwägen und mich umschauen. Ich denke an eine nette Psychologin, an einen netten Kinderpsychologen oder an einen erfahrenen Familientherapeuten und werde nicht scheuen, deren Dienstleistung in Anspruch zu nehmen. Ich werde mir meine Gedanken machen und für euch Kinder sorgen. Versprochen!

Bleiben oder gehen: Die schwere Suche nach den Antworten

Wann ist es Zeit, eine Beziehung zu beenden? Darauf gibt es natürlich keine objektive Antwort, aber man kann sich selbst einige Fragen stellen: Was nehme ich in einer Beziehung auf keinen Fall hin, was ist für mich ein Scheidungsgrund? Und: Was hat mich bisher daran gehindert, die Beziehung zu beenden?

Das Abwägen dieser Fragen kann zum Trennungsentschluss führen. Die Zeit vor dem Trennungsentschluss ist wichtig und kann nicht abgekürzt werden, obwohl sie oft sehr an den Kräften zehrt. Carla hat viele Monate mit diesen Fragen gerungen. Sie hat lange Zeit nach Alternativen gesucht, um ihre Trennungsgedanken zurücknehmen zu können. Würde die Trennung auch garantiert und zu 100 Prozent die richtige Entscheidung sein? Sie musste schließlich erst beide Vorstellungen hinter sich lassen, ehe der Trennungsentschluss für sie reif war.

Folgende Fragen können dabei helfen, die Antworten zu finden, die für einen selbst die richtigen sind:

Wie ernst nehme ich Trennungsgedanken und -absichten?

In jeder Ehe kommt es hier und da zu Trennungsgedanken, ob sie nun ausgesprochen werden oder nicht. Sie können dazu beitragen, Krisenzeiten durchzuhalten – ich kann ja jederzeit gehen! Sie können aber auch – ausgesprochen – leicht zu Drohungen werden, die sich destruktiv auswirken. Die Frage nach einer möglichen Trennung gibt aber auch an, welchen Stellenwert die Ehe noch für uns hat.

Wie hoch ist der Einsatz, den ich für meine Ehe zu leisten bereit bin?

Indem man sich Rechenschaft darüber ablegt, zeigt sich auch, in welchem Ausmaß die Ehe »krankt«. Welchen Verzicht ist man bereit zu leisten oder eben auch nicht?

Ins Leere laufen diese Fragen allerdings, wenn sie sich nur darauf beschränken, über die notwendige Einsatzbereitschaft des Partners nachzudenken. So kommt man natürlich sich selbst nicht auf die Schliche, sondern nur den vermeintlichen Schwächen des Partners.

Wie loyal verhält sich mein Partner mir gegenüber, und wie loyal bin ich?
Meist haben wir nur einen diffusen Begriff davon, was wir eigentlich unter Loyalität verstehen, welches Verhalten wir als loyal oder noch wichtiger, welches wir als illoyal bezeichnen würden. Themen der Loyalität haben oft mit der Beziehung zu Dritten, außerhalb der Ehe, zu tun: mit den Kindern, den Herkunftsfamilien, mit Freunden, Affären, Beruf und Arbeit usw. Nach dem Bekanntwerden einer Affäre ist es für die meisten Ehepartner ein eindeutiges Zeichen der Illoyalität, wenn die Affäre weitergeführt wird. Stellt sich der Partner bei einem Konflikt mit dessen Eltern auf deren Seite und nicht auf die Seite seines Partners, wird das oft als nachhaltig wirkende Illoyalität erlebt. Neben den leichter zu beantwortenden Fragen nach den Loyalitätsansprüchen an den Partner gibt es auch den Blick auf Loyalitätsforderungen, die der Partner stellt. Dazu kommt die Frage: Wissen wir eigentlich voneinander, was wir für loyal halten? Manche Selbstverständlichkeiten werden in Frage gestellt: Das muss für den Partner doch klar sein! Darüber braucht man nicht zu sprechen! Das ist doch selbstverständlich! Es können sich neue Fragen stellen: Kann ich den Vorwurf der Illoyalität eigentlich aufrechterhalten, wenn es unklar ist, welches Verhalten als illoyal bzw. als loyal

zu gelten hat? Schließlich können sich sogar Einsichten einstellen: dass man es versäumt hat, Merkmale von Loyalität und Illoyalität bekanntzugeben, dass man vielleicht selbst die Merkmale erst jetzt definiert hat. Und es stellt sich schließlich die Frage, ob das bisher Versäumte nachzuholen ist oder schon so viel Porzellan zerschlagen wurde, dass eine Reparatur sinnlos oder unmöglich erscheint.

Ist meine Ehe für mich ein sicherer und freier Ort?
Auch hier geht es zunächst um die Bestimmung der Merkmale »sicher« und »frei«. Diese Fragen können hoch bedeutsam werden, wenn man massive Verletzungen erlebt hat. Sie können ein erster Schritt zur Selbstbestimmung sein. Besonders dann, wenn Gewalt eine Rolle spielte oder spielt. Gewalt kann sehr offensichtlich die Ehe zumindest für einen der Partner zu einem unsicheren Ort machen.

Zu einem unfreien Ort kann aber die Ehe auch werden, wenn dieser Ort nicht selbst gestaltet oder zumindest mitgestaltet werden kann.

Herr Wilhelm lebt mit seiner Frau und seinen beiden Kindern in einem Haus, das seinen Schwiegereltern gehört und von diesen auch fürsorglich ausgestaltet und erhalten wird. Die Schwiegereltern haben Schlüssel zum Haus, um jederzeit nach dem Rechten schauen zu können. Herr Wilhelm hasst inzwischen dieses Haus, wird aber von seiner Frau nur belächelt oder wegen seiner Undankbarkeit gerügt. Er fühlt sich wie ein Untermieter in einem Haus, das er nicht selbst gestalten kann und das ihn zur Dankbarkeit verpflichtet. Hier verbindet sich das

Gefühl der Unfreiheit mit dem Vorwurf der Illoyalität an seine Frau.

Gibt es Alleingänge meines Partners in wichtigen Fragen?
Wichtige Fragen sind nicht objektiv wichtig, sondern wichtig für den, der sie stellt. Gibt es etwa Alleingänge von finanziellen Transaktionen, die die Grenze meiner Toleranz sprengen? Gibt es Alleingänge im Beruf, die ich nicht tolerieren kann, im Umgang mit den Kindern oder mit meinen Freunden oder den Eltern?

Gibt es gravierende Unterschiede in der Lebensplanung und dem Lebensstil?

Frau Miltner ist 62 Jahre alt und seit über dreißig Jahren mit ihrem Mann verheiratet. Vor einem Jahr kam sie von einem Besuch bei ihrem Sohn einen Tag früher als geplant nach Hause und überraschte ihren Mann dabei, wie er in Frauenkleidern und geschminkt im Schlafzimmer vor dem Spiegel tänzelte.

Herr Miltner gesteht seiner Frau seine Leidenschaft für das Cross-Dressing[120], eine Passion, die er seit Jahrzehnten pflegt, ohne dass seine Frau je etwas bemerkt hätte. Für Frau Miltner bricht eine Welt zusammen. Sie stellt ihre gemeinsame jahrzehntelange Ehegeschichte in Frage: »Ich war mit einer Lüge verheiratet!« Sie denkt an Trennung. Sie wird krank. Nach Monaten beginnt sie mühevoll, »das andere Leben« ihres Mannes mit zu leben. Beide fahren gemeinsam in eine andere Stadt, beziehen ein Hotelzimmer, er verkleidet sich und beide gehen zusammen in die Öffentlichkeit. Herr Miltner wird ausgelacht und verhöhnt, und sie setzt sich dem für sie fast unerträglichen Dilemma aus, zu ihrem Mann zu stehen und ihn zu verteidigen, aber einen anderen Mann als den, mit dem sie die letzten Jahrzehnte zusammenlebte. Die Frage, ob sie sich von ihrem Mann trennt, ist noch nicht entschieden.

Wie angenehm/unangenehm sind mir körperliche Berührungen und Nähe?
Eine wichtige und oftmals klärende Frage: Sind körperliche Berührungen lediglich ein Pflichtprogramm oder gar mit Ekel verbunden? Was fühle ich in der Nähe meines Partners? Ist mir die Nähe angenehm, sehne ich mich nach Nähe und freue mich darauf oder ist sie mir unangenehm? Aufschlussreich ist auch die Frage, wie ich mich fühle, wenn diese Nähe nicht da ist. Geht es mir besser, wenn der Partner abwesend ist? Wie empfinde ich das, was mein Partner tut und sagt? Interessiert es mich, bin ich neugierig, oder ist es belanglos, uninteressant oder nur ganz einfach Quatsch? Bekomme ich die Aufmerksamkeit und Anerkennung, die ich mir wünsche und die ich brauche, oder warte ich schon lange vergeblich darauf?

Was ist geschehen?
Gibt es Dinge, die geschehen sind, die mich so tief verletzt und gekränkt haben, dass sie seitdem wie eine hohe Mauer zwischen uns stehen oder wie ein tiefer Graben uns voneinander trennen? Sind das Dinge, die ich weder verzeihen noch vergeben kann oder will? Kann ich trotzdem mit meinem Partner weiter zusammenleben, oder ist mir das nicht möglich?

Wie fühle ich mich in meiner Ehe?
Fühle ich mich lebendig? Bin ich zwar manchmal gelangweilt, kann mir aber trotzdem nicht vorstellen, mich allein oder mit jemand anderem besser zu fühlen? Oder fühle ich mich wie abgestorben, krank und elend und auch ohne Hoffnung, dass sich daran etwas ändern könnte?

Ich bleibe, dann muss ich mich nicht trennen

Herr Kluge ist seit vielen Jahren mit seiner Frau verheiratet, und sie haben zwei erwachsene Kinder. Beide Partner sind beruflich erfolgreich. Er hat seit zwei Jahren seinen beruflichen Schwerpunkt in einer Stadt etwa 300 km von der ehelichen Wohnung entfernt. Seit etwa einem Jahr weiß Frau Kluge von der Beziehung ihres Mannes zu einer seiner Mitarbeiterinnen. Frau Kluge besteht nun, nach vielen Monaten Bedenkzeit, die sie ihrem Mann eingeräumt hat, auf einer Entscheidung. Herr Kluge scheut eine Entscheidung weiterhin und empfindet, als seine Frau eine Flugreise unternimmt, den Gedanken an einen möglichen Flugzeugabsturz und den Tod seiner Frau als eine ihn erleichternde Vision. So hätte er sich niemals wirklich zu entscheiden. Schließlich entschied sich aber seine Ehefrau und trennte sich von ihm.

Herr Fischer lebt in einer ähnlichen Situation und Konstellation mit seiner Ehefrau und seiner Geliebten. Auch er entscheidet sich trotz Drängen von beiden Seiten nicht. Schließlich will seine Geliebte so nicht mehr weitermachen und trennt sich von ihm. Allerdings verzichtete nun seine Frau darauf, »ihn zurückzunehmen«, weil nicht er, sondern seine Geliebte die Entscheidung getroffen hat.

Beim Trennen scheint es so etwas wie die Feigheit vor dem Ehepartner zu geben. Eine Beziehung zu beenden, bevor sie vom Partner beendet wird, ist ein verantwortlicher Akt, der Fakten schafft und Konsequenzen hat. Eine der wichtigsten Konsequenzen ist die der Schuld. Der Verlassende hat mit der moralischen Schuld umzugehen, nicht weiterhin auf die Hoffnung einer irgendwie eintretenden Rettung oder zumindest Besserung zu setzen. Da sind wohl Männer oftmals das feigere Geschlecht. Sie zieren sich ohne Ende, um nicht ihre Unschuld zu verlieren. In gewisser Weise sind sie damit in einer naiven Lebensphase steckengeblieben und warten darauf, dass sich die Partnerin schuldig macht, damit sie unschuldig bleiben können. Das Ganze kann sich zu einer Form von Lebensuntüchtigkeit auswachsen.

Diese Art von Feigheit bzw. fehlendem Mut, sich schuldig zu machen, ist in nicht wenigen Fällen der Grund, warum Frauen sich die Frage nach der Beendigung von Beziehungen stellen bzw. das Ende dann auch vollziehen: Viele Frauen mögen mutige Männer! Männer, die bereit sind, sich ihre eigenen Gedanken und Meinungen auch zu ihrer Beziehung zu bilden und dann zu Entschlüssen und zu Entscheidungen zu kommen. Die Tatsache, dass sich eine Beziehung nur der Feigheit des Partners verdankt, ist für die meisten Frauen offenbar nicht besonders prickelnd.

Sich selber ernst zu nehmen ist eine Form der Würde. In Würde eine Beziehung beenden heißt, sich selbst ernst zu nehmen. Um das Ansehen in den Augen anderer, d. h., um sein soziales Ansehen besorgt zu sein ist dagegen oft mit würdeloser Feigheit verbunden.

Sich vernünftig trennen: eine Gebrauchsanleitung

Sich Zeit geben für die Entscheidung – dann aber bald die Entscheidung bekanntgeben

Die Entscheidung zur Trennung braucht Zeit, da man sich selbst klarwerden, die eigenen Kriterien entwickeln und gewichten muss. Hierbei ist Eile unvernünftig. Nicht die Trennung selbst und wie sie konkret vollzogen werden soll, ist in dieser Phase dann wichtig und muss geklärt werden, sondern es geht darum, sich selbst kennenzulernen, die eigene persönliche Einstellung zur Ehe, zum Partner und vor allem zu sich selbst.

Wenn dann aber die Entscheidung gefallen ist, sollte man die Bekanntgabe der Trennungsentscheidung nicht auf die lange Bank schieben. Man tut sich selbst und auch seinem Partner damit keinen Gefallen. Man nimmt dadurch den Partner und sich selbst nicht ernst.

Die Bekanntgabe der Trennungsentscheidung kann jederzeit erfolgen

Es gibt keinen optimalen Zeitpunkt für die Bekanntgabe der Trennungsentscheidung. Die Idee eines richtigen Zeitpunktes und der Suche nach ihm ist unvernünftig. (Wichtiger als die Bestimmung des richtigen Zeitpunktes ist es, die Entscheidung bekanntzugeben.) Ist man dennoch auf der Suche nach dem richtigen Zeitpunkt oder will man gar den richtigen Zeitpunkt auf sich zukommen lassen, geschieht es leicht, dass beim nächsten Streit, bei der nächsten Kränkung die Trennung ins Spiel gebracht wird. Sie wird aber dadurch auch nicht wirklich ernst genommen. Sie kann dann als ein Streitmanöver oder als (leere) Drohung fehlinterpretiert werden.

Die Beratung vor der Bekanntgabe der Trennung
Es ist vernünftig, sich nach der Entscheidung, aber vor der Bekanntgabe der Entscheidung von Fachleuten (Rechtsanwalt, Steuerberater) über Fragen wie Kindesunterhalt, Sorge- und Umgangsrecht, Vermögensfragen, Versorgungsausgleich usw. informieren zu lassen, damit diese Fragen nicht später die Entscheidung in Frage stellen können. Hier geht es um Informationen, nicht um Entscheidungshilfen.

Die Sorge um die Kinder
»Ich bin zwar entschlossen, mich zu trennen, aber erst wenn die Kinder älter/eigenständig oder aus dem Haus sind!« Eine zwar weit verbreitete, aber äußerst unvernünftige Maxime. Warum? Es werden dadurch nur Verlierer produziert:

Die Kinder werden ungefragt zur Ursache für eine sich über Jahre hinziehende Aufopferung eines oder beider Elternteile. Und noch schlimmer: Es entwickelt sich während der Opferjahre vielleicht sogar die Erwartung, dass man später von den Kindern Dank dafür erhalten sollte. Das alles sollte man seinen Kindern nicht antun.

Man missachtet sich selbst, weil man gegen eigene Wünsche und Überzeugungen entscheidet und handelt. Und nicht zuletzt wird dem Partner eine Ehe vorgespielt, die weder etwas mit ihm noch mit einem selbst zu tun hat.

Die Schonung und Unterschätzung der Kinder ist aber verständlich. Ein Partner, der sich trennt, hat ein schlechtes Gewissen. Dieses schlechte Gewissen wird genährt durch zwar unhaltbare, aber immer noch weit verbreitete Überzeugungen, dass nämlich mit der Trennung der Eltern mehr oder weniger zwangsläufig das Leben der Kinder zerstört wird. Nur zögernd wird registriert, dass das keineswegs so ist oder sogar so sein müsste. Neuere Studien zeigen, dass Kinder von der Trennung eines unglücklichen Elternpaares profitieren.[121] Sie kommen erstaunlich gut mit klaren Entscheidungen ihrer Eltern zurecht.

Kinder müssen oft dafür herhalten, damit sich Eltern nicht trennen, und selbst wenn es zur Trennung gekommen ist, können sie weiterhin Anlass dafür sein, dass noch lange nicht Schluss ist.

»Du schadest den Kindern, weil du dich scheiden lässt« bzw. »ich lasse mich scheiden, weil du den Kindern schadest« können die Einladungen zu jahrelangen Machtspielen sein, die ein Paar trotz Trennung und Scheidung nicht voneinander loskommen lassen. Die Kinder werden intensiv beobachtet, um sich die eigene Überzeugung zu bestätigen.

Herr Gras trennte sich vor fünf Jahren von seiner Frau und begründete diesen Schritt unter anderem damit, dass seine Frau vor, und er vermutet auch mit seiner damals 15-jährigen Tochter Miriam Cannabis konsumiert hat. Nach der Scheidung der Eltern verschlechterte sich Miriams schulische Leistung, sie musste eine Klasse wiederholen, schloss dann die Schule mit dem Abitur ab, wenn auch mit einer sehr schlechten Durchschnittsnote. Sie begann eine Ausbildung zur Hotelkauffrau, die sie aber nach einen Dreivierteljahr abbrach. Sie kiffte viel, wurde verwirrt aufgegriffen und vorübergehend in einer psychiatrischen Klinik aufgenommen. Die Schuldfrage ist für Frau Gras eindeutig. Hätte ihr Mann sich nicht scheiden lassen, hätte ihre Tochter sich anders und besser entwickelt. Der Vater sieht die Schuld eindeutig bei seiner Frau, im frühen Kontakt seiner Tochter mit Cannabis und dem offenen Cannabiskonsum seiner Exfrau. Er bezeichnet ihr Verhalten als ein Verbrechen, das an seiner Tochter begangen wurde. Die Tochter selbst erklärt sich für unschuldig an ihrem beruflichen Scheitern, denn sie sei süchtig und daran sei ihre Mutter schuld, die sie dazu gebracht habe, zu kiffen.

Beide Eltern bleiben durch den Konflikt und die Schuldvorwürfe in intensiver Beziehung miteinander. Beide haben sich zwar getrennt, aber es ist noch lange nicht Schluss zwischen ihnen. Miriam selbst wird dadurch davon abgehalten, die Verantwortung für ihr Leben selbst zu übernehmen. Wir sehen nur Verlierer.

Das Trennungsgespräch

Die Bekanntgabe der Trennung ist die Mitteilung eines Partners über die Tatsache der Entscheidung. Fakten sind dabei wichtiger als Erklärungen, Analysen der Ehe oder gar Aufarbeitungen der Ehegeschichte. Diese Mitteilung kann nicht zu einem für beide angenehmen Gespräch führen, denn eine Trennung ist keine angenehme und für den Partner, von dem man sich trennt, meist auch keine faire Angelegenheit. Dieser wird sich in den meisten

Fällen als chancenloser Verlierer sehen. Daran lässt sich nichts ändern. Man muss mit der Wut, dem Hass und der Verletzung des Partners rechnen. Rezepte dafür, wie man ein solches Gespräch versöhnlich führen könnte, gibt es nicht. Der Partner fühlt ohnehin das, was er fühlt. Gefühle sind hausgemacht, so dass die Versuche, auf die Verletzungen und die Wut des Partners positiv Einfluss zu nehmen, überflüssig und unsinnig sind. Man kann sie ihm ohnehin nicht wegnehmen.

Die Hoffnung auf eine Konfliktvermeidung ist unrealistisch und unvernünftig. Alle Hintertürchen, die man dem Partner offen hält, sind unvernünftig. Dem Partner helfen wollen, ihm Hoffnung machen oder ihn gar trösten wollen, erleichtert nichts, im Gegenteil. Es geschieht auch meist nicht dem Partner zuliebe, den man verlassen will, sondern dient einem selbst, dem schlechten Gewissen und dem Versuch, nicht schuldig zu werden.

Die Vorstellung der versöhnlichen Trennung ist in den meisten Fällen eine Illusion. Wenn man sich versöhnlich und in gegenseitigem Einverständnis trennen kann, könnte man dann nicht eigentlich auch gleich zusammenbleiben? Dass sich langfristig so etwas wie Versöhnung einstellen kann, dass der ehemalige Partner immer unwichtiger wird und man daher versöhnlich mit ihm und sich selbst umgehen kann, lässt sich nicht ausschließen. Aber es ist nicht das, womit schon bei der Trennung zu rechnen ist.

Die Erwartungen nach dem Trennungsgespräch

Erwarten Sie nach der Bekanntgabe der Trennungsentscheidung nicht zu viel. Wer denkt, er müsse, nachdem er seinen Trennungsentschluss bekanntgegeben hat, sofort glücklich sein, denkt unvernünftig. Er erwartet, dass sich der Beweis sofort einstellt, dass die Trennung die zu 100 Prozent richtige Entscheidung war. Man weiß nicht, wie es weitergehen wird, auch wenn man nach den eigenen Kriterien die richtige Entscheidung getroffen hat. Man sollte mit einer Phase der Orientierungslosigkeit rechnen.

Zukunftsfragen kommen später

Oftmals ist man zu sehr mit der Zukunft beschäftigt und vergisst dabei, dass es auch eine Zeit braucht, bis die Vergangenheit, von der man sich ja nun trennt, abgeschlossen und verarbeitet ist. Diese Zeit sollte man sich zugestehen. Sich dafür Zeit zu lassen kann einen davor bewahren, in der Zukunft die Entscheidung der Vergangenheit zu bedauern.

Frau Milz stellt angesichts der Verschlechterung ihrer finanziellen Situation nach der Scheidung die von ihr vollzogene Trennung von ihrem Mann in Frage. In einem Gespräch mit einer Freundin wird sie wieder an das Angebot ihres Exmannes erinnert: Man solle doch weiterhin eine Familie sein, sich nicht trennen, er möchte lediglich eine sexuelle Beziehung zu seiner Freundin neben der Beziehung zu ihr führen. Als Frau Milz von ihrer Freundin an diese Alternative erinnert wird, kann sie sich wieder selbst von der Richtigkeit ihrer damaligen Entscheidung überzeugen und muss diese Entscheidung nicht länger in Zweifel ziehen.

Sich-Trennen heißt: getrennt sein

Trennen bedeutet auch, den Partner seiner Wege ziehen zu lassen und davon abzulassen, sich in seine weiteren Lebensvollzüge einzumischen. Es sind nun dessen Wege und Entscheidungen, nicht mehr die gemeinsamen. Dazu gehört auch der Verzicht auf spätere Abrechnungen: Bei mir hat sie zugenommen und zugenommen, sie ist immer dicker geworden. Jetzt hat sie 20 kg abgespeckt. Warum konnte sie das nicht früher schon tun, als wir noch zusammengelebt haben?

Vernünftig trauern

»Du bist für mich gestorben« – ein im ehelichen Trennungschaos oft leichtfertig ausgesprochener Satz mit einem großen Wahrheitsgehalt. Eine Paarbeziehung und Ehe, die es nicht mehr gibt, ist einem Todesfall vergleichbar. Mit beidem, einem Todesfall wie einer beendeten Ehe kann daher ähnlich umgegangen werden. Beides ist traurig und erfordert zu trauern. Ein verstorbener Mensch und eine Ehe müssen von den Hinterbliebenen, d.h. von den Überlebenden, und das sind im Falle der Ehe beide Partner, betrauert werden, damit diese gut weiterleben können. Das braucht Zeit. Gut investierte Lebenszeit.

Die wichtigste Voraussetzung und das Zentrum des Trauerns ist die Überzeugung der Hinterbliebenen, dass etwas tot ist, dass es eine Leiche gibt und es daher keinen Sinn macht, Wiederbelebungsversuche an der Leiche durchzuführen. Einer meiner Patienten drückte es einmal prägnant aus: »Von einem toten Gaul muss man absteigen, ihn weiter zu reiten ist sinnlos!«

Sich durch die Anwesenheit einer Leiche von der Abwesenheit des lebenden Menschen, d.h. dem Tod dieses Menschen zu überzeugen erscheint vielleicht noch relativ einfach. Was ist aber die Leiche bei einer Ehe? Es geht dabei nicht in erster Linie um eine andere Person oder eine Beziehung, sondern es ist die Trauer um eigene Vorstellungen, Ansprüche und Lebensentwürfe, die sich als lebensuntüchtig erwiesen haben und zu Grabe zu tragen sind. Gemeint ist damit, sich dem Scheitern, dem »Ableben« der eigenen Vorstellungen, Ansprüche und Lebensentwürfe auszusetzen und dabei ein anderer zu werden. Erst durch diesen Trauerprozess kann es zu einem Abschluss, d.h. auch zu einer Veränderung der eigenen Person kommen. Man kann dann einen neuen Anfang machen und man wird dann einen neuen Anfang machen, weil man nicht mehr derselbe wie vorher ist.

Die Alternative zum Trauern ist die Wiederbelebung der alten Vorstellungen in neuer Umgebung und mit neuem Personal, also die Wiederholung. Die Personen werden ausgewechselt, man selbst ist aber genauso wie vorher. Die Chance des Scheiterns wurde nicht genutzt. Stattdessen wird die Hoffnung wiederbelebt, dass die alte Vorstellung nun funktionieren kann bzw. noch schlimmer: funktionieren muss, koste es, was es wolle. Totes und Abgestorbenes wird am Leben erhalten, und Lebendiges stirbt ab. Vernünftig Schluss machen kann dann nur heißen: Totes wird nicht wiederbelebt, sondern beerdigt und dadurch Lebendiges möglich.

Dieser vernünftige Trauerprozess ist mit dem Schmerz über etwas Verlorenes verbunden und führt dazu, dass man eine gewisse Zeit lang nicht wie üblich funktioniert.

Das kann auch nicht anders sein, denn man »baut sich selbst um«, lebt auf einer inneren Baustelle.

Werden keine Anstrengungen unternommen, dies zu verhindern, stellt sich ganz selbstverständlich auch ein Verständnis für die Trauer des Kindes/der Kinder ein, die aber nicht die gleiche Trauer wie die der Eltern ist. Kinder haben keinen Ehepartner verloren. Sie haben noch nicht einmal einen Elternteil verloren, sie haben lediglich eine bestimmte Art der Beziehung zwischen den beiden ihnen weiterhin erhaltenen Eltern verloren und möglicherweise eine gewohnte, gleichwohl überlebte Weise, Familienleben zu organisieren und zu erleben.

Die Trauer des Elternteils ist vorrangig gegenüber der Trauer der Kinder. Sie ist der relevante Teil des erfolgreichen Schlussmachens. Das enthebt dann auch Kinder der Gefahr, sich selbst für schuldig am Scheitern des Familienprojekts zu halten. Das Scheitern der Ehe bleibt dort, wo es hingehört – bei den (ehemaligen) Ehepartnern.

Das Zu-Ende-Bringen der gescheiterten Ehe ermöglicht den Neuanfang. Es muss etwas zu Ende sein, damit etwas Neues anfangen kann. Das Neue kann eine weiter bestehende effektive Elternbeziehung, bei nicht mehr vorhandener Paarbeziehung sein, aber auch eine neue Paarbeziehung oder ein Leben als Single oder was auch immer.

Trauern ist aber nicht nur für gescheiterte Ehen nötig und vernünftig. Trauern ist auch für erfolgreiche Ehen nötig, ja es ist ein wichtiges Element der Vernunftehe. Denn auch dort liegt ein Teil des Erfolgs in der Trennung von problematisch gewordenen, unrealistischen Vorstellungen und Ideen. Das Ergebnis des Trauerns und Zu-

Grabe-Tragens dieser Vorstellungen habe ich in diesem Buch als resignative Reife bezeichnet und beschrieben. Es ist der Sieg des »So-ist-es« über das »So-hat-es-zu-sein«.

Die resignative Reife der erfolgreichen Vernunftehe besteht auch in dem traurigen Registrieren, dass wir nicht alle Möglichkeiten und Gelegenheiten werden ergreifen und verwirklichen können. Denn dazu brauchten wir unendlich viel Zeit, weil die Welt der Möglichkeiten Zeit kostet. Doch von diesem Zahlungsmittel haben wir nicht allzu viel. Wir sind nun einmal Zeitmangelwesen.[122] So traurig es sein mag: Aufgrund der Kürze unseres Lebens können wir es uns gar nicht leisten, das Unvollkommene auszuschlagen. Das Kunststück und die Vernunft bestehen denn auch in der Annahme der Unvollkommenheit unserer Ehen. Die Vernunft sagt uns, wir mögen uns in unserer Begrenztheit mit dem »Gut genug«, statt dem »Besten« zufriedengeben. Und dabei müssen wir gar nicht unzufrieden sein.

Himmel, Hölle oder Erde

Diese Vernunft realisiert sich auch in der Vernunftehe. Wir können dadurch der Illusion entgehen, uns den Himmel der Möglichkeiten auf die Erde und in unser Eheleben bringen zu können. Wir können dadurch aber auch der Befürchtung vorbeugen, unser Eheleben könnte die Hölle auf Erden sein. Stattdessen sollten wir unsere Ehe weder als Himmel noch als Hölle ansehen, sondern als einen realistischen Versuch auf Erden begreifen, das an erfüllter intimer Gemeinschaft zu erreichen, was uns vielleicht besser bekommt als das Alleinsein.

Was kann vernünftiger sein?

Anmerkungen

Einführung

1 Unter dem Titel »Danach« und dem Pseudonym Theobald Tiger in: Die Weltbühne, 1. 4. 1930, Nr. 14, S. 517

2 Beispielsweise die Interdisziplinäre Längsschnittstudie des Erwachsenenalters (ILSE)
Martin, M., M. Schmidt (2004/2000)
Schmidt, M., M. Weber (2004)
Statistisches Bundesamt: Statistisches Jahrbuch 2007
Lengerer, A., T. Klein (2007)

Kapitel I

3 Heine, H. (1830), S. 32f.

4 Kirchhoff, B. (2004)

5 Bartels, A., S. Zeki (2002)

6 Platon: Sämtliche Werke Band I. (1982), S. 681ff.

7 Platon: Sämtliche Werke Band II. (1982), S. 440ff.

8 Ein Beispiel dafür und für die ungebrochene Aktualität bzw. Nachhaltigkeit Platons ist Marlon Brando in dem Film »Don Juan de Marco« von 1995 (Regie: Jeremy Leven), der seine Erhebungsvisionen so kundtut: »Wir werden die Lüfte erobern wie zwei Adler!« Marlon Brando spricht diesen Satz zu einem Zeitpunkt, als er seine genialen schauspielerischen Fähigkeiten durch sein enormes Übergewicht ergänzt, aber keineswegs schmälert.

9 Peter Maffay: So bist Du
Du gibst alles, wenn Du gibst
Du verlierst Dich, wenn Du liebst
Junges Mädchen, reife Frau und auch Kind
das bist Du, Du, nur Du
Wenn mich Deine Hand berührt,
und ich Deine Wärme spür',
dann weiß ich, was auch geschieht,
es wird gut,
so bist Du, Du, nur Du
Und wenn ich geh', dann geht nur ein Teil von mir
und gehst Du, bleibt Deine Wärme hier
Und wenn ich wein', dann weint nur ein Teil von mir
und der andere lacht mit Dir
Du verlangst oft viel von mir,
doch ich spür' die Kraft in Dir
und weiß, Du verlangst nie mehr als Du gibst
so bist Du, Du, nur Du
Du sagst immer, was Du denkst,
und die Liebe, die Du schenkst
ist so zärtlich und so gut und so tief
so bist Du, Du, nur Du
Und wenn ich geh', dann geht nur ein Teil von mir
und gehst Du, bleibt Deine Wärme hier
Und wenn ich schlaf', dann schläft nur ein Teil von mir
und der andere träumt mit Dir
Und wenn ich geh', dann geht nur ein Teil von mir
und gehst Du, bleibt Deine Wärme hier
Und wenn ich schlaf', dann schläft nur ein Teil von mir
und der andere träumt mit Dir
Und wenn ich sterb', dann stirbt nur ein Teil von mir
und stirbst Du, bleibt Deine Liebe hier
Und wenn ich wein', dann weint nur ein Teil von mir
und der andere lacht mit Dir
10 Schatten im Blick
dein Lachen ist gemalt
deine Gedanken sind nicht mehr bei mir

streichelst mich mechanisch
völlig steril
eiskalte Hand, mir graut vor dir
fühl mich leer und verbraucht
alles tut weh
hab' Flugzeuge in meinem Bauch
kann nichts mehr essen
kann dich nicht vergessen
aber auch das gelingt mir noch
gib mir mein Herz zurück
du brauchst meine Liebe nicht
gib mir mein Herz zurück
bevor es auseinanderbricht
je eher, je eher du gehst
um so leichter, um so leichter wird's für mich
ich brauch' niemand, der mich quält
niemand, der mich zerdrückt
niemand, der mich benutzt, wann er will
niemand, der mit mir redet nur aus Pflichtgefühl
der nur seine Eitelkeit an mir stillt
niemand, der nie da ist
wenn man ihn am nötigsten hat
wenn man nach Luft schnappt, auf dem Trocknen schwimmt
lass' mich los, lass' mich in Ruhe
damit das ein Ende nimmt
11 Wir wollen niemals auseinandergehen,
Wir wollen immer zueinanderstehn.
Mag auf der großen Welt auch noch so viel geschehn,
Wir wollen niemals auseinandergehn.
Unsre Welt bleibt so schön,
Wir wollen niemals auseinandergehn.
Sieht man die Menschen sich sehnen
Und sieht ihren Schmerz, ihre Tränen,
Dann fragt man sich immer nur: muss das so sein?
Immer nur scheiden und weinen
Und immer nur warten und leiden,
Und hier so wie dort ist jeder allein.

Schenkt euch immer nur Liebe,
Schenkt euch immer Vertrauen,
Nichts ist so schön wie die Worte,
Die ewigen Worte: »mein Herz ist nur dein!«
Wir wollen niemals auseinandergehen,
Wir wollen immer zueinanderstehn.
Mag auf der großen Welt auch noch so viel geschehn,
Wir wollen niemals auseinandergehn.
Unsre Welt bleibt so schön,
Wir wollen niemals auseinandergehn.

12 Bachmann, I. (1958)

13 Jankowiak, W., E. Fischer (1992)

14 Jankowiak, W. (1995)

15 Maron, M. (2002), S. 90

16 Weber, M. (1919)

17 Kundera, M. (1997), S. 161

18 Die Selbsterzeugung durch Gesehenwerden ist eine alte Vorstellung, die besonders Augustinus in seinen Confessiones bekanntgemacht hat, und damit seine Version des Gesehenwerdens: nämlich vom Auge Gottes: »... aber nur darum ist es, weil du es siehst.« Augustinus (1950), S. 406

Dazu ausführlich: Retzer, A. (2007a), S. 187ff.

Inzwischen wird diese bei Augustinus noch göttliche Aufgabe dem Geliebten/der Geliebten zugemutet und ist oftmals ein wichtiges kommuniziertes Merkmal des Erlebnisses, nicht mehr geliebt zu sein: »Ich fühle mich von dir nicht mehr wahrgenommen!«

Das Gesehenwerden kann sich aber noch erweitern, nämlich dazu, dass man nun auch der Welt nicht mehr ansichtig wird. Die Welt geht verloren. Hier begegnet sich die Erzeugung von Sinn über die Wiederverzauberung der Welt mit dem Blick des Angesehenwerdens und des Sehens selbst. José Saramago hat dies poetisch konzentriert:

Ich werde immer weniger sehen, auch wenn ich das Augenlicht nicht verliere, werde ich immer blinder, mit jedem Tag, weil ich niemanden habe, der mich sehen kann.

Saramago, J. (1995)

19 Für eine detaillierte Beschreibung der hier angesprochenen Unterschiede und Paradoxien siehe: Retzer, A. (2007b)

20 Strauß, B. (1981), S. 25

21 Thagaard, T. (1997)

22 www.sciencemag.org/newsblog/2008-society-for neuroscience

Kapitel 2

23 Bloch, E. (1959), S. 1628

24 DVD No Direction Home. Regie: Martin Scorseese (2005)

25 In sogenannten Assessment Centers, in für das betriebliche Auswahlverfahren zuständigen Abteilungen eines Unternehmens, sollen die Bewerber ermittelt werden, die am besten zu den Anforderungen des Unternehmens passen. Die Vorläufer der Assessment Centers waren Tests, die die deutsche Reichswehr nach dem Ersten Weltkrieg für Offiziersanwärter durchführte. Die Kritik an der Effizienz der Assessment Centers bezieht sich vor allem darauf, dass der Nachweis nicht erbracht ist, dass Menschen mit bestimmten Eigenschaften besonders erfolgreich für bestimmte Aufgaben sind, vgl. bspw.: Kompa, A. (2004).

26 www.gleichklang.de. »Gleichklang Limited« ist – wie die Firma sich selbst beschreibt – ein in Deutschland, Österreich und der Schweiz tätiges Unternehmen, welches sich auf die psychologisch fundierte Vermittlung von Freundschaften und Partnerschaften spezialisiert hat. Das Unternehmen beschreibt sein Angebot wie folgt selbst: »Das Unternehmen unterstützt insbesondere auch spezielle Zielgruppen, wie beispielsweise Alleinerziehende, Menschen mit erhöhtem Körpergewicht, Senioren, Bisexuelle, Vegetarier, Veganer, Schwule & Lesben und Asexuelle bei der Partnersuche. Da jeder an der einen oder anderen Stelle besondere Merkmale aufweist, wendet sich Gleichklang auch an den Mainstream. Die Vermittlung wird über das Internet und postalisch angeboten. Das Unternehmen wird durch drei Diplom-Psychologen und einen Diplom-Mathematiker geleitet.«

Das neueste Angebot besteht nun in dem Matching des Merkmals »pansexuell«, das wie folgt beschrieben wird: »Pansexuell bedeutet die Überwindung der Geschlechterschranken bei der Partnerwahl. Für pansexuell Liebende ist das Geschlecht unwichtig und allein der Mensch zählt. Als erstes Dating-Portal setzt jetzt auch der psychologische Anbieter Gleichklang.de auf die Zukunft der pansexuellen Liebe. Neben der klassischen geschlechtsspezifischen Suche haben die Mitglieder eine pansexuelle Suchoption, bei der allein die Passung der Lebensstile zählt, egal, ob das andere Mitglied ein Mann oder eine Frau, transsexuell oder ein Zwitter ist.«

27 Das musste schon der Astronom Johannes Kepler im 17. Jahrhundert erfahren, als er nach einer unglücklichen ersten Ehe mit rationalen Auswahlkriterien die »richtige« zweite Frau zu finden versuchte. Er hatte sich ein bis zwei Jahre Zeit genommen, elf Anwärterinnen so, wie er es gewohnt war, genauer zu studieren. Freunde hatten ihm geraten, Nummer vier zu heiraten, aber er folgte dem Rat nicht, da er der Ansicht war, mehr Informationen zu benötigen. Sein Verfahren beschrieb Kepler in einem Brief bis ins kleinste Detail. Die richtige Frau unter elf Anwärterinnen zu finden, versuchte er auf eine ähnliche Weise anzugehen, wie er die Marsbahn fand. Über seine fünfte Anwärterin, seine spätere Frau, schrieb er in dem Brief: »... die fünfte wiederum war ihr überlegen durch ihre Liebe, durch das Versprechen, bescheiden, sparsam, fleißig zu sein und die Stiefkinder zu lieben. Während ich mich lange und schwer mit diesem Problem abquälte, wartete ich auf den Besuch der Frau Helmhard und fragte mich, ob sie mir wohl raten werde, die dritte zu heiraten, die dann über die zuletzt genannten zwei den Sieg davongetragen haben würde. Nachdem ich schließlich gehört hatte, was diese Frau mir zu sagen hatte, begann ich mich für die vierte zu entscheiden, ärgerlich darüber, dass ich auf die fünfte verzichten musste. Während ich so überlegte, griff, gerade als ich eine Entscheidung treffen wollte, das Schicksal ein: Die vierte wurde meines Zauderns überdrüssig und gab einem anderen Bewerber ihr Jawort. Doch genau wie es mich eben verdrossen hatte, die fünfte aufzugeben, war ich

nun durch den Verlust der vierten dermaßen verletzt, dass auch die fünfte ihre Anziehungskraft auf mich verlor. In diesem Fall liegt die Schuld sicher bei meinen Gefühlen. Was nun die fünfte betrifft, so stellt sich auch hier die Frage, warum Gott es zuließ, da sie doch einmal für mich bestimmt war, dass sie im Verlauf eines Jahres noch sechs Nebenbuhlerinnen haben sollte. Gab es keinen anderen Weg für mein unruhiges Herz, zu lernen, mit seinem Los zufrieden zu sein, als den, die Unmöglichkeit der Erfüllung so vieler anderer Wünsche einzusehen?« (www.keplerraum.at/biogr.html)

Obwohl also Kepler mit seinem Verfahren zur Ermittlung der »Richtigen« nicht erfolgreich war, scheint er eine glückliche zweite Ehe geführt zu haben.

28 Karney, B. R., T. N. Bradbury (1995)
29 Rosenkranz, D., H. Rost (1998)
30 Wagner, M. (1991)
31 Martin, T. C., L. L. Bumpass (1989)
32 Kelly, E. L., J. J. Conley (1987)
33 Rosenkranz, D., H. Rost (1998)
34 Engstler, H. (1998)
35 Felser, G. et al. (1998)
36 Raschke, H. J. (1987)

Kapitel 3

37 Gottman, J. M. (1994); Gottman, J. M., R. W. Levenson (2000a); Gottman, J. M., R. W. Levenson (2000b)

38 Zur Bedeutungsgeschichte des Adjektivs »resignativ«: Der Ursprung liegt im lateinischen resignare = zurückgeben, verzichten. Im 16. Jahrhundert bekommt es noch die Bedeutung von »ein Amt niederlegen, abdanken, zurücktreten«. Erst im 18. Jahrhundert erhält es die zusätzliche und bald schon dominierende Bedeutung »entmutigt, enttäuscht und verbittert«. Eine Erklärung für diesen bis heute anhaltenden negativen Klang der Resignation scheint mir zu sein, dass mit der Aufklärung und der Idee des Fortschrittes und mit der Vorstellung, durch

Wissenschaft und Technik Probleme lösen zu können, das Aufgeben, der Verzicht zu einer negativen Möglichkeit geworden ist und keineswegs als reife oder gar weise Option betrachtet wird. Die im Text angesprochenen Zukunfts- und Vollendungsillusionen sind typische Fortschrittsillusionen, denen jegliche Resignation verdächtig sein muss.

Kapitel 4

39 Müller, H.-P. (2004)
40 Paris, R. (2006)

Kapitel 5

41 Reemtsma, J. P. (1997), S. 46
42 a.a.O., S. 187
43 Reemtsma, J. P. (2001), S. 5
44 Heine, H. (1827), S. 915

Kapitel 6

45 Bienek, H. (1962), S. 24 ff. und Frisch, M. (1976), S. 263
46 Borges, J. L. (1942)
47 ebd. S. 102 f.
48 vgl. auch: Retzer, A. (2005) und Burger, R. (2007)
49 Metaphern können diese Phänomene präzise auf den Punkt bringen, also die offenen Rechnungen und die Ansprüche, die im Gedächtnis konserviert werden. In meiner Jugendzeit Ende der 50er Jahre des letzten Jahrhunderts in einer ländlichen Region konnte man bei konflikthaften Auseinandersetzungen, die zumindest für eine Konfliktpartei subjektiv ungünstig endeten, den Satz hören: »Du hast bei mir noch etwas im Salz liegen!« Diese etwas seltsam anmutende Metapher stammt aus einer Zeit, in der Kühl- und Gefrierschränke noch nicht in Gebrauch

waren. Man machte Lebensmittel durch Einlegen in Salz haltbar. Die offene Rechnung, der Anspruch auf den nicht verzichtet wird, wird konserviert, haltbar gemacht und als Erinnerung im Gedächtnis festgehalten.

50 Dieses erzählende Erinnern ist in dem amerikanischen Spielfilm *Don Juan de Marco* wunderbar dargestellt. Ich habe schon im 1. Kapitel darauf verwiesen, will aber hier noch einmal daran erinnern.

51 Wimber, M. et al. (2008): Neurowissenschaftler zeigen, dass es sich bei dieser Art von Vergessen tatsächlich um eine langfristige Schwächung von Erinnerungen handelt. Am Abruf dieser zunächst schlecht erinnerten Inhalte sind insbesondere solche Hirnregionen beteiligt, die für die Reaktivierung schwacher Gedächtnisrepräsentationen zuständig sind. Je mehr abrufinduziertes Vergessen ein Proband zeigte, desto höher die Aktivität in besagten Regionen des Stirn- und Schläfenlappens. Dagegen konnte in Hirnregionen, die bei der kurzfristigen Blockierung von Gedächtnisinhalten eine Rolle spielen sollten, kein vergleichbares Muster gefunden werden. Diese neurowissenschaftlichen Befunde liefern Hinweise für die lange umstrittene Existenz von hemmenden Mechanismen im menschlichen Langzeitgedächtnis. Solche Mechanismen machen unser Gedächtnis effizienter, indem sie dabei helfen, aus der riesigen Menge an gespeicherten Informationen im Gedächtnis zu einem gegebenen Zeitpunkt die gewünschte Information abrufbar zu machen.

52 Kuhbander, C. (2007)

53 Storm, B. C. et al. (2005)

54 Quinn, K. A. et al. (2004)

Kapitel 7

55 z. B. Dalai Lama (2000) und (2004)

56 Baur, E. G. (2003)

57 Klein, S. (2003)

58 Klein, S. (2004)

59 Kensington, E. (2008)

60 Kensington, E. (2004)
61 Lyubomirsky, S. (2008)
62 Fortuna meint das Glück, das sich dem Zufall verdankt. Dieses Glück kann man haben, aber nicht erzwingen. Fortuna ist der Name der römischen Glücks- und Schicksalsgöttin und entspricht der Tyche in der griechischen Mythologie, der Göttin des Schicksals, der glücklichen (oder bösen) Fügung und des Zufalls.
63 Kant, I. (1785), S. 399
64 Butler, S. (1872): Butler beschreibt ein fiktionales Land, in dem Vieles der nichtfiktionalen, bisher erfahrenen Welt entgegengesetzt ist. Das fängt schon bei Bezeichnungen und Namen an: Erewhon ist das Anagramm von nowhere, die Namen der Protagonisten sind Anagramme, z.B. Yram ist Mary und Nosnibor ist Robinson. Aber vor allem die Moral, das Recht und seine Regeln, d.h. die Verbote und Gebote, sind verwandelt: Krankheiten, Trauer, Verzweiflung und Kummer werden als schwere Verbrechen bestraft. Mord wird dagegen als eine Krankheit gesehen und entsprechend behandelt. So begründet ein Richter seinen Urteilsspruch über einen verzweifelten Schwindsüchtigen, dass es seine (des Richters) Pflicht sei, die Republik Erewhon vor solchen Verfehlungen zu schützen. Der Verteidigungsversuch des Angeklagten, er sei durch ein Unglück zum Verbrecher geworden, sei natürlich falsch, denn sein Verbrechen bestehe darin, kein Glück zu haben.

Kapitel 8

65 Nietzsche, F. (1879), S. 260
66 Nietzsche, F. (1880), S. 291
67 Rhein-Neckar-Zeitung vom 13. 9. 2005
68 Aristoteles (1977)
69 Dabei lässt sich auf eine umfangreiche Literatur zurückgreifen, z.B.: Montaigne, M. de (1753); Hölderlin, F. (1997); Derrida, J. (1994); Lemke, H. (2000); Schinkel, A. (2003); Retzer, A. (2006)

70 Timm, U. (2005)
71 a.a.O., S. 8
72 Kirchhoff, B. (2007)
73 a.a.O., S. 8
74 Timm, U. (2005), S. 8 f.
75 a.a.O., S. 172
76 Sauvageot, M. (1933)
77 a.a.O., S. 19
78 a.a.O., S. 20
79 a.a.O., S. 58
80 Nietzsche, F. (1879), S. 305
81 Kirchhoff, B. (2007), S. 38

Kapitel 9

82 Bei Plein wird auf eine einzige Zahl gesetzt. Im Gewinnfall wird von der Bank der 35-fache Einsatz ausgezahlt. Die Chance, mit einem Einsatz auf Plein zu gewinnen beträgt 1/37 (ca. 2,7 %).
83 Murray, S. L. et al. (1996a); Murray, S. L. et al. (1996b); Murray, S. L., J. G. Holmes (1999); Murray, S. L. et al. (2000)
84 Sauvageot, M. (1933), S. 26
85 Der Schlager mit dem Titel »Bei mir biste scheen« wurde 1932 von Sholom Sholem Secunda getextet und durch Benny Goodman weltbekannt gemacht.
86 Barelds-Dijkstra, P., D. Barelds (2008)
87 Bartels, A., S. Zeki (2000); Bartels, A., S. Zeki (2004)
88 Murray, S. L. et al. (2000)
89 Halford, W. K. et al. (2002)

Kapitel 10

90 Eine aktuelle und beeindruckende Studie dazu ist: Kaufmann, J.-C. (2007)
91 Unter der Bezeichnung Capgras-Syndrom wird ein Phänomen

bezeichnet, das darin besteht, dass eine Person den festen Glauben entwickelt, nahe Verwandte seien durch Doppelgänger ausgetauscht worden. Das Syndrom wurde zum ersten Mal beschrieben, als eine Frau in eine psychiatrische Klinik eingewiesen wurde, nachdem sie unnachgiebig behauptet hatte, ihr Ehemann sei durch einen identisch aussehenden Doppelgänger ausgetauscht worden. Zuerst hatte sie den ehelichen Beischlaf verweigert und das Schlafzimmer verriegelt. Schließlich hatte sie ihren Sohn um ein Gewehr gebeten. Literarisch wurde das Capgras-Syndrom über den psychiatrischen Kontext hinaus bekannt gemacht und verarbeitet in dem Roman »Das Echo der Erinnerung« von Richard Powers: Powers, R. (2006)

92 Kaufmann, J.-C. (2007), S. 174 f.

93 Ein eindrückliches Beispiel für diesen Prozess liefert Woody Allen in seinem Spielfilm »Woody, der Unglücksrabe« von 1969, in dem die Geschichte von Virgil Starkwell erzählt wird, der zu 800 Jahren Gefängnis verurteilt ist, zum Verbrecher des Jahres gewählt wurde und der hofft, nur die Hälfte seiner Strafe absitzen zu müssen. Er wurde bei dem Versuch eines Banküberfalls gefasst. Virgil Starkwell schiebt dem Kassierer einen Zettel zu, auf den er geschrieben hatte »Eine Waffe ist auf Sie gerichtet!« und ist entsprechend verwirrt, als der Kassierer liest: »Eine Waffel ist auf Sie gerichtet!« Es bleibt offen, ob diese Verwirrung durch die undeutliche Handschrift Virgils verursacht ist oder durch die Leseschwäche des Kassierers oder durch seine Absicht, eine »falsche Quittung« auszustellen. Sicher ist aber, dass dieser Banküberfall nicht stattfinden kann, zumindest nicht in der klassischen Weise, weil es kein Banküberfall ist, denn es kommt nicht zu einem Konsens darüber, dass es sich bei diesem Geschehen um einen Banküberfall handelt, denn: Auch wenn ein Banküberfall ein Konflikt ist, etwa ein Konflikt zwischen den Interessen des Räubers und denen des Überfallenen, ist die Voraussetzung dafür der Konsens über den Konflikt. Es kann also keine Beziehung zwischen Virgil und dem Kassierer entstehen, sie können nicht miteinander ins Geschäft kommen.

Kapitel 11

94 Media vita in morte sumus.
95 Marquard, O. (1985), S. 95
96 Mobbs, D. et al. (2003)
97 Bartels, A., S. Zeki (2000)
98 Bressler, E. (2006)
99 Spotten bedeutete ursprünglich: Jemanden vor Abscheu und Verachtung anspucken.
100 Gernhardt, R. (1987), S. 274

Kapitel 12

101 Dazu etwa: Geißler, K. A. (1999); Eriksen, T. H. (2000); Weinrich, H. (2004); Klein, S. (2006)
102 Geißler, K. A. (2005)
103 Titel und Plakat einer Gewerkschaftskampagne aus dem Jahre 1956, in der für den arbeitsfreien Samstag gekämpft wurde.
104 Gibbs, W. (2005)
105 Bauman, Z. (2000) und (2007)
106 Überall trifft man auf solches Handeln im Rahmen von Anti-Aging-Programmen. Altern wird zu einer behandelbaren Erkrankung. So schwärmt auch die Vereinigung der Deutschen-Ästhetisch-Plastischen Chirurgen (VDÄPC), in der sich die deutschen Schönheitschirurgen zusammengeschlossen haben: »Die nächsten zwanzig Jahre gehören dem Gesundheitszeitalter, in dem Fitness und Wellness, Schönheit als Kult, Ernährung und Langlebigkeit dominieren ...«
Der unausweichliche Ausgang und Skandal der Anti-Aging-Medizin und Bewegung sieht dagegen anders aus: Jahrelang bereitet man stets pünktlich viele kleine optimal zusammengesetzte Mahlzeiten zu, isst zu genau festgelegten Zeiten, schläft lange in optimal gestalteten Räumen auf optimalen Schlafstätten, walkt nordisch, stretcht vorschriftsmäßig und entspannt verbissen. Man schluckt wechselnde Hormone, formt entsprechend den Restkörper bzw. formt wenigstens

regelmäßig nach, sorgt vor, erhebt oder lässt planmäßig alle Vorsorgedaten erheben, man raucht schon lange nicht mehr, trinkt keinen Alkohol, sorgt dafür aber für eine immer ausreichende Flüssigkeitszufuhr – und stirbt dann eines Tages trotzdem, aber gesund. Aber auch wer gesund stirbt, ist definitiv tot.

107 Freud, S. (1911) und (1930) dort: »Dass der Preis für den Kulturfortschritt in der Glückseinbuße durch die Erhöhung des Schuldgefühls bezahlt wird.« (S. 260)

108 Schmidt, G. (1993)

109 Marx, K. (1867), S. 99f.

110 Ein Herz, das kann man nicht kaufen / Auch wenn sich das mancher so denkt / Doch wenn man Glück hat / Doch wenn man Glück hat / Bekommt man es geschenkt.

111 Simmons, R. G. et al. (2002)

112 Wellershoff, D. (1983), S. 222

113 Engels, F. (1876)

114 Für mein Gefühl gibt es nichts Abscheulicheres als ein müßiges Leben. Keiner von uns hat ein Recht darauf. Die Zivilisation hat keinen Platz für Müßiggänger.

115 Lafargue, P. (1891) dort: »Eine seltsame Sucht beherrscht die Arbeiterklasse aller Länder Es ist dies die Liebe zur Arbeit, die rasende bis zur Erschöpfung der Individuen und ihrer Nachkommenschaft gehende Arbeitssucht. Statt gegen diese geistige Verirrung anzukämpfen, haben die Priester, die Ökonomen und die Moralisten die Arbeit heilig gesprochen. Blinde und beschränkte Menschen, haben sie weiser sein wollen als ihr Gott ... haben sie das, was ihr Gott verflucht hat, wieder zu Ehren zu bringen gesucht.« (S. 21)

116 Illies, F. (2002)

117 Südwestpresse Ulm am 24. 4. 1999

118 In dem Film »Das Leben des Brian« von Monty Python wird diese Einsicht auf den Punkt gebracht: Eine riesige Menschenmenge hat sich auf einem Platz versammelt und huldigt Brian in Sprechchören: »Brian, Brian, Brian ...« Brian gebietet Ruhe und fordert die Menge auf nach Hause zu gehen, denn, so seine Begründung: »Ihr seid doch alle Individuen!« In den

hinteren Reihen meldet sich ein Mann und stellt klar: »Ich nicht!«

Kapitel 13

119 Hier scheint es wohl Unterschiede zwischen Männern und Frauen zu geben: Männer machen öfter ernst mit diesen Ideen. Sie nehmen sich drei- bis viermal häufiger als Frauen nach einer zerbrochenen Liebesbeziehung das Leben, und gleichzeitig legen Männer nicht nur Hand an sich selbst, sondern auch gerne mal an ihre Partnerinnen: 32 % aller weiblichen Mordopfer in den USA sterben durch die Hand eines Ehemannes, Exehemannes, Freundes oder Exfreundes, wobei Experten annehmen, dass die tatsächliche Zahl zwischen 50 und 70 % liegt: Fisher, H. (2006)

120 Als Cross-Dressing wird das wiederholte Tragen der Bekleidung des anderen Geschlechts bezeichnet. Der Begriff wurde in den 70er Jahren in den USA geprägt. Cross-Dressing kann Ausdruck der »eigentlichen« Geschlechtsidentität sein. Menschen, die dies tun, also etwa als Mann durch das Tragen von Frauenkleidern ihre Geschlechtsidentität ausdrücken und leben wollen, werden auch als Transgender bezeichnet. Cross-Dressing stellt also die Frage: Wer bin ich? Mann oder Frau? Und entsprechend stellen sich auch für andere dieselben Fragen: Wer ist er/sie? Mann oder Frau?

121 z.B. Hetherington, E. M., J. Kelly (2002) und Furstenberg, F. F., A. J. Cherlin (1991)

122 Seneca (1976); Marquard, O. (1994); Marquard, O. (2004)

Literatur

Aristoteles (1977): Nikomachische Ethik. In: Aristoteles: Hauptwerke. Stuttgart (Alfred Kröner).

Augustinus (1950): Bekenntnisse. München (dtv) 1982.

Bachmann, I. (1958): Der gute Gott von Manhattan. Stuttgart (Reclam) 1991.

Barelds-Dijkstra, P., D. Barelds (2008): Positive Illlusions about One's Partner's Physical Attractiveness. Body Image 5: 99–108.

Bartels, A., S. Zeki (2000): The Neural Basis of Romantic Love. Neuroreport 11: 3829–3834.

Bartels, A., S. Zeki (2004): The Neural Correlates of Maternal and Romantic Love. Neuroimage 21: 1155–1166.

Bauman, Z. (2000): Flüchtige Moderne. Frankfurt/Main (Suhrkamp) 2003.

Bauman, Z. (2007): Leben in der flüchtigen Moderne. Frankfurt/Main (Suhrkamp).

Baur, E. G. (2003): Glück ist kein Zufall. München (Gräfe & Unzer).

Bienek, H. (1962): Werkstattgespräche mit Schriftstellern. München, Wien (Hanser).

Bloch, E. (1959): Das Prinzip Hoffnung. Band 3. Frankfurt/Main (Suhrkamp) 1979.

Borges, J. L. (1942): Das unerbittliche Gedächtnis. In: Ders. (1974): Fiktionen. München, Wien (Hanser) 1992.

Bressler, E. (2006): The Influence of Humor on Desirability. Evolution of Human Behavior 27: 29–39.

Burger, R. (2007): Im Namen der Geschichte. Springe (Zu Klampen).

Butler, S. (1872): Erewhon oder Jenseits der Berge. Frankfurt/Main (Eichborn) 1994.

Dalai Lama (2000): Die Regeln des Glücks. Bergisch Gladbach (Lübbe).

Dalai Lama (2004): Mein Wegweiser zum Glück. Bergisch Gladbach (Lübbe).

Derrida, J. (1994): Politik der Freundschaft. Frankfurt/Main (Suhrkamp) 2000.

Engels, F. (1876): Anteil der Arbeit an der Menschwerdung des Affen. In: Marx/Engels Werke Bd 20. Berlin (Dietz) 1972.

Engstler, H. (1998): Die Familie im Spiegel der amtlichen Statistik. Bonn (Bundesministerium für Familien, Senioren, Frauen und Jugend).

Eriksen, T. H. (2000): Immer schneller – immer mehr? Freiburg, Basel, Wien (Herder) 2001.

Felser, G., U. Schmitz, J. Brandtstätter (1998): Stabilität und Qualität von Partnerschaften. In: Hahlweg, K., D. Baucom, R. Bastine, H. J. Markman (Hrsg.): Prävention von Trennung und Scheidung, Internationale Ansätze zur Prädiktion und Prävention von Beziehungsstörungen. Stuttgart (Kohlhammer).

Fisher, H. (2006): The Nature of Romantic Rejection. In: Bauer-Maglin, N. (Hrsg.): Cut Loose. New Brunswick, London (Rutgers University Press).

Freud, S. (1911): Formulierungen über die zwei Prinzipien des psychischen Geschehens. In: Ders. (1975): Studienausgabe Bd. III. Frankfurt/Main (S. Fischer).

Freud, S. (1930): Das Unbehagen in der Kultur. In: Ders. (1974): Studienausgabe Bd. IX. Frankfurt/Main (S. Fischer).

Frisch, M. (1970): Die Schwierigen oder J'adore ce qui me brûle. Zürich, Freiburg (Atlantis).

Frisch, M. (1976): Unsere Gier nach Geschichten. In: Gesammelte Werke IV. Hrsg. Von Hans Meyer. Frankfurt/Main (Suhrkamp).

Furstenberg, F. F., A. J. Cherlin (1991): Geteilte Familien. Stuttgart (Klett-Cotta) 1993.

Geißler, K. A. (1999): Vom Tempo der Welt. Freiburg, Basel, Wien (Herder).

Geißler, K. A. (2005): Verdichtete Zeiten. Frankfurter Allgemeine Zeitung 173 vom 28. Juli 2005: 6.

Gernhardt, R. (1987): Nachdem er durch Metzingen gegangen war. In: Ders. (2005): Gesammelte Gedichte 1954–2004. Frankfurt/Main (S. Fischer).

Gibbs, W. (2005): Considerate Computing. Scientific American 292/1: 40–47.

Gottman, J. M. (1994): What Predict Divorce? Hillsdale (Erlbaum).

Gottman, J. M., R. W. Levenson (2000a): Wie stabil sind Ehebeziehungen über mehrere Jahre? Familiendynamik 25: 4–13.

Gottman, J. M., R. W. Levenson (2000b): Wie verändern sich Ehebeziehungen im Laufe der Jahre? Familiendynamik 25: 14–38.

Halford, W. K., E. Keefer, S. M. Osgarby (2002): How Has the Week Been for You Two? Relationship Satisfaction and Hindsight Memory Biases in Couples' Reports of Relationship Events. Cognitive Therapy and Research 26: 759–773.

Heine, H. (1827): Lyrik und Prosa in Zwei Bänden (1969): Bd 2: Gedanken und Einfälle. Frankfurt/Main (Büchergilde Gutenberg).

Heine, H. (1830): Reisebilder IV, Die Bäder von Lucca, Kap. VII. in: Heine, H. (1969): Lyrik und Prosa, Bd. 2. Frankfurt/Main (Büchergilde Gutenberg).

Hetherington, E. M., J. Kelly (2002): Scheidung. Die Perspektive der Kinder. Weinheim (Beltz) 2003.

Hölderlin, F. (1997): Hyperion. In: Hölderlin, F.: Sämtliche Werke, Bd. 1 Darmstadt (Wissenschaftliche Buchgesellschaft).

Illies, F. (2002): Generation Golf. Frankfurt/Main (Fischer Taschenbuch).

Jankowiak, W., E. Fischer (1992): A Cross-Cultural Perspective on Romantic Love. Ethnology 31: 149–155.
Jankowiak, W. (1995): Romantic Passion. A Universal Experience? New York (Chichester).

Kant, I. (1785): Grundlegung der Metaphysik der Sitten. Gesammelte Werke Band IV, Berlin, New York (Gruyter).
Karney, B. R., T. N. Bradbury (1995): The Longitudinal Course of Marital Quality and Stability: A Review of Theory, Method and Research. Psychological Bulletin 118: 3–34.
Kaufmann, J.-C. (2007): Was sich liebt, das nervt sich. Konstanz (UVK) 2008.
Kelly, E. L., J. J. Conley (1987): Personality and Compatibility: A Prospective Analysis of Marital Stability and Marital Satisfaction. Journal of Personality and Social Psychology 52: 27–40.
Kensington, E. (2004): Die Glückstrainer: Wie man bei sich und anderen die guten Gefühle entstehen lässt. Beckingen (Ella).
Kensington, E. (2008): Glücksgefühle bis zum Abwinken. Die zehn besten Methoden. Beckingen (Ella).
Kirchhoff, B. (2004): Wo das Meer beginnt. Frankfurt/Main (Frankfurter Verlagsanstalt).
Kirchhoff, B. (2007): Eros und Asche. Ein Freundschaftsroman. Frankfurt/Main (Frankfurter Verlagsanstalt).
Klein, S. (2003): Die Glücksformel. Reinbek (Rowohlt Taschenbuch).
Klein, S. (2004): Einfach glücklich. Die Glücksformel für jeden Tag. Reinbek (Rowohlt Taschenbuch).
Klein, S. (2006): Zeit. Der Stoff, aus dem das Leben ist. Frankfurt/Main (S. Fischer).
Kompa, A. (2004): Assessment Center. Bestandsaufnahme und Kritik. München (Rainer Hampp).
Kuhbander, C. (2007): Der Einfluss von Emotionen auf das abrufinduzierte Vergessen. Regensburg (Dissertation Universität Regensburg).
Kundera, M. (1997): Identität. München, Wien (Hanser).

Lafargue, P. (1891): Das Recht auf Faulheit. Edition Sonne und Faulheit o. O. 1980.
Lemke, H. (2000): Freundschaft. Ein philosophischer Essay. Darmstadt (Wissenschaftliche Buchgesellschaft).
Lengerer, A., T. Klein (2007): Der langfristige Wandel partnerschaftlicher Lebensformen im Spiegel des Mikrozensus. Statistisches Bundesamt: Wirtschaft und Statistik 4/2007: 433–447.
Lyubomirsky, S. (2008): Glücklich sein: Warum Sie es in der Hand haben, zufrieden zu leben. Frankfurt/Main (Campus).

Maron, M. (2002): Endmoränen. Frankfurt/Main (S. Fischer).
Marquard, O. (1985): Loriot lauréat. Laudatio auf Bernhard-Viktor von Bülow bei der Verleihung des Kasseler Literaturpreises für grotesken Humor 1985. In: Ders. (1994): Skepsis und Zustimmung. Philosophische Studien. Stuttgart (Reclam).
Marquard, O. (1994): Zeit und Endlichkeit. In: Ders.: Skepsis und Zustimmung. Stuttgart (Reclam).
Marquard, O. (2004): Skepsis als Philosophie der Endlichkeit. In: Ders.: Individuum und Gewaltenteilung. Stuttgart (Reclam).
Martin, T. C., L. L. Bumpass (1989): Recent Trends in Marital Disruption. Demography 26: 37–51.
Martin, M., M. Schmidt (2004/2000): Partnerschaftliche Interaktion im mittleren Erwachsenenalter als Prädiktor von Zufriedenheit bei Frauen und Männern in langjährigen Beziehungen: Ergebnisse der Interdisziplinären Längsschnittstudie des Erwachsenenalters (ILSE). In: Perrig-Chiello, P., F. Höpflinger (Hrsg.): Jenseits des Zenits – Frauen und Männer in der zweiten Lebenshälfte. Bern (Haupt).
Marx, K. (1867): Das Kapital. Erster Band. In. Marx/Engels Werke. Berlin (Dietz) 1971.
Mobbs, D., M. D. Greicius, E. Abdel-Azem, V. Menon., A. L. Reiss (2003): Humor Modulates the Mesolimbic Reward Centers. Neuron 40: 1041–48.
Montaigne, M. de (1753): Von der Freundschaft. In: Montaigne, M. de (1753): Essais I–III., Band I, 320–247. Zürich (Diogenes) 1992.

Müller, H.-P. (2004): Soziale Ungleichheit und Ressentiment. Merkur 665/666: 885–894.
Murray, S. L., J. G. Holmes, D. W. Griffin (1996a): The Benefits of Positive Illusions: Idealization and the Construction of Satisfaction in Close Relationships. Journal of Personal and Social Psychology 70: 79–98.
Murray, S. L., J. G. Holmes, D. W. Griffin (1996b): The Self-Fulfilling Nature of Positive Illusions in Romantic. Relationships: Love is Not Blind, But Prescient. Journal of Personal and Social Psychology 71: 1155–1180.
Murray, S. L., J. G. Holmes (1999): A Leap of Faith? Positive Illusions in Romantic Relationship. Personality and Social Psychology Bulletin 23: 568–604.
Murray, S. L., J. G. Holmes, D. Dolderman, D. W. Griffin (2000): What the Motivated Mind See: Comparing Friends' Perspectives to Married Partners' Views of Each Other. Journal of Experimental Social Psychology 36: 600–620.

Nietzsche, F. (1879): Menschliches, Allzumenschliches – Ein Buch für freie Geister. In: Sämtliche Werke in zwölf Bänden. Band III. Stuttgart (Alfred Kröner) 1964.
Nietzsche, F. (1880): Die Unschuld des Werdens I. In: Sämtliche Werke in zwölf Bänden. Band X. Stuttgart (Alfred Kröner) 1965, S. 291.

Paris, R. (2006): Neid. Zur Politik eines Gefühls. Merkur 691: 1047–1060.
Platon: Sämtliche Werke in drei Bänden. Band I. Heidelberg (Lambert Schweizer) 1982.
Powers, R. (2006): Das Echo der Erinnerung. Frankfurt/Main (S. Fischer).

Quinn, K. A., K. Hugenberg, G. V. Bodenhausen (2004): Functional Modularity in Stereotype Representation. Journal of Experimental Social Psychology 40: 519–527.

Raschke, H. J. (1987): Divorce. In: Sussman, M. B., S. K. Steinmetz (Hrsg.): Handbook of Marriage and the Family. New York (Plenum).
Reemtsma, J. P. (1997): Im Keller. Hamburg (Hamburger Edition).
Reemtsma, J. P. (2001): Interview: Vergeltung kann ein Prozess nicht sein. DIE ZEIT Nr. 5 (25. 1. 2001): 5.
Retzer, A. (2005): Tod und Töten in der Familie. Opfer – Täter – Erinnern – Vergessen. Familiendynamik 30: 23–43.
Retzer, A. (2006): Freundschaft – Der dritte Weg zwischen Liebe und Partnerschaft? Familiendynamik 31: 130–151.
Retzer, A. (2007a): Passagen. Systemische Erkundungen. Stuttgart (Klett-Cotta) (2. Aufl.).
Retzer, A. (2007b): Systemische Paartherapie. Konzepte – Methode – Praxis. Stuttgart (Klett-Cotta) (3. Aufl.).
Rosenkranz, D., H. Rost (1998): Welche Partnerschaften scheitern. Prädiktoren der Instabilität von Ehen. Zeitschr. f. Familienforschung 10: 47–70.

Saramago, J. (1995): Die Stadt der Blinden. Reinbek (Rowohlt) 2001.
Sauvageot, M. (1933): Fast ganz die Deine. München, Wien (Nagel & Kimche) 2005.
Schinkel, A. (2003): Freundschaft. Freiburg (Verlag Karl Alber).
Schmidt, G. (1993): Tendenzen und Entwicklungen. In: Arentewicz, G., G. Schmidt (Hrsg.): Sexuell gestörte Beziehungen. Konzept und Technik der Paartherapie. Stuttgart (Enke).
Schmidt, M., M. Weber (2004): Ehezufriedenheit und ihre Prädiktoren im mittleren Erwachsenenalter. Ein Ost-West-Vergleich. Zeitschrift für Familienforschung 3: 244–276.
Seneca: De brevitate vitae. München (dtv) 1976.
Simmons, R. G., S. D. Klein, R. L. Simmons (2002): The Gift of Life: The Effect of Organ Transplantation on Individual, Family, and Societal Dynamics. New York (Transaction Publishers).
Statistisches Bundesamt: Statistisches Jahrbuch 2007.

Storm, B. C., E. L. Bjork, R. A. Bjork (2005): Social Metacognitive Judgments: The Role of Retrieval-Induced Forgetting in Person Memory and Impressions. Journal of Memory and Language 52: 535–550.
Strauß, B. (1981): Paare, Passanten. München, Wien (Hanser).

Thagaard, T. (1997): Gender, Power, and Love. A Study of Interaction Between Spouses. Acta Sociologica 40: 357–376.
Timm, U. (2005): Der Freund und der Fremde. Köln (Kiepenheuer & Witsch).

Wagner, M. (1991): Sozialstruktur und Ehestabilität. In: Mayer, K. U., J. Allmendinger, J. Huinink (Hrsg.): Vom Regen in die Traufe: Frauen zwischen Beruf und Familie. Frankfurt/Main (Campus).
Weber, M. (1919): Wissenschaft als Beruf. Stuttgart (Reclam) 1995.
Weinrich, H. (2004): Knappe Zeit. München (C.H.Beck).
Wellershoff, D. (1983): Der Sieger nimmt alles. München (btb) 2002.
Wimber, M., K.-H. Bäuml, Z. Bergström, G. Markopoulos, H.-J. Heinze, A. Richardson-Klavehn (2008): Neural Markers of Inhibition in Human Memory Retrieval. Journal of Neuroscience, 28: 13419–13427.

Bas Kast

Wie der Bauch dem Kopf beim Denken hilft

Die Kraft der Intuition

224 Seiten. Gebunden

Was weiß der Bauch, was der Kopf nicht weiß?

Basierend auf den neuesten wissenschaftlichen Erkenntnissen zeigt der Bestsellerautor Bas Kast, wie sehr die Gefühle integraler Bestandteil unseres Denkens sind und wie sehr wir uns darauf verlassen können. Wenn wir unsere irrationalen Seiten kennen und zu nutzen wissen, können wir die kreativen Kräfte in uns wecken – und kommen selbst bei komplexen Entscheidungen zu Ergebnissen, die uns glücklich machen.

Stefan Klein

Da Vincis Vermächtnis
oder Wie Leonardo die Welt neu erfand

336 Seiten. Gebunden

Wie kann ein und derselbe Mann das Lächeln der Mona Lisa erschaffen, den Blutfluss im menschlichen Herzen studieren und funktionsfähige Flugmaschinen bauen? Wie schafft es ein Künstler der Renaissance, Stadtpläne wie aus Satellitenperspektive zu zeichnen, nach denen man sich noch heute orientieren kann? Wie kann der Dandy und Visionär aus dem Dorf Vinci Vegetarier und Pazifist sein – und gleichzeitig im Dienste blutrünstiger Tyrannen Massenvernichtungswaffen entwickeln?

Stefan Klein unternimmt eine faszinierende Zeitreise in die Welt des Jahrtausendgenies Leonardo. Er sieht dem Erfinder, Wissenschaftler und Wegbereiter einer neuen Welt bei der Arbeit zu. Und zeigt uns, was wir für uns von ihm lernen können.